以税收精细化为方向
完善个人所得税制度研究

曹桂全◎著

中国财经出版传媒集团

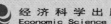

经济科学出版社
Economic Science Press

图书在版编目（CIP）数据

以税收精细化为方向完善个人所得税制度研究/曹桂全著 . －－北京：经济科学出版社，2022. 11

ISBN 978 - 7 - 5218 - 4390 - 3

Ⅰ. ①以… Ⅱ. ①曹… Ⅲ. ①个人所得税 - 税收制度 - 研究 - 中国 Ⅳ. ①F812. 424

中国版本图书馆 CIP 数据核字（2022）第 227482 号

责任编辑：汪武静
责任校对：李　建
责任印制：邱　天

以税收精细化为方向完善个人所得税制度研究

曹桂全　著

经济科学出版社出版、发行　新华书店经销

社址：北京市海淀区阜成路甲 28 号　邮编：100142

总编部电话：010 - 88191217　发行部电话：010 - 88191522

网址：www. esp. com. cn

电子邮箱：esp@ esp. com. cn

天猫网店：经济科学出版社旗舰店

网址：http://jjkxcbs. tmall. com

北京季蜂印刷有限公司印装

710 × 1000　16 开　18. 75 印张　310000 字

2022 年 11 月第 1 版　2022 年 11 月第 1 次印刷

ISBN 978 - 7 - 5218 - 4390 - 3　定价：76. 00 元

前言
PREFACE

　　我国的个人所得税从 1980 年算起，已经有 42 个年头，期间经历过七次税法修正，形成 2018 年现行税法，并初步建立了综合与分类相结合的税制模式。个人所得税在国家税收中的地位和作用有所提高，但个人所得税在筹集财政收入和居民收入再分配调节中的作用仍有待加强，个人所得税规模、再分配效应的较大波动也引起关注。

　　一、本书主题和愿景

　　笔者从 21 世纪之初开始研究收入分配，逐渐集中研究了个人所得税再分配效应和个人所得税税制改革和发展问题，并认为税制建设需要以税收精细化为发展方向。2017 年 12 月，笔者撰写了"我国个人所得税制改革：基于税收精细化的视角"一文，在"天津财经大学财政与公共管理2017 年年会暨地方政府扩权与现代财政制度建设学术论坛"分组会议上报告，提出我国个人所得税改革和发展的方向是税收精细化。个人所得税是一个优良税种，既有筹集财政收入的作用，又有居民收入再分配调节作用。但是要更好发挥个人所得税作用，必须以税收精细化为条件。个人所得税精细化要求综合计征、精细化的经营性费用扣除规则、精细化的社会性扣除规则、精细化的免征额规则、协调处理免税所得、税收抵免项目与费用扣除项目的关系、累进税率结构、税收指数化、源泉课征与纳税申报相结合、严格征管与纳税服务相结合。

　　此前和此后，笔者发表了关于个人所得税再分配效应和税制改革的若干论著，总体上，这些研究也是以税收精细化为方向对我国个人所得税改革和发展进行探索，税收精细化不足是我国税制存在问题的集中表现。最近，笔者研究了日本所得税法，这是税收精细化的一个很好例证。1984年中国展望出版社出版了《日本所得税法》的中文翻译版，① 该法包括了个人所得税和法人所得税，但主要的篇幅是个人所得税，法律正文有244条（少量条款空缺），还有篇幅相当大的附则。2018年日本进行了所得税的税制改革，2019年版的税法正文243条，保留了附则。② 我国现行个人所得税税法只有22条，税法实施的具体事项通过行政法规、规章甚至规范性文件进行，与日本税法形成鲜明对比。

税收精细化方向符合国家提出的税法发展要求。2013年，党的十八届三中全会通过的《中共中央关于全面深化改革若干重大问题的决定》，明确提出"落实税收法定原则"。2015年3月，第十二届全国人大三次会议修改《立法法》，规定"税种的设立、税率的确定和税收征收管理等税收基本制度"只能制定法律。2020年，《中共中央关于制定国民经济和社会发展第十四个五年规划和二〇三五年远景目标的建议》提出，"完善再分配机制，加大税收、社保、转移支付等调节力度和精准性，合理调节过高收入"。税收调节的精准化必然依赖于税制精细化，没有税收精细化，就无法实现税收调节的精准化。税收精细化是落实税收法定原则、促进税收调节精准化的必然要求。

国内关于个人所得税研究的文献也认识到我国税法简化的特征，但偏向于维持这种简化的合理性。高培勇（2011）主持研究的《个人所得税：迈出走向综合与分类相结合的脚步》报告了个人所得税改革的约束条件，即"正视全球化竞争的压力""考虑征管条件的硬约束""基于现实国情的务实态度"，在个人所得税改革的路径选择上建议采取"增量调节为主、渐进式推进"，选择"以分类为主，逐步加入综合因素"的改革路

---

① 日本国所得税法［M］. 陈汝议，武梦佐，译. 北京：中国展望出版社，1984.
② 全球法律数据库：https：//elaws. e – gov. go. jp/。

径，认为提高个人所得税规模和比重、个人所得税作为主体税种只是长期目标，因为现阶段的征管条件制约了税制完善。[1] 黄凤羽（2010）认为，我国个人所得税再分配职能具有局限性，应当"有所为有所不为"，将高收入者作为个人所得税调控重点才是现实的。[2] 乔博娟（2020）研究了美国个人所得税制度，突出强调其"法律制度复杂性之失"，考虑我国与美国整体税制结构存在差异，个人所得税改革不应超越我国社会文化和经济发展所处的阶段，应当在综合税制与分类税制之间择善而从，个人所得税改革应与我国经济发展现状相适应，在综合与分类、公平与效率、复杂与简便之间权衡利弊。[3] 这种倾向在作者早期研究中也有体现，认为我国个人所得税规模不足、征收率低、再分配效应弱的特征，是税制、征管、经济发展阶段和居民收入水平、税收政策和其他财政制度等因素综合作用的结果，加强个人所得税调节是一个动态的过程，需要在经济发展、居民收入提高的过程中实现。[4] 但通过一段时间的思考，笔者倾向于认为我国税制建设应当以税收精细化为方向。

写作本书的最大愿望，首先，希望将关于个人所得税的理论理解和关于我国个人所得税制建设的对策建议呈现出来，为我国个人所得税制建设贡献一份力量。其次，个人所得税研究有来自法学、经济学和财政学、公共管理等不同领域的研究者，本书试图从经济学（以及财政学）和法学的角度进行研究，希望本书成为同行交流的一个有效渠道，对同行有所借鉴、有所启发，就教于同行。最后，本书强调理论研究，税收精细化的一个方面就是税法理论基础的系统化。本书对我国税法的演变、税法概念和税法构成等进行了理论阐释，并对美国、日本税制进行比较研究，也希望

---

[1]　高培勇. 个人所得税：迈出走向综合与分类相结合的脚步 [M]. 北京：中国财政经济出版社，2011：15 - 19.

[2]　黄凤羽. 对个人所得税再分配职能的思考 [J]. 税务研究，2010（9）：14 - 18.

[3]　乔博娟. 简评美国个人所得税法律制度复杂性之失——兼议我国个人所得税制度完善的选择 [J]. 税务研究，2020（8）：96 - 101.

[4]　曹桂全，任国强. 加强个人所得税调节的政策选择 [J]. 经济问题探索，2014（2）：80 - 85.

本书能起到一定的理论知识普及作用。

2022年3月全国两会期间，全国人大代表、格力电器董事长董明珠建议将个人所得税起征点提高到每月10 000元（每年12万元），对年应税所得额200万元的纳税人增设一档高税率（50% ~ 55%）。[①] 按照个人所得税费用扣除理论，现代税法一般不再使用起征点一词，尤其是不再使用统一的起征点。实际使用的起征点，可能是法定标准免征额或者免征额与经营性费用扣除之和；如果是前者，我国一般居民家庭基本生活费用支出水平达不到每年12万元，起征点提高到每年12万元缺乏事实基础，起征点不能以高收入者、大城市为标准；如果是后者，我国劳务所得、稿酬所得或者特许使用费所得有20%的经营性费用扣除，而工资薪金所得却没有，适当提高则是合理的，当然不一定是翻倍。对于增设高税率，认为我国最高边际税率已经达到45%，没有再提高的空间。另外，加强对高收入者税收调节是方向，不一定通过提高边际税率实现，像英国、美国、日本等都有高收入者免征额递减机制，实际上相当于提高了高收入者的边际税率，这个方向是合理的。因此，董明珠代表提出的两个方面建议有不少需要研究。

二、本书的结构

本书是以税收精细化为方向的中国个人所得税制建设的专题研究，希望突出我国个人所得税税制建设研究的主题，也突出税收精细化的主线。本书既有过去十年的学习和研究成果的整理，也有新写作的专题研究。全书包括导言、9篇相对独立的研究论文、总结与研究展望，共11章。本书在章节安排上综合考虑研究的具体主题、时间顺序和认识的过程。全书各章内容梗概如下。

第一章导言是关于本书的总体介绍，阐述了本书的研究背景和思路、主要研究方法、主要工作、主要观点及其创新性和影响。第二章是关于我国个

---

① 于帅卿. 董明珠代表：个人所得税起征点提高至1万元，促进公平与富裕［EB/OL］. 新浪财经，http://finance.sina.com.cn/jjxw/2022 - 03 - 02/doc - imcwiwss3796226.shtml.

人所得税及其实施的现状、存在问题的一般研究，最后提出解决现存问题需税收精细化的必要性。第三章提出税收精细化的概念，认为精细化的个人所得税制才是优良税制，并阐述了税收精细化对税制的各方面要求。第四章研究了我国个人所得税免征额规则的特征，阐述了免征额内涵、价值和免征额标准确定依据的理论问题，提出了我国个人所得税单一标准化免征额规则以及免征额累积性调整方式的特征和不足，并提出了改进方向。现在看来，目前税法存在的主要问题是税收精细化不足，而相应改进都是税收精细化的努力。第五章是关于美国个人所得税免征额规则的比较研究，其免征额构成、免征额递减机制、免征额调整机制与我国简单化免征额规则形成鲜明对照。第六章是关于免征额规则的理论总结，对免征额内涵、免征额的属人性、免征额标准确定依据、免征额构成、免征额调整机制、免征额与税收抵免等税制要素的关系等进行了理论阐述。第七章专门研究了免征额递减机制，并对我国个人所得税建立免征额递减机制进行了探讨。第八章在免征额理论研究的基础上，将研究视角扩大到经营性费用扣除、社会性扣除，对各类费用扣除的内涵和一般扣除方式方法进行了研究，也分析了我国税制的不足和改进方向。第九章是关于日本个人所得税费用扣除制度的比较研究，其税法具有法典化特征，经营性费用扣除和免征额规则税收精细化明显，对我国有很好的借鉴价值。第十章以我国个人所得税原则的理论构建为主题，提出个人所得税的十条原则，试图以此作为构建系统化的个人所得税法理基础，促进税收精细化。第十一章是全书总结与研究展望部分，进一步阐述我国个人所得税税收精细化的重点内容，在方法上侧重进行案例分析、典型事件分析，并分享研究的认识和体会，做一些研究展望。

需要说明的是，本书以专题研究的形成呈现，因此本书没有按照规范研究的逻辑结构展开。为弥补这方面的不足，本书第十一章的总结和研究展望对此进行了阐述。税收精细化不是仅仅表现为税法条款的增加和细化，尽管这是一个重要的表现。税收精细化有三个方面的要求。第一，税收精细化要求建立系统化的税法理论，加强税收理论基础建设，促进法理基础系统化。第二，税收精细化要求落实税收法定原则，改变我国现行个人所得税的法律—行政法规—规章—行政规范性文件的规则体系，细化税法规则，促进税法法典化。第三，税收精细化要求建立健全机制性规则（如免征额递减机制、税收指数化机制、费用扣除据实申报机制等），而不满足于具体规则细化，这样才能促进税收公平和发挥个人所得税功能。

三、本书可能的不足

本书最初的设想是以"我国个人所得税再分配效应与税制改革和完善研究"为题的一个研究文集，但内容相对分散，之后调整为"以税收精细化为方向完善个人所得税制度研究"。个人所得税制建设是一个涉及多学科、与国家财政治理关系密切的课题。虽然本书以税收精细化为主线、为方向，更多聚焦于税基方面，包括应税所得以及免税所得、经营性费用扣除、社会性扣除和免征额规则、税收抵免项目等，但没有对所有税制因素进行深入分析，如没有专门分析税率（表）的设计、没有专门研究源泉课征和纳税申报的税收征管问题等。

总体上，受笔者认识水平、数据收集能力、政策理解能力限制，可能存在结论论证不充分、制度理解不到位、政策建议针对性不强的问题，敬请读者、同行批评指正！

四、致谢

首先，笔者参考了诸多相关文献，向这些文献作者表示感谢。

其次，笔者进行相关科学研究以及出版相关成果，得到天津大学自主创新项目、天津市哲学社会科学规划项目、教育部人文社会科学规划项目和国家社会科学基金项目的资助，特此致谢！

再次，本书出版得到国家社会科学基金项目的资助，特此致谢！

最后，本书的撰写和出版，得到经济科学出版社编辑的鼓励和支持，向经济科学出版社审读本书的各位编辑表示感谢！

目录
CONTENTS

第一章
导　言

本章作为导言，阐释第二章至第十章各专题研究的研究背景和思路、主要研究方法、主要工作、主要观点及其创新性和影响。在一定意义上，这是相应研究的提炼和补充说明。这些专题研究有的没有用很多文字阐释研究背景，或者之前的研究成果在当时没有突出税收精细化的方向，有的研究成果已经经历一段时间，可以结合实践发展进行一定的评价。本章的提炼和补充说明能够更好表明这些研究的目的、价值或者不足，更好阐明本书主张的以税收精细化为我国个人所得税税制建设方向。

一、我国个人所得税制度及其实施研究

（一）研究内容和目的

第二章为关于我国个人所得税税制及其实施状况的研究，撰写目的是对我国个人所得税税制有一个总体性的基本认识，尤其是通过引入个人所得税的理论框架对税制进行梳理，对实施效果进行评价。比较而言，现有关于我国个人所得税制度的介绍较多简单地就现行税法展开，缺乏理论阐释。本章最后还总结了我国个人所得税税制改革和发展要求，表明本书提出以税收精细化为方向的价值。

(二) 我国个人所得税形成与发展

中华人民共和国成立后，很早提出了建立个人所得税（薪给税）的规划，但很长时间并没有立法，主要原因是我国实行计划经济，机关企事业单位工资水平较低，主要用于满足家庭消费的需要，而且实行国家保障制度，住房、医疗、教育等不需要家庭支出。改革开放后，尤其是实行对外开放，建立外资企业，外国人和外资企业职工收入迅速增长，需要进行税收调节。我国于1980年9月10日颁布《中华人民共和国个人所得税法》，并于当日开始实施，但实际上主要对外国人及外资企业职工征收。

我国1980年税法仅有15条，规定了6类应税所得，实行分类计征模式，工资薪金所得适用5%到45%的七级超额累进税率，其他所得适用20%比例税率，但费用扣除规定非常简单，没有区分费用扣除的性质和类别，税法没有术语解释，而该税法的框架至今基本没有变化。税法规定了六类应税所得：工资薪金所得；劳务报酬所得；特许权使用费所得；财产租赁所得；利息、股息、红利所得；其他所得。其中规定，工资薪金所得，按每月收入减除费用800元，就超过800元的部分纳税。此减除费用为纳税人"本人及其赡养家属生活费及其他必要费用"，① 总体上属于免征额范畴。对于劳务报酬所得、特许权使用费所得、财产租赁所得，每次收入不满4 000元的，减除费用800元；4 000元以上的，减除20%的费用，然后就其余额纳税。这个减除费用属于必要费用，即经营性费用。利息、股息、红利所得和其他所得，按每次收入额纳税，没有任何费用减除。

适应个体工商户的兴起和部分个人收入提高，国务院于1986年1月颁布《中华人民共和国城乡个体工商户所得税暂行条例》，1986年9月颁布《中华人民共和国个人收入调节税暂行条例》，分别规定对个体工商户和本国公民的个人收入征收个人所得税，形成三税并存的局面。前者将课税范围扩展到经营所得，后者总体上与1980年税法框架类似，但增加了承包承租

---

① 顾明. 关于《中华人民共和国中外合资经营企业所得税法（草案）》和《中华人民共和国个人所得税法（草案）》的说明——1980年9月2日在第五届全国人民代表大会第三次会议上［R］. 中华人民共和国国务院公报，1980（13）：400-404.

所得、投稿翻译所得、财产转让所得的应税所得，探索实行综合计征与分类计征相结合的税制模式，累进税率级次更多、最高边际税率提高，从7%到60%共十级。

1993年，税法进行第一次修正，将工商个体户所得税、个人收入调节税并入个人所得税，实现个人所得税统一，标志着我国个人所得税制度的正式形成。1993年税制实行分类税制模式，费用扣除基本保留了1980年税法的规则，工资薪金所得实行九级超额累进税率表，但最高和最低税率没有变，将工商个体户和承包经营所得合并为另一个人所得税率表（5%到35%五级超额累进）。尤其应当注意的是，1993年税法一共15条，与1980年税法框架基本一致，没有税收精细化进展。

第二次税法修正到第五次税法修正，主要是储蓄利息所得免征即税率调整的问题、免征额调整的问题，尤其是免征额调整是税法修正的重心。通过税法修正，工资薪金所得的费用减除从2006年1月起调整到每月1600元，从2008年3月起调整到每月2000元。2011年6月进行税法第六次修正，将工资薪金所得费用减除调整到每月3500元，同时减少累进税率级次（减少到七级），降低最低边际税率（降低到3%），将适用最高边际税率的起点阈值从100万元降到80万元。税法修正表明了降低总体税负、加强高收入者税收调节的意向。

2018年进行的税法第七次修正，形成现行税法。本次修正内容比较多，其中最重要的是建立了综合与分类相结合税制模式。同时，本次税法修正还增加了六项专项附加扣除，这些扣除项目有免征额追加扣除，也有经营性费用的追加扣除，也有新设立的社会性扣除，更好地考虑了纳税人在某些社会生活领域支出的差别，降低了总体税负。本次税法修正也提高了工资薪金所得基本费用减除标准，从每月3500元提高到5000元（每年6万元），而且使原来分类税制下没有工资薪金所得的劳务所得纳税人、稿酬所得纳税人、特许权使用费所得纳税人增加了免征额扣除，显著降低了税负。本次税法修正还降低了最低边际税率门槛阈值，减少了综合所得的税率等级，从九级超额累进税率降低到七级，有利于降低低收入税负。2018年税法还对纳税人区分、加强源泉课程和汇算清缴、加强反避税力度进行了规范，利于提高征收率。值得注意的是，2018年税法仍然没有改变1980年的税法框架，也没有明显的税收精细化，税法条款从 2011 年的 15 条增加到 22 条，但主要是征管条款的增加，而关于应税所得、应税所得额的计算的税制条款没有实质性变化。

（三）现行税法的构成

基于 2018 年税法，本章从纳税人、应税所得、免税所得、经营性费用扣除、社会性扣除、免征额、税率表、税收减免和税收抵免、税收征管制度九个方面对现行税制进行了梳理，并在此基础上，概括了我国个人所得税税制的七个特点：第一，免税所得范围较宽，数量占个人收入比重较大；第二，综合所得范围比较窄；第三，费用扣除概念笼统，没有明确区分经营性费用扣除、社会性扣除和免征额；第四，费用扣除方式简单化，以定额扣除、比例扣除为主，据实申报扣除很少，仅有单一标准化免征额；第五，免征额采取集中性、大规模、前瞻性①调整方式，若干年调整一次，容易导致税收波动，影响税收再分配效应持续扩大，而一些其他名义收入指标甚至没有调整；第六，税率累积性较强；第七，税法简单，税收政策性强，税法实施大量依赖于主管部门的行政规范性文件。

（四）我国个人所得税实施及其效果

21 世纪以来，我国个人所得税规模增长较快，从 2000 年的 659.64 亿元增长到 2021 年的 13 992.64 亿元，多数年份以两位数增长，甚至高达 50%。个人所得税占 GDP 的比重也从 2000 年的 0.66% 提高到 2021 年的 1.22%。个人所得税在税收结构中逐渐成为第三大税种，2021 年占全国总税收的 8.1%，仅次于增值税和企业所得税。但是也应当看到，个人所得税规模快速增长主要出现在 21 世纪开始的几年，而且个人所得税规模、增长速度、占税收比重都存在较大波动，2005 年、2011 年、2018 年出现个人所得税占总税收比重的三个峰值，而税收规模下降主要出现在提高免征额以及

① "前瞻性"的资料来源：谢旭人. 关于《中华人民共和国个人所得税法修正案（草案）的说明—— 2007 年 12 月 23 日在第十届全国人民代表大会常务委员会第三十一次会议上 [R]. 全国人民代表大会常务委员会公报，2008（1）：89。本书中笔者将其称为"累积性调整方式"，详见本书第三章。

其他增加费用扣除的税法修正时间节点上，表明税法调整与税收波动有很大关联性。这是值得注意的一个重要问题。

个人所得税除了具有筹集财政收入功能外，还具有收入再分配调节功能，是税收调节收入分配的主力军。但是，我国个人所得税大致只能降低全国居民收入基尼系数不到2%，与一些经济发达国家个人所得税再分配调节作用存在很大差距。其直接的原因是个人所得税规模小、平均税率低，而其背后的间接原因有居民收入总体偏低、税制不公平、征管不到位等多方面原因。

（五）我国个人所得税税制发展方向

我国长期重视个人所得税，将其摆在很重要的位置，但个人所得税改革和发展的速度相对缓慢。2003 年我国就明确提出"实行综合和分类相结合的个人所得税制"，但是直到 2018 年才初步建立综合与分类相结合的税制，今后继续完善的任务仍然很多。国家还提出加大个人所得税再分配调节力度的要求，提出提高直接税比重的要求，提出加大税收调节精准性的要求。尤其应当注意的是，精准性税收调节必然要求税收精细化和严格税收征管，这就需要进一步完善综合与分类相结合的税制、建立更加公平和利于收入再分配调节的税制、建立税收精细化的税制，这个方向与本书的研究主题是切合的。

二、我国个人所得税改革和发展应当以税收精细化方向

（一）研究内容和主题

第三章提出我国个人所得税税制改革和发展的税收精细化方向。2017 年 12 月，笔者曾经以"我国个人所得税制改革：基于税收精细化的视角"为题，写了一篇关于税制改革方向的论文，在"天津财经大学财政与公共管理 2017 年年会暨地方政府扩权与现代财政制度建设学术论坛"会议分组

会议上报告，并被收入会议论文集。① 现在回顾，用税收精细化描绘我国个人所得税改革和发展方向可能更加全面、具体和具有指导性，能够作为本书专题研究的主线，作为本书的统领。为此，这里以第三章呈现在本书中，也作为以后内容的序章。

本章试图回答一些基础性问题，即究竟个人所得税是什么样的税种？什么样的个人所得税制是优良税制？我国现行税制与优良税制还有什么差距？税收精细化是对这些问题的一个概括。

（二）个人所得税的性质和作用

首先，在对个人所得税税制历史、税制内容、个人所得税功能分析和个人所得税实践的基础上，对个人所得税的性质和作用作出总结判断。第一，个人所得税奉行净所得课税和生计收入不纳税的原则，进行经营性费用扣除和免征额扣除，被誉为良税。第二，个人所得税实行累进税率，使税收具有累进性，是调节收入分配、实现社会公平的财政工具，被形象地称为"罗宾汉税"。第三，个人所得税具有成为国家主体税种的潜力。个人所得税以个人所得为税基，能够随着经济增长而扩大，税收的经济增长弹性充分，可以期望成为国家的主体税种。第四，个人所得税能够清晰反映国家与个人的分配关系。个人所得税是直接税，税收负担显性，能清晰反映纳税人的税收负担，反映国家与个人之间的分配关系。与其他税种相比，个人所得税的税收额外负担更小。第五，一些重要的社会政策可以个人所得税税制落实。个人所得税是执行社会政策的工具，突出手段是社会性扣除（特许费用扣除）和税收抵免（tax credit）。可以通过设立社会性扣除和税收抵免项目，实施发展社会保障事业、慈善事业等政策，执行促进就业、儿童政策、教育政策、老年政策、机会平等等政策。

（三）优良的个人所得税需要税收精细化

本章提出优良个人所得税需要税制精细化的论断，因为只有精细化的税制才能反映个人所得税的性质和作用，才能实现个人所得税的功能。优良税

---

① 该会议论文集没有公开出版。

制表现在以下方面：（1）综合计征。综合计征是方向，可以保留少数所得分类计征。综合计征只是税收精细化的一个方面。（2）精细化的生产经营费用支出扣除。（3）精细化的免征额制度。（4）精细化的特许费用扣除，协调处理免税所得、免征额、特许费用扣除、税收抵免之间的关系。（5）实施税收指数化。需要对税法中规定的个人免税额、标准扣除额、各种附加标准扣除额、税收抵免额、个人免税额和分项扣除额缩减门槛值、税率等级收入阈值等普遍进行年度指数化调整。（6）源泉课征与纳税申报相结合。（7）纳税服务和严格征管相结合。因此，税收精细化不是形式上的精细化，而是对税制改革和发展的一种全面要求。

（四）我国个人所得税税制存在的不足

检视我国个人所得税税制存在的问题，[①] 主要有：（1）分类计征不符合税收精细化要求。（2）过多使用免税所得政策。免税所得范围过宽，不注重各种税收政策工具的协调使用。尤其是养老金收入、住房公积金收入一律免税，不利于增加个人所得税税收，也不利于收入分配调节。（3）经营性费用支出扣除不完善。税法没有明确的经营性费用支出扣除的概念，有些所得实际上没有经营性费用减除，有减除的也简单采用定比或者定率的简单化减除方式，主要是方便征收，规定粗线条。（4）单一标准化免征额不利于实现免征额价值。（5）免征额累积性调整方式弊端严重。（6）征管制度有待加强。显然，这些不足可以概括为税收精细化不足。要克服这些不足，就需要以税收精细化为方向，改革和完善税制。

（五）强调税收精细化方向的原因

第一，应当坚持税收精细化方向。从经济发达国家的税收改革实践看，20世纪80年代以来，发达国家曾以"简税制、低税率、宽税基"为导向进行税制改革，税收精细化是不是不符合世界潮流？改革针对体制的弊端以及结合当前形势的需要进行。我国个人所得税的突出表现是精细化不够而不是过于繁杂，不是边际税率过高而是要加强对高收入者的税收调节，与发达国

---

① 因为该成果撰写于2017年，这里针对以2011年税法为基础的税制而言。

家面临的问题不同，改革的方向应当有所不同。解决问题需要从实际出发，推进税收精细化是解决我国个人所得税问题的必要选择。我国个人所得税税制精细化不足，成为制约了个人所得税功能和作用的关键因素。税收精细化是我国个人所得税制改革和发展的基本方向，应当积极推进包括综合计征在内的各项税制精细化。

第二，2018年税法修正是税收精细化的体现，但局限性很大。一段时间内，我国个人所得税改革和发展的方向是建立综合与分类相结合的税制。2018年，我国个人所得税税法修正，对部分所得综合计征，初步实现了建立综合与分类相结合税制的目标。但是，2018年税法修正，基本保留了原税法的条款，仅仅涉及少数税法条款的变动，这与期望的理想税制有明显差距。在现有税制框架内进行个人所得税改革和完善已经进入进退维谷的境地，要更好发挥个人所得税作用，就要实行综合与分类相结合的税制，推行税收精细化。以免征额调整为例，调整是客观需要，调整比不调整好，但在现有制度框架内进行调整的弊端很多。不改变分类税制模式，不严格界定经营性费用扣除、免征额扣除和特许费用扣除，不实行标准化与差异化相结合的免征额，不实行纳税申报，不实施税收精细化，个人所得税存在的深层次问题就无法得到解决。

第三，税收精细化方向与国家要求一致。现在看来，税收精细化方向是正确的。2020年，《中共中央关于制定国民经济和社会发展第十四个五年规划和二〇三五年远景目标的建议》提出，"完善再分配机制，加大税收、社保、转移支付等调节力度和精准性，合理调节过高收入"。税收调节的精准化必然依赖于税制精细化，税收精细化方向与2020年国家提出的发展规划是吻合的。

三、我国个人所得税免征额制度特点、弊端和改进方向的研究

（一）研究背景、主题和方法

2014年，笔者作为项目负责人申请的国家社会科学基金项目"完善我国政府再分配调节机制研究"（项目编号14BJY036）获准立项，在这个项

目资助下，笔者得以继续进行从事政府再分配调节机制研究，将较多时间精力投入个人所得税税制改革研究上来。

一段时间内，很多研究文献关注我国个人所得税免征额的再分配效应，尤其关注作为几次税法修正主要内容的免征额调整的适当性。笔者的一个体会是，我国税法虽然简单，但要真正认识和理解税法并不容易。我国税法有自己的历史和特点，而且税法实施很大程度上依靠税收政策和行政规范性文件。笔者从免征额入手，研究了我国个人所得税税法演变，尤其是系统研究了历年的《关于〈中华人民共和国个人所得税法修正案（草案）〉的说明》，同时研究了财政部和国家税务总局关于税法实施的相关规范性文件，强化了对个人所得税的理论分析、历史分析和制度分析，形成了对我国个人所得税免征制度特点及其弊端的认识。研究成果以《论我国个人所得税免征额制度改革》为题发表了期刊论文，[①] 这是本书第四章的内容。

通过本章研究，阐述了免征额内涵和价值，阐述了免征额标准确定的依据和免征额适应性调整理论，提出了我国个人所得税免征额制度的两个特征，分析了该制度之下个人所得税免征额调整税收效应的特殊性以及如何认识我国个人所得税免征额调整的税收效应等问题。

（二）免征额的内涵、标准确定和适应性调整

本章明确了免征额内涵、免征额标准确定的依据和调整问题。免征额是实现居民生计收入（基本生活费用支出）不纳税的一项税制要素，应当按照纳税人及其负担人口的基本生活费用支出确定。同时，由于经济发展阶段不同，社会经济体制改革导致居民基本生活费用范围变化，以及物价水平变化，免征额应当进行适应性调整，以实现免征额对居民基本生活费用的持续扣除。

（三）个人所得税单一标准化免征额的利弊

笔者发现，我国个人所得税免征额的一个特征就是实行单一标准化免征

---

① 曹桂全，仇晓凤. 论我国个人所得税免征额制度改革［J］. 天津大学学报（社会科学版），2016（3）：217－223.

额。标准化免征额简便易行，征管成本低，但不能实现税制公平。标准化免征额就是平均化免征额，不能反映每个家庭基本生活费用支出的实际差别，导致税负不公平和税收调节能力弱化，也不能充分实现免征额的价值。

（四）个人所得税免征额实行累积性调整方式的弊端

笔者发现，我国个人所得税免征额实行累积性调整方式，存在明显弊端。个人所得税免征额的累积性调整方式导致实际免征额与应有免征额经常性不一致，使免征额不能及时反映居民基本生活费用支出变动，导致"过头税"经常性存在，税收规模、平均税率和再分配效应不合理波动，整体上不利于发挥个人所得税再分配调节功能，不利于国家税收稳定。

（五）关于我国个人所得税免征额制度改革的建议

建议从标准化免征额费用扣除方法和免征额累积调整方式两个方面改革免征额制度，使免征额尽可能反映纳税人的基本生活费用支出负担，及时反映居民基本生活费用支出实际变化，建立根据纳税人负担实际进行费用扣除的免征额制度和免征额适应性调整制度。建立反映纳税人家庭基本生活费用支出实际的免征额标准制度和实行免征额适应性调整制度，就能够避免免征额调整带来的平均税率降低和再分配效应弱化的问题，避免税收规模、平均税率和再分配效应的不合理波动，可以期望随着居民收入水平提高，个人所得税发挥更大再分配调节作用，实现居民基本生活费用支出充分扣除和国家税收增长的双重目标，走出累积性调整方式存在的困境。

同时，基于免征额的内涵，我国个人所得税免征额标准参照城镇居民消费支出确定的方法需要改变。城镇人均居民消费支出不等于居民基本生活费用支出，在经济发展达到较高水平后，前者必然高于后者，按此确定的免征额标准将偏高，偏离免征额的内涵。

（六）认识免征额构成和调整方式的重要性

2018 年我国个人所得税税法修正，免征额进一步提高并且同时增加了六项专项附加扣除，自 2019 年 1 月全面实施。但是，这次税法修正并没有改变累积性调整方式，结果是，2019 年全国个人所得税税收只有 10 388.53

亿元，比2018年的13 871.97亿元减收3 483.44亿元，下降了25.11%，[①]如此规模税收波动本可以避免的，那就是进行免征额的适应性调整。可惜的是，我国并没有改变这种前瞻性、累积性免征额调整方式。

现行税制之下，免征额标准参照城镇就业人员负担的消费支出确定。2021年，全国城镇居民人均消费支出30 307元，按照平均负担人口数1.93计算，城镇就业人员负担的消费支出达到了58 493元，已经接近现行免征额标准，按照上述规则，需要进一步调整。但是，随着经济发展和居民收入水平提高，城镇居民消费支出中的非基本消费支出比例越来越高，上述规则将越来越不适宜，不能反映免征额的内涵和功能，需要改变。需要确定居民基本费用支出标准而不是继续参考城镇居民消费支出指标，这需要国家组织力量进行研究。

四、美国个人所得税免征额及相关制度的比较研究

（一）研究背景和目的

为更加全面认识免征额理论和实践，笔者研究了美国个人所得税免征额及相关制度，进行中美比较分析，这是本书第五章的内容，相应成果于2017年发表。[②]

美国建国时间较晚，但1862年就尝试个人所得税，其后经历是否合宪的争议，1913年确立个人所得税。虽税法经历多次调整，但个人所得税早已成为联邦政府第一大税，对于筹集财政收入和进行再分配调节都发挥了重要作用。与我国形成鲜明对照的是，美国个人所得税免征额由标准化免征额与差异化免征额构成，采取年度适应性调整方式、免征额与免税所得、社会性扣除项目协调配合，对我国个人所得税制度改革和发展有借鉴意义。

---

① 国家统计局：国家数据网站（https：//data.stats.gov.cn/easyquery.htm？cn = C01）。

② 曹桂全.美国个人所得税免征额制度及其对我国的启示［J］.经济社会体制比较，2017（4）：84 – 96.

（二）美国个人所得税免征额制度的可借鉴之处

第一，美国个人所得税免征额有一定的构成。美国个人所得税免征额中有个人免征额、分项扣除额（可以选择标准扣除并有附加标准免征额）。个人免征额是面向纳税人及其负担人口的，每人一份，分项扣除则允许纳税人在法定的支出项目内据实申报扣除，如果不选择分项扣除，则可以选择标准扣除，免征额构成既有标准化的部分，也有差异化的部分，有利于实现免征额功能和税收公平。我国实行单一标准化免征额，与美国标准化与差异化免征额构成形成鲜明的对照。我国 2018 年税法修正后，增加了专项附加扣除，有人认为是丰富了免征额构成。但是，专项附加扣除并非针对个人普遍设立，而是针对如教育、医疗等"事"设立而不是针对"人"设立，应当属于社会性扣除而不是免征额。[①] 因此，2018 年税法修订虽然有补充免征额不足的项目，但主要是社会性扣除项目，仍然没有考虑纳税人及其负担人口的具体数量等影响基本生活费用的具体情况。

第二，美国个人所得税存在高收入者免征额递减机制。美国个人所得税还有个人免征额递减和分项扣除额限制制度，净所得超过一定水平的纳税人的个人免征额和分项扣除额将减少，其中个人免征额可以缩减到 0，而分项扣除额可以缩减 20%。免征额缩减实质地提高了高收入者的实际税率，有利于加强对高收入者调节。我国个人所得税并不存在免征额递减机制，免征额和专项扣除、专项附加扣除为高收入者提供了大量费用扣除，不仅一些中低收入者没有净所得可以减除这些扣除项目，而大额扣除为高收入者带来更多的免税利益。[②]

第三，美国个人所得税免征额实行适应性调整，税收增长与经济增长同步。美国个人所得税从 1986 年开始实行指数化调整，每年对免征额（个人免征额和标准扣除额及附加标准扣除额）等名义量调整一次，是一种适应性调整方式，使税收更能反映经济增长和居民收入提高的成果，避免适用税

---

① 免征额具有属人性，是针对个人而设立的，考虑的个人的基本生活费用支出以及在年龄、健康等方面的客观差异，而不是在教育、医疗等方面的实际支出情况。当然，由于免征额与社会性扣除有一定相似性，对此也有不同观点。

② 本书第七章将深入探讨这个问题。

率受通货膨胀影响而爬升和扭曲。我国个人所得税免征额若干年调整一次，免征额固定期间，税收快速增长，但实际上包含了通货膨胀带来的税收过度增长，有不合理的成分，但却被认为是税收征管成效；免征额调整年，免征额增长幅度较大，超过了应有免征额，导致税收下降，又被视为降低居民税收负担，却置本来能够避免的税收波动、财政的不稳定性视而不见，这种认识显然不连贯，不全面。

第四，处理好免征额与社会性政策扣除的关系。社会性扣除的一些项目也与居民基本生活相关，与免征额有替代关系。美国个人所得税免征额中的分项扣除，可以看作是差异化免征额，但也有社会性扣除的意义，如医疗费分项扣除项目。为更好实施落实照顾低收入者、促进就业的社会政策，美国个人所得税中的税收抵免尤其是可返还的税收抵免例如劳动所得税收抵免也具有参考价值。

美国个人所得税有其历史，与其国家财政制度相适应，不能照抄照搬，但是其一些对个人所得税理念和规则是可以借鉴的。

（三）相关讨论：准确理解我国个人所得税免征额调整方式

免征额调整是我国个人所得税税法修正一个重点项目，如何评估提高免征额对再分配效应的影响是一些文献关注的重点。但是，一些国内文献对免征额调整的税收效应和税收再分配效应的存在偏差，值得商榷。笔者进行了一个针对性的研究，相应论文于 2018 年发表。[①] 限于篇幅和主题，本书没有收录，这里简单说明一下。

比较早的研究免征额变动的税收效应的文献是岳树民等（2011）关于免征额变动对税收累进性影响一文，[②] 模拟测算给定收入分布在不同免征额数量下的税收累进性、平均税率和再分配效应，得出有一个与税收累进性最大值对应的免征额数量的结论。该文献显然将免征额作为一个政策变量，其数量可以任何调整，以使税收累进性或再分配效应获得最大值，但这并不符

---

① 曹桂全.我国个人所得税免征额调整的税收效应——基于应有免征额、免征额累积性调整方式的分析 [J].经济学报，2018（2）：147 – 166.

② 岳树民，卢艺，岳希明.免征额变动对个人所得税累进性的影响 [J].财贸经济，2011（2）：18 – 24.

合免征额的内涵和价值；按照免征额的内涵和价值，在既定时期和既定居民收入分布条件下，免征额是一个法定值而不是可以任意调整的变量。类似地，有一些刊登在《统计研究》《经济学动态》《经济研究》和《中国社会科学》上的文章，认为我国免征额调整弱化了个人所得税再分配效应，甚至认为为了提高个人所得税在税收结构中地位、加强个人所得税再分配调节作用，应当降低免征额。有三个方面的观点值得商榷。

第一，免征额应当按照其内涵和价值进行适应性调整，而不能将免征额数量完全视为政策变量。降低免征额偏离免征额的内涵和价值，不符合免征额适应性调整的客观要求。

第二，免征额调整的税收效应分析应当考虑我国个人所得税免征额累积性调整方式，不能仅仅考察免征额调整当年的税收变化以及简单与上一年对比，而是要考察免征额固定期间的税收变化，考察免征额实际调整与应有调整的对比。笔者测算了应有免征额，建立了免征额调整税收效应模型以分析免征额调整导致税收增减的条件，对 2006 年、2008 年和 2011 年免征额调整的税收效应进行估计。结果表明，个人所得税免征额调整没有总体上导致税收下降，免征额调整总体上是必要的、合适的；免征额累积性调整导致了税收波动，尤其是免征额调整年税收比上一年下降，但问题是免征额调整方式不合理，而不是免征额不应当调整；免征额不应提高既违背免征额适应性调整的客观要求，也无法指导税制改革的政策实践。

第三，决定一个国家税收潜力的是居民收入水平及其增长，而不应当将免征额作为一个国家个人所得税税收潜力的决定性变量，评估免征额调整的税收效应不能在给定居民收入水平条件下进行。

笔者的体会是，这些偏差的存在归根到底是因为对个人所得税免征额的功能和价值认识不足、对我国个人所得税免征额实行累积性调整方式的特征认识不足，在缺乏理论和制度分析的基础上进行数量测算，这也是一些经济学实证分析的一种共同倾向。

五、关于个人所得税免征额规则的深入探讨

(一) 研究背景和主题

免征额是我国个人所得税税法修正的重点之一,但是免征额制度改革并没有积极推进,而是仅仅调整免征数量。作为税制精细化的一项具体内容,免征额规则理论值得关注。第六章以个人所得税免征额规则为题,对免征额内涵、功能、免征额构成、免征额标准的确定和调整等进行了理论分析,并以英国、美国、日本等国的实践作为论证支持,最后依此检视我国个人所得税免征额制度,指出存在的不足,提出了进一步改进的对策建议。[①]

2018 年我国个人所得税税法进行了第七次修正,将我国个人所得税税制模式从分类计征转变为综合与分类相结合计征,也对免征额规则也作了一定的修正和调整。但是,2018 年税法修正也有局限性。第一,仍然缺乏独立免征额条款,不利于明确区分免征额与经营性费用减除项目。第二,对免征额性质认识仍然不足。税法仅规定了综合所得的免征额减除,而其他所得纳税人没有免征额。2018 年税法实施条例规定经营所得在计算应税所得额时"减除 6 万元",实际上是补充规定了经营所得免征额,但有合理不合法之嫌。第三,免征额与专项附加扣除关系不明。专项附加扣除虽然对原税法单一标准化免征额起到了补充作用,但专项附加扣除究竟属于社会性扣除项目还是附加免征额并不明确,而且本次税法修正没有增加其他国家个人所得税中普遍存在的针对纳税人负担人口数及其年龄、身体健康状况等方面的附加免征额。第四,2018 年税法仍然没有对免征额调整的依据作出科学说明,财政部关于税法修正草案的说明使用了"基本减除费用标准"[②] 一词,但没有改变原有的累积性、前瞻性调整方式。

---

① 曹桂全. 个人所得税免征额规则的理论探讨——兼论我国个人所得税免征额规则存在的不足 [J]. 经济研究参考,2021 (5):36 - 52.

② 资料来源:刘昆. 关于《中华人民共和国个人所得税法修正案(草案)》的说明——2018年6月19日在第十三届全国人民代表大会常务委员会第三次会议上 [R]. 全国人民代表大会常务委员会公报,2018 (5):63 - 65.

（二）免征额规则的主要内容

免征额并非一个简单的免予课税的收入或者费用金额，而是有一套规则构成的制度体系。本章基于个人所得税原理和一些国家的税收法律经验，对免征额规则的内容及其基本原理进行阐述，力图形成一个关于个人所得税免征额规则体系的理论框架。

（1）免征额是实现居民基本生活费用不纳税的税制要素，免征额制度设计应当实现这一目的。

（2）免征额具有属人性，是赋予纳税人及其负担人口的，不是赋予应税所得的，尽管免征额在应纳税所得额计算中体现为从应税所得中减除，但是免征额应当针对纳税人及其负担人口进行设计，这是免征额与成本费用扣除、社会性扣除的本质差别。

（3）免征额标准以基本生活费用支出水平为依据。居民消费支出分为基本消费支出和非基本消费支出，现行税法参考城镇居民人均消费支出确定免征额标准不可持续，需要改变。免征额调整应当根据居民基本消费支出水平的实际变化以及消费物价指数变化进行调整。

（4）从英国、美国、日本等国的个人所得税实践看，免征额并非单一免予征税的所得额度，而是存在基本免征额和附加免征额、免征额缩减机制等构成部分，这也是笔者此前研究得出的一个基本认识。免征额规则是丰富而不是单一的，这样才能体现免征额的应有价值，才能实现税收公平。

（5）社会性扣除项目也处理一些与居民基本生活费用支出有关的事项，因此与免征额存在一定的替代关系，需要协调处理。

（6）免征额标准应进行适应性调整，根据通货膨胀情况，进行年度税收指数化调整是合理的方式。我国已经进入中上收入国家，经济体制改革已经基本到位，居民基本消费支出水平基本稳定，应当避免大规模免征额调整，而尽早实行税收指数化。

（三）对我国个人所得税免征额制度现状的反思

检视我国个人所得税免征额制度及其实际作用效果，提出了改进我国个人所得税免征额规则的政策建议：（1）强化免征额的属人性，设立独立的免征额条款。（2）建立附加免征额，引入免征额缩减机制，完善免征额体系。（3）科学测算居民基本生活费用标准，逐步实行税收指数化。（4）注重免征额与社会性扣除、税收抵免项目的协调。

六、关于高收入者免征额递减机制的深入研究

（一）研究背景、内容和目的

免征额规则之一是免征额递减机制，也是税收精细化的一个继续深入。本书第七章专门研究免征额递减机制，并提出建立我国个人所得税免征额递减机制的建议。本章分析了英国、美国和日本的个人所得税免征额递减机制，并通过建立模型和模拟测算的方式对其效果进行了分析论证，比较系统地阐述了免征额递减机制的内涵、机制和价值。

（二）免征额递减机制的内涵和价值

免征额递减机制是说，当纳税人的净所得达到一定水平（门槛阈值）时，免征额将按照一定的方式逐步减少，直至减少到 0。免征额递减的方式并不一样，美国的方式是，净所得超过门槛阈值后，每超过一个固定数额，免征额将减少 2%；英国的方式是，净所得达到门槛阈值后，每超过 2 英镑，免征额将减少 1 英镑；日本的方式是，净所得达到门槛阈值后，免征额分档递减。

为什么要建立高收入纳税人免征额递减机制呢？对于同样的标准化免征额，高收入者适用税率高而低收入者适用税率低，与没有免征额的情形相比，高收入者减税利益多而低收入者减税利益少；采用标准化免征额，同时引入免征额递减机制后，净所得超过一定水平的纳税人免征额按照一定方式递减，则能避免高收入者获得更高的减税利益，增强税收累进性，加强对高收入者的税收调节，也能扩大税收规模。尤其应当注意的是，日本个人所得税中，不仅纳税人本人的个人免征额递减，其配偶免征额（含配偶特别免

征额）也需要递减。①

（三）建立我国个人所得税免征额递减机制的设想

回观我国个人所得税，即使经过2018年税法修正，单一标准化纳税人免征额的做法并没有改变。在免征额提高的条件下，高收入纳税人实际上获得了更多的减税利益。尤其是，2018年税法增加设立了子女教育、继续教育、房贷利息、租房租金、大病医疗支出、老人赡养支出六种专项附加扣除，大多也采用标准化扣除额方式，高收入者获得的减税利益显然更多，而很多中低收入者实际上并不能从这些专项附加扣除中获得减税利益。基于此，为加强对高收入者税收调节，强化税收累进性，扩大个人所得税规模，建议我国引入高收入者免征额递减机制。

本章还对我国个人所得税建立免征额递减机制的方案进行了探讨，并进行了模拟测算，表明了该机制对于增加税收、提高税收累进性、强化个人所得税再分配调节功能的积极意义。

七、个人所得税费用扣除理论与我国个人所得税税制完善

（一）研究背景和主题

费用扣除是个人所得税税制的重要因素，也是税制复杂的原因。除了免征额外，还有经营性费用扣除和社会性扣除项目，其他影响税基和税收的因素如免税所得、税收抵免、税收减免等有时也与费用扣除有关。我国现行个人所得税税法仅在第六条在规定应税所得额计算中涉及免征额、经营性费用扣除和社会性扣除，但没有明确区分不同性质的费用扣除，扣除方式以定额和定比扣除为主，显然不够细化，具有很大改进空间。

第八章将税收精细化研究扩展到费用扣除制度，相应研究成果发表于2018年税法修正之前，② 鉴于2018年税法主要增加了专项附加扣除，其他

---

① 参见本书第九章。

② 曹桂全. 我国个人所得税费用扣除存在的问题和解决方案 [J]. 天津大学学报（社会科学版），2018（5）：202－208.

费用扣除制度变化不大，这一研究成果仍然适用。第八章研究我国个人所得税费用扣除制度的特征、存在不足和改进方向，利用个人所得税相关理论，辨析了经营性费用扣除、社会性扣除和免征额的不同内涵和功能，梳理了我国个人所得税经营性费用扣除、社会性扣除和免征额的现有规则，分析存在的不足，提出了改革和完善的方向。

（二）个人所得税税制的一般构成

个人所得税税制的一般构成要素包括：所得基础；免税所得；分类所得、综合所得与税制模式；按个人计征和家庭计征；计税期间；经营性费用扣除；社会性扣除（social deduction）或者特许费用扣除（privileged expenditure）；免征额；税率表（rate schedule）；税收抵免（tax credit）和税收减免（tax reduction）；源泉课征、纳税申报与纳税方式；税收征管与征管分工等。

（三）不同费用扣除的内涵、价值和扣除方式

经营性费用扣除是从总所得中减除的个人为获得应税所得而发生的成本费用支出。经营性费用扣除的目的是保证个人所得税课征于净所得。一般地，税法规定不同所得的经营性费用扣除项目，以据实申报方式为原则，也有定额或者定比扣除方式。免征额的内涵和价值，前面已经有介绍，不再赘述。社会性扣除是指个人所得税为社会经济政策而规定的费用扣除条款，如教育支出扣除。社会性扣除的价值和作用包含在其概念之中，是国家通过个人所得税实施社会政策的工具，例如，教育支出既不是经营性费用支出，也不是基本生活费用支出，但现代国家鼓励和支持教育，建立教育支出扣除以提供激励和支持，目的是鼓励人们接受教育，发挥教育的正外部性等。有时税收抵免项目被认为比社会性扣除能够更好执行社会经济政策，从而用税收抵免项目替代社会性扣除项目，如美国个人所得税中的劳动所得税收抵免（EITC）和美国机会税收抵免（AOC）是可退还的，符合条件的低收入者（家庭）因此可以获得补贴，这是社会性扣除项目无法实现的。

（四）我国个人所得税的费用扣除规则和不足

该章梳理了我国个人所得税费用扣除规则，分析了费用扣除规则存在的

问题。总体上看，税法缺乏关于不同费用扣除的明确区分，扣除方式多采取定额或者定比扣除方式而缺乏据实申报扣除方式，费用扣除规定原则性强而缺乏具体办法。

经营性费用扣除方面的主要问题是：扣除制度不健全，工资薪金所得纳税人没有明确的经营性费用扣除；过多使用定额或者定比扣除，缺乏更加合理的据实申报扣除，劳务报酬所得、稿酬所得、特许权使用费所得、财产租赁所得的经营性费用扣除标准为定额和定比扣除，难以符合实际；税法关于扣除项目规定不具体，需要通过规范性文件进行确定，不符合税收法定原则。

社会性扣除方面的主要问题是：集中于公益捐赠、社会保险缴费和住房公积金缴纳扣除，对于教育以及住房公积金之外等住房支出（如住房贷款）缺乏政策支持，对于纳税人已经发生的税收（如契税）没有考虑，导致重复课税；[①] 公益捐赠扣除需要纳税人申报，但由于工资薪金所得纳税人实行源泉课征，实际很难实现扣除，不利于慈善捐献实施；社会保险缴费和住房公积金缴费扣除没有数量限制，任何收入纳税人都全额可以扣除，显然有利于高收入者。

免征额方面的问题较多，主要是：免征额标准参考城镇居民消费支出确定，而缺乏居民基本生活费用支出指标；单一标准化免征额构成不利于实现免征额价值，导致免征额扣除过度和不足并存，税收不公平；免征额累积性调整导致免征额数量经常性不适当，税收不合理波动，不利于税收和国家财政稳定；缺乏免征额缩减制度，不能有效避免免征额与累进税率结构之间的冲突，高收入者从免征额提高中获得更多的减税利益，产生不公平；[②] 工资薪金所得、个体户生产经营所得、企业承包租赁经营所得能够获得免征额待遇，没有这三种所得的其他所得纳税人无法获得免征额待遇，这是不合理的。

---

① 本研究成果发表于2018年税法修正之前。2018年税法修正，增加了教育扣除、住房贷款利息扣除，对存在问题有所改进，但诸如一些相关税费并没有扣除。这也表明，本研究成果与实际税法修正是一致的。

② 华生. 个人所得税免征额调整的三大问题与改革方向［N］. 中国证券报，2011 - 6 - 9. 贾康，梁季. 过度关注起征点将误导个人所得税改革［N］. 上海证券报，2016 - 3 - 30. 这两篇文献指出这个问题，但据此认为不应当调整免征额，而没有寻找解决冲突的可行办法。

八、日本个人所得税精细化费用扣除制度的比较研究

（一）研究背景和目的

笔者很早之前了解到日本个人所得税法，尤其是购买了一本旧书，即1984 年中国展望出版社出版的《日本国所得税法》①，了解了日本个人所得税法律之细化。但这是比较早的税法版本，该版本的税法还没有纳税人个人免征额（基本扣除）分档递减机制，也没有配偶免征额（配偶扣除）的分档递减机制。胡建怡等（2017）以 2015 年税法版本介绍日本个人所得税，仍然没有免征额分档递减机制。通过网上搜索，找到了国家税务总局国际税务司国别（地区）投资税收指南课题组 2021 年发布的《中国居民赴日本投资税收指南》，其中介绍了日本个人所得税，此版本税法已经有了免征额分档递减机制。这是 2018 年日本税制改革的结果。② 为此，笔者继续在网上搜索到 2019 年日本所得税法版本（日文），认识到更多日本个人所得税税法细节。笔者认为，与英美相比，日本税法与我国税法有更多的可比性，而其税收精细化也能提供切合实际的借鉴。为此，第九章研究日本个人所得税费用扣除及相关制度，将其经营性费用扣除、社会性扣除和免征额规则作为我国个人所得税税收精细化发展的一个重要参照。

（二）日本个人所得税税收精细化的表现

在形式上，日本所得税法由总则、居住者的纳税义务、非居住者及法人的纳税义务、源泉征收、杂项规定和罚则共六编构成，共有 243 条（其中部分删除，但保留编号）。此外，还有附则，抄录了相关税法修改、税法适用的有关法律和文件，其篇幅等较大。税法对各类事项规定详细，类似于法典，具有税收精细化的特征，也具有法典化特征。

在费用扣除方面，经营性费用扣除所涉篇幅最大。日本个人所得税是通

---

① 日本国所得税法 [M]. 陈汝议，武梦佐，译. 北京：中国展望出版社，1984.
② 李清如. 对日本税制新近改革趋势的研究 [J]. 国际税收，2019（1）：9 – 15.

过"应税所得金额计算"对经营性费用扣除进行规范的，这里的应税所得金额相当于净所得，而从所得收入到应税所得金额，就是减除经营性费用（以及对一些所得进行损益调整），此种规范（仅针对居民纳税人）就占用了第 23 条到第 71 条。在社会性扣除方面，日本税法规定了 7 种，即杂项损失扣除、医疗费扣除、社会保险费扣除、小企业互助分期付款扣除、人寿保险费扣除、地震保险费扣除和社会捐赠扣除，是日本税法之"所得扣除"一节的第 72 条到第 78 条规范，[①] 这些社会性扣除多列出适合的支出项目，需要纳税人据实申报扣除。在免征额方面，日本税法规定了纳税人个人免征额、负担人口免征额（包括配偶免征额以及配偶特别免征额、抚养亲属免征额）、附加免征额，附加免征额考虑了纳税人或者负担人口的四种情形，即残疾、寡妇、单人家庭和工读学生，用税法第 76 条到第 86 条进行规范。[②] 其中，纳税人个人免征额、附加免征额都是标准化的，但残疾附加免征额也考虑了特别残疾和特别残疾负担人口在与纳税人及其负担人口共同居住的情形，残疾附加免征额为 27 万日元，特别残疾附加免征额为 40 万日元，有共同居住情形的特别残疾附加免征额为 75 万日元，这显然也体现了鼓励与特别残疾者同住的社会政策。日本个人所得税免征额的另一个突出特征是存在免征额递减机制，而且不仅纳税人个人免征额递减，配偶免征额（含配偶特别免征额）也递减，并且都采取分档递减的方式，由税法详细分档列出。

（三）日本个人所得税法与我国的可比性

日本税法与我国有类似之处。第一，在税法架构上，日本税法规范五个方面的内容：纳税人、应税所得范围、税额的计算方法、申报手续、源泉课征。我国税法虽然没有明示，但也基本上由这五个部分构成。第二，在应税所得方面，日本税法列出 10 类，而我国列出 9 类；日本税法列出免税所得 19 类，我国税法列出 10 类。当然，具体的应税所得项目和免税所得项目是

---

① 日本所得税法并没有社会性扣除的概念，但法理上属于"对物的扣除"，与社会性扣除内涵一致。详见第八章。

② 日本税法均称为"扣除"，没有明确区分各种免征额的概念，但是按照税法一般理论，可以进行区分。

有差别的，类似不意味着相同。第三，在税制模式上，我国现行税法和日本税法都采取综合与分类相结合的税制模式。当然，日本综合所得的范围比我国的宽。第四，费用扣除都体现为经营性费用扣除、社会性扣除和免征额。当然，在日本税法中，明确规定了经营性扣除和所得扣除，而所得扣除按日本法理上区分的"对物的扣除"和"对人的扣除"，实际上就是社会性扣除与免征额；而我国只有一个标准化免征额，社会性扣除项目更多一些。第五，我国和日本税法都有税收减免和税收抵免，税收抵免主要限于国外税额税收抵免。但在税收抵免项目下，日本税法规定了一系列分红所得的税收抵免。实际上，具有税收减免的性质，类似于我国对稿酬所得税收减免以及储蓄存款利息的税收减免。第六，税率表类似。我国个人所得税综合所得实行七级超额累积税率表，最低税率为3%，最高税率为45%，而日本综合所得、退职所得和山林所得全部适用一个人所得税率表，最低税率为5%，最高税率也是45%。第七，在税收征管方面，都强调源泉课征与纳税申报相结合，重视源泉课征，当然日本税法花很大篇幅对源泉课征做出规定。

（四）日本个人所得税费用扣除制度可借鉴之处

正是基于上述这些相似性，我国税法和日本税法更具有可比性，其税收精细化的做法和经验具有可借鉴性。借鉴日本税法的精细化，不仅是规则的细化，也有制度和机制的细化。

第一，在立法精神方面，日本所得税法将涉税问题集中于法律一种，有法典化趋势，对我国有借鉴意义。比较而言，我国税法基本不涉及详细的规范，而是通过税法实施条例、规章或者行政规范进行处理，容易降低法律位阶，使法律执行有更多的变动和不确定性，并不符合"税收法定原则"。[①] 在这方面，我国今后的税法修正可以考虑税法法典化，实现税收立法精细化。

第二，日本所得税法对经营性费用扣除、社会性扣除和免征额单独做出规定，费用扣除概念明确具体，对我国具有借鉴意义。在此方面，我国税法仅用一条（第六条）规定了各类所得的经营性费用扣除、社会性扣除和免征额，尤其是没有区分费用扣除的概念，甚至直接规定费用扣除的额度或者

---

① 2013年《中共中央关于全面深化改革若干重大问题的决定》提出要"落实税收法定原则"。

比例，没有很好体现法律概念和法理。费用扣除是个人所得税的重要税制内容，费用扣除规则的公平性决定税收的公平性；费用扣除的精细化，反映税制的精细化。日本税法关于费用扣除的做法对于我国今后进一步完善税法有借鉴意义。

第三，日本税法重视经营性费用扣除的做法值得借鉴。日本所得税法用较大篇幅规定各类所得的各项经营性费用扣除及其计算方法。日本的给予所得（相当于我国的工资薪金所得），明确规定了经营性费用减除一定的比例，对于年所得收入 180 万日元以下的，扣除比例高达 40%。按照 20 日元兑换 1 元人民币，180 万日元相当于 9 万元人民币，减除费用 40% 就相当于有 3.6 万元的经营性费用扣除。我国工资薪金所得并没有明确规定经营性费用扣除，而直接规定了在包含工资薪金所得的综合所得中减除费用每年 6 万元。同样是劳动性质的所得，劳务报酬所得、稿酬所得和特许权使用费所得减除费用 20%，为什么工资薪金所得就没有经营性费用扣除呢？对此，我国税法在今后的修改中应当有所改善。

第四，日本所得税法的免征额规则更加精细，不仅规定了附加免征额和配偶免征额、抚养亲属免征额、个人免征额，还建立了个人免征额、配偶免征额（以及配偶特别免征额）的分档递减机制，利于对高收入税收调节，对我国有值得借鉴之处。日本纳税人个人免征额为 48 万日元，相当于 2.4 万元人民币。① 我国并没有实际考虑纳税人具体负担的配偶、抚养亲属的具体情况，而是笼统地规定了一个纳税人免征额。日本个人免征额是分档递减的，纳税人所得金额达到 2 400 万日元（相当于 120 万元人民币）时，个人免征额开始递减，到 2 500 万日元（相当于 125 万元人民币）时，个人免征额递减到 0，递减速度很快，其效果就是对于所得金额超过一定水平的高收入纳税人将不再享受个人免征额减除，这实际上相当于提高了边际税率，有利于加强对高收入者的税收调节。配偶免征额也是递减的，在配偶年所得金额超过 133 万日元（折算为 6.65 万元人民币）时，配偶免征额（配偶特别免征额）将递减为 0。我国历来强调税收公平，强调对高收入者的税收调

---

① 值得强调的是，我国税法规定，综合所得纳税人免征额为每年 6 万元，这并不是纳税人的个人免征额，而是纳税人及其负担人口的免征额。按照负担人口数为 2 计算，个人免征额为 3 万元。

节，强调增加直接税比重，那么，细化免征额构成，设立负担人口免征额，增加合理的附加免征额，引入免征额递减机制，都可以借鉴日本的做法。

九、个人所得税原则理论与我国个人所得税税制完善

（一）研究背景和目的

沿着税收精细化的方向，笔者认识到，我国个人所得税缺乏完整的理论基础。2021 年 12 月，《税收学》编写组编撰的全国高等教育税收统编教材《税收学》出版发行，其中，个人所得税税制按照现行个人所得税法（2018 年）编写，将税制要素分为纳税人、征税对象、计税依据和税率四个，在计税依据中仅仅提到"纳税人应税项目的收入额减去税法规定的费用扣除项目金额"，并在"应税所得额的计算中"一节，将居民个人综合所得的费用扣除分为基本减除费用①、专项扣除、专项附加扣除和其他扣除，并没有涉及经营性费用扣除。笔者认为，照着税法规定编写"税收学"，税法没有明确的概念就不介绍，税法有的概念也不作理论解释，缺乏个人所得税理论基础和理论体系，是有缺陷的。税法理论基础不足，是税收精细化不足的表现和原因。为此，第十章以构建我国个人所得税原则理论为主题，梳理个人所得税有关的概念和基础理论，提出我国个人所得税应有的 10 条原则，并以个人所得税原则为统领，深入探讨个人所得税税收精细化的具体方向。这是 2021 年笔者发表的一篇论文的研究成果，也总结了之前关于免征额规则、费用扣除制度的研究成果，并作进一步的理论梳理和概括。②

为什么要重视税法理论研究？不重视费用扣除概念，会导致理论认识模糊和政策失误。2018 年税法修正案（草案）曾经向社会征求意见，笔者也积极参与并提出意见建议。笔者提出，草案中在对工资薪金所得、劳务报酬、稿酬和特许权使用费所得实行综合计征条件下，将原税法规定的"每

---

① 这已经算是一种理论概括，即通常说的免征额。

② 曹桂全.关于个人所得税制原则的理论探讨——兼论我国现行税制的不足和改进［J］.天津大学学报（社会科学版），2021（1）：71 - 79.

次收入不超过四千元的，减除费用八百元；四千元以上的，减除百分之二十的费用，其余额为应纳税所得额"完全删除了，这忽略了劳务报酬、稿酬和特许权使用费所得的经营性费用扣除，是不合适的，建议明确经营性费用扣除概念，并规定减除标准或者减除方法，如保留原税法规定的减除方法。后来，税法修正案通过时，税法第六条补充规定了劳务报酬、稿酬和特许权使用费所得的经营性费用扣除，即规定"劳务报酬、稿酬和特许权使用费所得以收入减除20%的费用后的余额为收入额；稿酬所得的收入额在此基础上减按70%计算"。当然，不了解税法历史的人们仍会感到很蹊跷，甚至会为"收入"和"收入额"这样的概念所困扰。

法学家德沃金（2008）指出："我们只有承认法律不仅包括法律规则也包括原则，才能解释我们对于法律的特别尊敬。一个规则和一个原则的差别在于：一个规则对于一个预定的事件作出一个固定的反应；而一个原则则指导我们在决定如何对一个特定的事件作出反应时，指导我们对特定因素的思考。"[①] 没有系统的个人所得税原则，没有理想的个人所得税图景，没有系统化的个人所得税理论基础，不利于个人所得税税制的改革和完善。税制原则缺乏和税法基本逻辑框架不清晰将导致立法出现遗漏和瑕疵，有瘸脚而行之感。

（二）个人所得税税制要素的理论认识

首先，税法应当明确一些基本术语，构建税法概念体系。（1）纳税人。区分居民纳税人和非居民纳税人，其纳税范围有一定差别。（2）纳税单位。有个人和家庭作为计税单位的选择。绝大多数国家都实行个人为纳税单位，并可以同时考虑纳税人负担人口的免征额和社会性扣除项目。（3）应税所得和免税所得。税法应当明确列出应纳税所得，并且列明免税所得项目。（4）课税对象、税制模式和计税周期。对不同所得实行综合计征或者分类计征的课税方式，为税制模式。综合计征为主是现代个人所得税发展的普遍方向。不同的计征方式之下，应当规定计税周期，按年、月和次计税。

---

① 罗纳德·德沃金. 认真对待权利 [M]. 信春鹰，吴玉章，译. 上海：上海三联书店，2008：（序言）19.

（5）经营性费用及其减除方法。纳税人为取得收入而发生的成本支出，为经营性费用。收入额减除经营性费用后，为净所得。对于不同所得，应当分别规定经营性费用的范围和确认方法。（6）社会性扣除项目及其减除方法。社会性扣除项目是个人所得税执行社会经济政策而设定的，是个人所得税执行社会经济政策的工具。（7）免征额（基本生活费用扣除）及其减除方法。免征额是为实现居民基本生活费用支出不课税而设立的免税收入额。免征额包括纳税人及其负担人口免征额，并考虑其年龄、健康等情形设立附加免征额。净所得减除社会性扣除、免征后的余额，为应纳税所得额。（8）税率结构。对于综合所得和分类所得，分别规定相应的税率（表）。综合所得实行累进税率。应纳税所得额适用税率表，得到应纳税额（毛税收）。（9）税收减免和税收抵免。税收减免是对特定纳税人遭遇意外风险而给予的税收照顾，而税收抵免是社会性扣除的替代方式。税收抵免也考虑国外纳税额的充抵。应纳税额减除税收减免额、税收抵免额后，得到净应纳税额。（10）源泉课征和纳税申报。税收征管一般采取源泉课征与纳税申报相结合的方式。

（三）对个人所得税原则构成的理论认识

根据个人所得税原理，借鉴一些国家税收立法经验，考虑我国个人所得税的历史和社会经济政策，笔者提出了税制原则构成的设想，具体体现为普遍课税等10条原则。

（1）普遍纳税原则。包括两个方面：一是所有个人都是潜在纳税人，不轻易将某些个人排除在纳税人之外；二是所有种类、形式、来源个人所得都是潜在课税对象，无论何种所得，也无论现金所得还是实物所得，无论所得是否已经实现，都应当纳税。

（2）净所得课税原则。个人所得税的法定税基应当是净所得，即收入额减除经营性成本费用后的余额。

（3）综合计征原则。综合计征的优势是能够更好衡量纳税人纳税能力，不仅符合税收公平原则，而且利于形成税收累进性。现代国家普遍存在从分类计征向综合计征转变的趋向。

（4）积极执行社会政策原则。个人所得税广泛作为执行社会经济政策的工具，这些社会政策领域包括社会保险、社会救济（福利）、住房、养老、医疗、教育等。为执行这些社会政策，在税法中往往设立特许费用扣除（社会性扣除）项目或者税收抵免项目。

（5）基本生活费用支出不课税原则。个人所得税应当允许纳税人从净所得中进一步减除基本生活费用，相应的扣除称为免征额。免征额具有属人性，任何纳税人都应当享有免征额待遇。免征额采取标准化与差异化免征额相结合的方式，以更好实现免征额的价值。

（6）税收累进性原则。个人所得税是现代国家进行居民收入再分配调节的主要税种，需要具有税收累进性，除了设立累进税率结构（表）外，各种税基因素如免税所得、费用扣除等也要考虑对税收累进性的影响。

（7）考虑家庭因素原则。家庭是社会生活的细胞。规定免征额、社会性扣除时，应当考虑纳税人及其家属，家属主要是配偶和未成年子女。

（8）按年计税原则。按年计征消除了月收入波动大的纳税人过重税负，更加公平。

（9）税法动态调整原则。税法必须对收入指标等名义量进行动态调整，其中名义量随着物价变化的调整，称为税收指数化。

（10）严格征管原则。税制应当明确，为社会带来明确的预期，征管应避免随意性。如果对高收入者不能严格征管，存在大量偷漏税款，相当于无形中对高收入者实行税收减免。严格征管还要求慎用税收减免的优惠政策。

（四）我国个税进一步改革和完善的建议

综合之前的研究，利用上述个税十条原则检视我国税制和税收实践，总结归纳对策建议二十条。

（1）实行普遍课税。改变对养老金等转移性收入一律免税的规定，对免税所得进行甄别，除了保留必要的免税所得外，通过设立免税限额、增加特别扣除额等方式替代某类所得一律免税。

（2）加强资本所得和财产所得课税。改变储蓄利息所得免税政策而改为一定额度（例如年 12 000 元）的储蓄利息所得免税。加强对财产租赁所得、财产转让所得的税收征管。

（3）区分储蓄利息所得与理财产品收益。理财产品收益不适用储蓄利息所得当前的免税政策，理财产品收益应当适用一般利息股息课征规则征税。

（4）完善资本利得的税收征管办法，改变当前资本利得征管不到位状况。

（5）完善综合计征。完善综合与分类相结合的税制模式，利息股息所得、财产租赁所得、财产转让所得等纳入综合所得课税，保留经营所得分类课税，资本利得单独分类课税。允许一定额度的利息股息免税，不计入综合所得。

（6）明确经营性费用和经营性费用扣除概念，实行净所得课税。明确净所得（净收入）的概念，为纳税人所得收入减除经营性费用扣除后的余额。税法应当按照各项应税所得规定各自经营性费用范围和计算方法。

（7）独立规定工资薪金所得经营性费用扣除项目。工资薪金所得的经营性费用扣除不宜包含在综合所得的基本费用减除之中，应当独立规定。可以考虑按照一定水平以下收入定率扣除方式，超过一定水平的收入不再减除，也可以采取简便的定额扣除方式。

（8）完善劳务报酬、稿酬和特许权使用费所得的经营性费用扣除规则。可以保留劳务报酬、稿酬和特许权使用费所得按照20%减除经营性费用的方法，增加允许纳税人选择按照经营所得经营性费用扣除方法（即减除成本、费用和损失）申报扣除。

（9）细化经营所得的经营性费用扣除。列明经营所得的费用支出项目和费用计算方法，采取据实申报扣除方法。将税法实施细则以及其他规范性文件中的合法合理规定，纳入税法。

（10）细化财产租赁所得的经营性费用扣除。适当调整每月800元的定额标准，保留减除20%的经营性费用的同时，允许纳税人据实申报减除成本和费用。

（11）细化财产转让所得的经营性费用扣除。财产转让所得的经营性费用包括原值和必要费用，对必要费用的范围应当加以补充和列明，并纳入税法。

（12）优化个税执行社会政策的规则。既要贯彻通过个税实施社会经济政策，也要有利于实现个税筹集财政收入和调节居民收入分配的功能。增加附加专项扣除的高收入者的数量限制机制，优化扣除项目，能够通过完善免征额、经营性费用扣除项目解决的，不设立专项附加扣除，注重社会政策与社会性扣除的协调。

（13）适当引入税收抵免项目。可以考虑用税收抵免项目替代社会性扣除、专项附加扣除，更加关注中低收入者。

（14）科学确定基本免征额标准。按照基本生活费用支出不课税原则，研究基本个人免征额的确定标准，改变当前参考城镇居民消费支出确定的方法，避免将来免征额标准偏高。

（15）突出免征额的属人性。按照免征额的内涵和价值，所有综合所得和分类所得纳税人应当减除免征额。

（16）丰富免征额构成。按照考虑家庭因素的原则，纳税人个人免征额（即纳税人负担的个人免征额）按照其负担人口确定，负担人口包括本人、配偶和未成年子女，也包括老人，但任何人不能重复减除个人免征额。有独立收入的负担人口不能在纳税人所得中减除免征额，但收入达不到个人免征额水平的，可以减除。

（17）设立附加免征额。考虑负担人口的年龄、健康情况，设立老年附加免征额、婴幼儿附加免征额、残疾免征额，并制定具体的条件和标准。协调免征额与专项附加扣除的关系，能够设立附加免征额，不设立专项附加扣除。

（18）引入免征额递减机制。净所得达到一定水平的纳税人，免征额按照一定规则递减，直至递减为 0。附加免征额也可以考虑设立递减机制或者其他数量限制。

（19）适时考虑税收指数化。按照税收动态调整原则，实行税收指数化，对标准化免征额、标准化专项扣除额、标准化附加专项扣除额、税率阶距等名义量逐年进行调整，维护个税应有价值，保证税收持续稳定。

（20）规范税收减免。按照严格征管原则，强化纳税人申报服务，强化税收稽查。考虑取消授权地方政府制定的个税税收减免政策，中央政府审慎出台个税税收减免政策。

上述这些内容，只有通过税法修订才能实现。我国个税税制建设的任务还很多；但是，税制建设的路并不一定很长，无须等待一切条件具备才去建设完善。

第二章
我国个人所得税制度及其实施概况

本章首先阐述我国个人所得税现行税制的形成和现状，尤其是对税法的一些规定按照税收原理进行界定和解释，并进行比较分析。其次，总结我国个人所得税制度的特点。最后，梳理国家关于个人所得税税制改革和发展的要求，尤其是加强税收精准化调节的要求。

第一节　我国个人所得税制度的形成和演进

个人所得税是以个人所得为课征对象，具有筹集收入和调节居民收入分配双重作用的税种。中华人民共和国成立后，当时的政务院于1950年7月公布了《税政实施要则》，提出对个人所得课税，定名为"薪给报酬所得税"。但是，生产力水平低、工资水平低，绝大多数居民工资收入只能满足基本生活消费之需要，税收潜力小，居民收入差距不大。同时，由于实行社会主义计划经济，税收不是财政收入筹集手段。很长一段时间内，个人所得税一直没有实际立法和开征。

一、个人所得税制度的创始

改革开放后，个人收入形式和来源发生变化，个人收入水平提高，收入差距逐渐形成。引进外资后，非住户居民的外国人收入较高。第五届全国人民代表大会第三次会议于 1980 年 9 月 10 日通过《中华人民共和国个人所得税法》，对非住户居民（外国个人）征收个人所得税，自公布之日起实施。随着国有企业改革和个体经济发展，国内个人收入也发生了很大变化，国务院于 1986 年 1 月 7 日颁布《中华人民共和国城乡个体工商业户所得税暂行条例》，规定对城乡个体工商户经营所得征收所得税，自颁布之日起实施。不久，国务院于 1986 年 9 月颁布《中华人民共和国个人收入调节税暂行条例》，规定对本国公民的个人收入征收个人收入调节税，自 1987 年 1 月 1 日起实施。

1980 年税法实行分类税制模式，应税所得包括六类：工资、薪金所得，劳务报酬所得，特许权使用费所得，利息、股息、红利所得，财产租赁所得和经财政部确定征税的其他所得。实行分类计征税制模式，工资薪金所得适用超额累进税率（5%、10%、20%、30%、40% 和 45%），其他所得适用比例税率（20%）。工资薪金所得每月减除费用 800 元，该减除费用的目的是"作为本人及其赡养家属生活费及其他必要费用"。① 可见，我国税法规定的工资薪金所得的减除费用不仅包括基本生活费用，还涵盖了经营性费用（取得收入而支出的必要费用）。1986 年的城乡个体工商户所得税将经营所得纳入个人所得税征收范围，按年纳税，允许从收入总额中减除成本、费用、工资、损失以及国家允许在所得税前列支的税金，实行十级超额累进税率表。1987 年实施的个人收入调节税实行综合与分类相结合的税制模式，应税所得分为 8 类：工资、薪金收入；承包、转包收入；劳务报酬收入；财产租赁收入；专利权的转让、专利实施许可和非专利技术的提供、转让取得的收入；投稿、翻译取得的收入；利息、股息、红利收入；经财政部确定征税的其他收入。其中，前四类收入合并为综合收入，规定地区计税基数，超过地区计税基数 3 倍的，实行超倍累进税率（20%、30%、40%、50% 和 60%）征收个人所得税，按月计征，其他所得分别按照比例税率（20%）计征。这样形成了个人所得税三税并存的局面，但实际上个人所

---

① 资料来源：顾明. 关于《中华人民共和国中外合资经营企业所得税法（草案）》和《中华人民共和国个人所得税法（草案）》的说明——1980 年 9 月 2 日在第五届全国人民代表大会第三次会议上［R］. 中华人民共和国国务院公报，1980（13）：400-404.

得税纳税额不多。

二、个人所得税制度的初步形成

上述三种个人所得税收法律法规按国外、国内个人分设两套税制，国内个人所得税又将工商个体户单列。为了统一税政、公平税负、规范税制，第八届全国人大常委会四次会议于 1993 年 10 月 31 日对《中华人民共和国个人所得税法》进行第一次修正，所有中国居民和有来源于中国所得的非居民，均依法缴纳个人所得税，于 1994 年 1 月 1 日开始实施。这次税法修正，标志着我国个人所得税制度形成。

与 1980 年税法相比，1993 年税法仍然实行分类税制模式，税法框架没有根本性变化，但也有一些显著变化。（1）应税所得扩大到十一类，增加了个体工商户的生产经营所得、对企事业单位的承包经营承租经营所得、财产转让所得和偶然所得。（2）区分了居民纳税人和非居民纳税人，居民纳税人以在中国境内居住满 1 年为限。（3）工资薪金所得税率表从六级累进增加到九级累进（5%、10%、15%、20%、25%、30%、35%、40% 和 45%），同时增加了个体工商户的生产经营所得、对企事业单位的承包经营承租经营所得税率表，实行五级超额累进（5%、10%、20%、30% 和 35%）。（4）增加了减征个人所得税的规定，对于残疾、孤老人员和烈属的所得，因严重自然灾害造成重大损失的，其他经国务院财政部门批准减税的，可以申请减征。（5）除了保留代扣代缴和个人申报外，规定了汇算清缴。（6）扣缴义务人的手续费从 1% 增加到 2%。

在 1993 年税法的基础上，到 2011 年 10 月，我国个人所得税税法还进行了其他五次修订。（1）1999 年 8 月，进行税法第二次修正，主要内容自 1999 年 11 月 1 日起开始恢复征收储蓄存款利息个人所得税，税率为 20%。（2）2005 年 10 月，进行税法第三次修正，将工资薪金所得税的起征点从 800 元提高到 1 600 元，于 2006 年 1 月 1 日起施行。（3）2007 年 6 月，进行税法第四次修正，全国人大常委会授权国务院可以决定对储蓄存款利息所得停征或者减征个人所得税。国务院决定，自 2007 年 8 月 15 日起，将储蓄存款利息所得个人所得税税率由 20% 调减为 5%。（4）2007 年 12 月，进行税法第五次修正，将工资薪金所得起征点自 2008 年 3 月 1 日起提高到 2 000 元。（5）2011 年 6 月，税法第六次修正，将工资薪金所得起征点从 2011 年 9 月 1 日起调整为 3 500 元，工资薪金所得适用税率表从九级超额累进税率减少为七级，将最低边际税率降低为 3%，将适用 45% 边际税率的应纳税所得额从 100 000 元降低到 80 000 元。此外，国务院、财政部和国家税务总局还根据职责，对应税收入项目、免税项目、税收优惠等作出了一些具体规定。

三、2018 年税法修正和现行个人所得税制度的形成

2018 年 8 月，我国个人所得税法进行了第七次修正，自 2018 年 10 月 1 日开始实施，部分内容（主要指专项附加扣除）自 2019 年 1 月 1 日起实施。本次税法修正的力度更大，初步实现了由分类税制模式向综合与分类相结合税制模式的转变，并调整了税率结构，完善了费用扣除等，形成了现行个人所得税制度，这就是初步建立了综合与分类相结合的税制。本次税法修正的主要内容有八个方面。

第一，增加了综合所得概念，使原来的分类税制模式改革为综合与分类相结合的税制模式。综合所得，包括工资薪金所得、劳务报酬所得、稿酬所得、特许权使用费所得四类收入，合并计算个人所得税，适用统一的税率表。

第二，对综合所得改为按年计算所得税。以前的历次修正，均没有改变工资薪金所得的个人所得税按月缴纳的做法，而本次修正将综合所得个人所得税的计算改为按年为单位，实行月度预缴、年度汇算清缴。

第三，提高了减除费用标准。本次税法修正前，工资薪金所得每月费用扣除标准为 3 500 元，劳务报酬所得、稿酬所得、特许权使用费所得，每次收入不超过 4 000 元的，减除费用 800 元；4 000 元以上的，减除 20% 的费用。税法修正后，综合所得的费用扣除标准为每年 6 万元，相当于每月 5 000 元，并保留劳务报酬所得、稿酬所得、特许权使用费所得的 20% 费用减除。与原税法相比，工资薪金作为单一来源收入的纳税人的费用扣除提高了 42.86%，而对于有劳务报酬所得、稿酬所得、特许权使用费所得纳税

人，直接增加了每年6万元的费用减除，费用减除数量提高幅度更大。

第四，增加了专项附加扣除。修正后的税法保留了原税法规定的社会保险、公积金缴费扣除项，并明确为专项扣除。还增加了六项专项附加扣除，包括子女教育、继续教育、大病医疗、住房贷款利息、住房租金、赡养老人等支出。专项附加扣除究竟属于附加免征额，还是属于社会性扣除，并不明朗，但有一点可以肯定，即对纳税人的费用扣除增加了差异化考虑。

第五，将2011年税法中的个体工商户的生产经营所得与对企事业单位的承包经营承租经营所得合并为经营所得，取消了其他所得，将应税所得类别从11个减少到9个。

第六，调整了税率结构。一是综合所得税率。将按月计算应纳税所得额调整为按年计算，以原工资、薪金所得税率（3%至45%的七级超额累进税率）为基础，扩大3%、10%、20%三档低税率的级距，总体上降低了税负水平。二是经营所得税率。以原个体工商户生产、经营所得和对企事业单位的承包经营、承租经营所得税率为基础，保持5%至35%的五级超额累进税率不变，调整了各档税率的级距，也降低了税负水平。

第七，完善有关纳税人的规定。原税法规定了两类纳税人：一是在中国境内有住所或者无住所而在境内居住满一年的个人，就从中国境内和境外取得的所得，缴纳个人所得税；二是在中国境内无住所又不居住或者无住所而在境内居住不满一年的个人，仅就从中国境内取得的所得缴纳个人所得税。修正后的税法明确引入居民个人和非居民个人的概念，并将在中国境内居住的时间标准，由原1年调整为183天。

第八，增加了反避税条款，加大征收管理力度。为了堵塞税收漏洞，维护国家税收权益，修正后税法针对个人不按独立交易原则转让财产、在境外避税地避税、实施不合理商业安排获取不当税收利益等避税行为，赋予税务机关按合理方法进行纳税调整的权力。修正后的税法还规定，公安、人民银行、金融监管机构、教育、卫生、医疗保障、民政、人力资源和社保保障、住房和城乡建设等部门配合，提供纳税人的身份信息、账户信息和其他扣除信息。

第二节 我国现行个人所得税制度的主要内容

本节围绕纳税人、课税对象（应税所得）、免税所得、经营性费用扣除、社会性扣除、免征额、税率表、税收减免和税收抵免等税制要素进行介绍，最后介绍应税所得额计算和税收征管。

一、纳税人

2018年10月前，我国个人所得税的纳税义务人区分为"居民纳税义务人"和"非居民纳税义务人"。居民纳税义务人是指在中国境内有所住所，或者无住所而在境内居住满1年的个人，应当承担无限纳税义务，就其在中国境内和境外取得的所得，依法缴纳个人所得税。非居民纳税义务人是指在中国境内无住所又不居住或者无住所而在境内居住不满一年的个人，承担有限纳税义务，仅就其从中国境内取得的所得，依法缴纳个人所得税。2018年10月后，纳税人分为居民个人和非居民个人，并将在中国境内居住的时间这一判定标准调整为183天。对比其他国家，我国个人所得税关于居民纳税人和非居民纳税人的区分与其他国家基本是一致的。

二、应税所得

2018年10月前，我国个人所得税实行分类所得税制模式，包括11类所得。

（1）工资薪金所得。工资薪金所得，是指个人因任职或受雇而取得的工资、薪金、奖金、年终加薪、劳动分红、津贴、补贴以及与任职或受雇有关的其他所得。个人取得的所得，只要与任职、受雇有关，无论其单位的资金开支渠道采取现金、实物、有价证券等任何形式支付，都属于工资薪金所得，按此类型计算应税所得额和适用税率。

（2）个体工商户的生产、经营所得。按照我国个人所得税税制，个体工商户按照个人所得税法缴纳个人所得税，不缴纳企业所得税。个体工商户的生产、经营所得依照其性质划分为 3 种类型：①经工商行政管理部门批准开业并领取营业执照的城乡个体工商户，从事工业、手工业、建筑业、交通运输业、商业、饮食业、服务业、修理业及其他行业的生产、经营取得的所得；②个人经政府有关部门批准，取得营业执照，从事办学、医疗、咨询以及其他有偿服务活动取得的所得；③其他个人从事个体工商业生产、经营取得的所得，即个人临时从事生产、经营活动取得的所得。

（3）对企事业单位的承包经营、承租经营所得。对企事业单位的承包经营、承租经营所得，是指个人承包经营、承租经营以及转包、转租取得的所得，包括个人按月或者按次取得的工资、薪金性质的所得。

（4）劳务报酬所得。劳务所得是个人提供服务获得的报酬，具体包括个人从事设计、装潢、安装、制图、化验、测试、医疗、法律、会计、咨询、讲学、新闻、广播、翻译、审稿、书画、雕刻、影视、录音、录像、演出、表演、广告、展览、技术服务、介绍服务、经济服务、代办服务以及其他劳务取得的所得。

（5）稿酬所得。稿酬所得指个人因其作品以图书、报纸形式出版、发表而取得的所得。这里所说的"作品"，是指包括中外文字、图片、乐谱等能以图书、报刊方式出版、发表的作品。

（6）特许权使用费所得。特许权使用费所得，指个人提供专利权、著作权、商标权、非专利技术以及其他特许权的使用权取得的所得。作者将自己文字作品手稿原件或复印件公开拍卖（竞价）取得的所得，按特许权使用费所得项目计税。

（7）利息、股息、红利所得。利息、股息、红利所得，指个人拥有债权、股权而取得的利息、股息、红利所得。利息是指个人的存款利息、贷款利息和购买各种债券的利息。股息，也称股利，是指股票持有人根据股份制公司章程规定，凭股票定期从股份公司取得的投资利益。红利，是个人从公司（企业）取得的分红，指股份公司或企业根据应分配的利润按股份分配超过股息部分的利润。股份制企业以股票形式向股东个人支付股息、红利，应以派发的股票面额为收入额计税。资本利得（capital gains）

并不属于利息、股息、红利所得，不需要按照此规定缴纳个人所得税。

（8）财产租赁所得。财产租赁所得，指个人出租建筑物、土地使用权、机器设备、车船以及其他财产取得的所得。财产包括动产和不动产。出租财产取得收入的，应按照财产租赁所得计税。

（9）财产转让所得。财产转让所得，是指个人转让有价证券、股权、建筑物、土地使用权、机器设备、车船以及其他自有财产给他人或单位而取得的所得，包括转让不动产和动产而取得的所得。当前，我国对个人股票买卖取得的所得（资本利得）暂不征税。

（10）偶然所得。偶然所得，是指个人取得非经常性的所得，属于各种机遇性所得，包括得奖、中奖、中彩以及其他偶然性质的所得（含奖金、实物和有价证券）。个人购买社会福利有奖募捐奖券、中国体育彩票，一次中奖收入不超过 10 000 元的，免征个人所得税，超过 10 000 元的，应以全额按偶然所得项目计税。

（11）其他所得。除上述 10 项应税项目以外，其他所得应确定征税的，由国务院财政部门确定。国务院财政部门，是指财政部和国家税务总局。目前，国务院财政部门确定征税的其他所得具体包括：①个人取得"蔡冠深中国科学院院士荣誉基金会"颁发的中国科学院院士荣誉奖金。②个人取得由银行部门以超过国家规定利率和保值贴补率支付的揽储奖金。③个人因任职单位缴纳有关保险费用而取得的无偿款优待收入。④对保险公司按投保金额，以银行同期储蓄存款利率支付给在保期内未出险的人寿保险户的利息（或以其他名义支付的类似收入）。⑤股民个人因证券公司招揽大户股民在本公司开户交易，从取得的交易手续费中支付部分金额给大户股民而取得的回扣收入或交易手续费返还收入。⑥个人取得部分单位和部门在年终总结、各种庆典、业务往来及其他活动中，为其他单位和部门的有关人员发放现金、实物或有价证券。⑦辞职风险金。⑧个人为单位或者他人提供担保获得报酬。⑨商品房买卖过程中，有的房地产公司因未协调好与按揭银行的合作关系，造成购房人不能按合同约定办妥按揭贷款手续，从而无法缴纳后续房屋价款，致使房屋买卖合同难以继续履行，房地产公司因双方协商解除商品房买卖合同而向购房人支付违约金。购房个人因上述原因从房地产公司取得的违约金收入，应按照"其他所得"应税项目缴纳个人所得税，税款由支付违约金的房地产公司代扣代缴。⑩除直系亲属等之外的视同销售的房地产赠与，受赠人因无偿受赠房屋取得的受赠所得，按照税率20%缴纳个人所得税。个人取得的所得，如果难以定界是哪一项应税所得项目，由主管税务机关审查确定。

2018年修正后的税法规定，应税所得包括9种：（1）工资、薪金所得；（2）劳务报酬所得；（3）稿酬所得；（4）特许权使用费所得；（5）经营所得；（6）利息、股息、红利所得；（7）财产租赁所得；（8）财产转让所得；（9）偶然所得。其中，居民个人取得前款第一项至第四项所得按纳税年度合并计算（称为综合所得）征收个人所得税；非居民个人取得前款第一项至第四项所得，按月或者按次分项计算个人所得税。所有纳税人取得第五项至第九项所得分别计算个人所得税，即分类计征。

三、免税所得

免税所得即免征个人所得税的收入，不列入应税所得、不课征个人所得税的收入。免税所得包括由个人所得税法规定的法定免税项目和其他法律法规规定的免税项目。

2018年10月前，根据我国个人所得税法的规定，法定免税所得项目包括：（1）政府奖励奖金，省级政府、国务院部委和军队军以上单位，以及外国组织、国际组织颁发的科学、教育、技术、文化、卫生、体育、环境保护等方面的奖金。（2）债券利息，国债和国家发行的金融债券利息。（3）补贴津贴，按照国务院规定发给的政府特殊津贴和国务院规定免税的补贴、津贴。（4）救济性款项，根据国家有关规定，由于某些特定事项和原因，给纳税人的正常生活带来一定困难，其任职单位从提留的福利费或工会经费中支付给个人的临时性生活补助费；民政部门支付给个人的救济金以及抚恤金。（5）保险赔款，保险公司支付的保险赔款。（6）转业复员费，军人的转业费、复员费。（7）安家费、离退休费用，按规定发给干部、职工的安家费、退职费、退休工资、离休工资、离休生活补助费。（8）外交人员所得，依照中国有关法律规定应予免税的各国驻华使馆、领事馆的外交代表、领事官员和其他人员的所得。（9）国际协议免税所得，中国政府参加的国际公约、签订的协议中规定免税的所得。（10）其他所得，经国务院财政部门批准免税的所得。

其他法律法规规定的免税所得项目具有补充性、临时性或者政策性，例如，见义勇为奖免税，对乡镇以上政府或县以上政府主管部门批准成立的见义勇为基金会或者类似组织，奖励见义勇为者的奖金或奖品，经主管税务机关批准，免征个人所得税；青苗补偿费免税，对于在征用土地过程中，单位支付给土地承包人的青苗补偿费收入，暂免征个人所得税；福利和体育彩票奖金免税，个人购买社会福利有奖募捐彩票和体育彩票，一次收入不超过1万元的，免征个人所得税；转让股票所得免税，对个人转让上市公司股票的所得、对个人投资者从证券投资基金分配中获得的国债利息、买卖股票价差收入、对个人投资者从买卖证券投资基金单位获得的差价收入，暂免征个人所得税。

2018年10月新税法修正后，法定免税所得调整为：（1）省级人民政府、国务院部委和中国人民解放军军以上单位，以及外国组织、国际组织颁发的科学、教育、技术、文化、卫生、体育、环境保护等方面的奖金；（2）国债和国家发行的金融债券利息；（3）按照国家统一规定发给的补贴、津贴；（4）福利费、抚恤金、救济金；（5）保险赔款；（6）军人的转业费、复员费、退役金；（7）按照国家统一规定发给干部、职工的安家费、退职费、基本养老金或者退休费、离休费、离休生活补助费；（8）依照有关法律规定应予免税的各国驻华使馆、领事馆的外交代表、领事官员和其他人员的所得；（9）中国政府参加的国际公约、签订的协议中规定免税的所得；（10）国务院规定的其他免税所得。该项免税规定，由国务院报全国人民代表大会常务委员会备案。比较而言，免税所得没有原则上变化。

四、经营性费用扣除

一般地说，个人所得税的费用扣除包括经营性费用扣除、社会性扣除和基本生活费用扣除（免征额）三类。① 按照个人所得税理论，税收应当对净所得课征，净所得等于毛所得减除经营性费用支出后的余额。经营性费用是纳税人为获得收入而进行生产经营或类似活动而发生的成本费。经营性费用应当优先减除。我国个人所得税税法没有明确区分基本生活费用扣除和经营性费用扣除，而是一般地使用了"费用减除"或者"减除费用"的概念。这里根据经营性费用扣除的性质，首先将经营性费用扣除梳理出来。2018年 10 月前，我国实行分类税制模式，不同所得项目的经营性费用扣除方式也不同，具体规定也不同。

（1）工资、薪金所得。税法没有单独规定该类所得的经营性费用。1980 年的《关于〈中华人民共和国个人所得税法修正案（草案）〉的说明》② 指出，"对工资、薪金，这个法律草案规定每月定额减除 800 元，作为本人及其赡养家属生活费及其他必要费用"，工资薪金所得的费用减除可以被理解为包含了经营性费用（即其他必要费用）。但是，后来财政部关于工资薪金所得费用减除的说法有一定变化，财政部前任部长谢旭人于 2011 年 4 月 20 日在第十一届全国人民代表大会常务委员会第二十次会议上作的报告"关于《中华人民共和国个人所得税法修正案（草案）》的说明"中指出："规定工薪所得减除费用的目的，是为了体现居民基本生活费用不纳税的原则。当居民维持基本生活所需的费用发生较大变化时，减除费用标准也应相应调整。"显然，工资薪金所得费用扣除指基本生活费用扣除，是免征额。之后的税法修正阐述也遵循了这一解释。为此，尽管存在一定的不同意见，我们这里将工资薪金所得的费用扣除理解为基本生活费用扣除（免征额），至少是免征额为主而不是以经营性费用扣除为主，或者可以视为税法

① 黄桦（2015）认为，有三种费用扣除即生计费扣除、成本费用扣除和非经营性扣除。生计费扣除有时也称个人宽免、免征额，目的是实现生计收入不纳税。成本费用扣除是指纳税人为获得应税收入而发生的成本费用支出，主要是经营性费用。非经营性扣除是指为体现特定社会目标而设立的扣除，通常包括社会保障缴费、慈善捐款等。见黄桦. 税收学（第 3 版）[M]. 北京：中国人民大学出版社，2015：215 - 216. 非经营性扣除，也被称为社会性扣除、特别扣除、特许扣除。笔者的意见与此一致，见第七章。

② 资料来源：顾明. 关于《中华人民共和国中外合资经营企业所得税法（草案）》和《中华人民共和国个人所得税法（草案）》的说明——1980 年 9 月 2 日在第五届全国人民代表大会第三次会议上 [R]. 中华人民共和国国务院公报，1980（13）：400 - 404.

没有专门规定工资薪金所得的经营性费用扣除。

（2）个体工商户的生产、经营所得。税法规定，个体工商户生产经营所得，以生产经营的成本、费用和损失为费用扣除项目。《中华人民共和国个人所得税法实施条例》（2011）规定，成本、费用，是指纳税义务人从事生产、经营所发生的各项直接支出和分配计入成本的间接费用以及销售费用、管理费用、财务费用；所说的损失，是指纳税义务人在生产、经营过程中发生的各项营业外支出。从事生产、经营的纳税义务人未提供完整、准确的纳税资料，不能准确计算应纳税所得额的，由主管税务机关核定其应纳税所得额。

（3）企事业单位的承包经营、承租经营所得。税法规定，企事业单位的承包经营、承租经营所得，以每一个纳税年度的收入总额减除必要费用后的余额，为应纳税所得额。国务院《中华人民共和国个人所得税法实施条例》（2011）规定，每一纳税年度的收入总额，是指纳税义务人按照承包经营、承租经营合同规定分得的经营利润和工资、薪金性质的所得，必要费用是指按月减除 3 500 元。① 显然，这里的收入总额为利润或者工资薪金，属于净所得，已经进行了经营性费用扣除，而这里每月 3 500 元的必要费用，并非经营性费用，而是承包承租经营者的免征额，其标准与工资薪金所得相同。

（4）劳务报酬所得、稿酬所得、特许权使用费所得、财产租赁所得。税法规定，每次收入不超过 4 000 元的，减除费用 800 元；4 000 元以上的，减除 20% 的费用。以 2011 年税法为例，该减除费用是与工资薪金所得减除每月 3 500 元对应的，可以理解为免征额，也可以理解为经营性费用扣除，或者是二者的混合。但是，由于我国个人的劳务报酬所得、稿酬所得、特许权使用费所得、财产租赁所得经常并非独立所得，而是工资薪金所得纳税人的其他所得，将该费用减除理解为经营性费用扣除更加合理。

（5）财产转让所得。财产转让所得的经营性费用扣除为财产原值和合理费用。《中华人民共和国个人所得税法实施条例》（2011）规定，有价证券的财产原值是指买入价以及买入时按照规定交纳的有关费用；建筑物的财

---

① 一般来说，个人所得税税法中的必要费用指经营性费用，而《中华人民共和国个人所得税法实施条例》（2011）将承包承租经营所得界定为利润或者工资，而将必要费用解释为与工资薪金所得费用减除相同的每月 3 500 元，虽然解决税收实践问题，但不合乎税法法理。

产原值是为建造费或者购进价格以及其他有关费用；土地使用权的原值是为取得土地使用权所支付的金额、开发土地的费用以及其他有关费用；机器设备、车船的原值是指购进价格、运输费、安装费以及其他有关费用；其他财产，参照以上方法确定。纳税义务人未提供完整、准确的财产原值凭证，不能正确计算财产原值的，由主管税务机关核定其财产原值。合理费用，是指卖出财产时按照规定支付的有关费用。

（6）利息、股息、红利所得以及偶然所得和其他所得。税法没有规定任何费用扣除，以每次收入额为应纳税所得额，所以也就没有经营性费用扣除。

2018 年 10 月税法修正后，引入综合所得，经营性费用扣除规则并没有发生很大变化，仍然没有明确区分经营性费用扣除和免征额。

综合所得为年度工资薪金所得、劳务报酬所得、稿酬所得、特许权使用费所得之和，但其中各项所得分别减除经营性费用。工资薪金所得没有经营性费用扣除。税法规定，劳务报酬所得、稿酬所得、特许权使用费所得，以收入减除 20% 的费用后的余额为收入额，稿酬所得的收入额减按 70% 计算。这里的"收入"应当理解为毛所得，而减除 20% 的费用为经营性费用，而"收入额"应当属于减除经营性费用扣除后的净所得。稿酬所得的净所得按照毛所得减除 20% 费用后余额的 70% 计算，可以理解为存在经营性费用的加计扣除，或者理解为对稿酬的税收优惠。另外一个变化是，劳务报酬所得、稿酬所得、特许权使用费所得的经营性费用扣除，删除了原来的 800 元定额扣除，一律改变为按照 20% 的比例扣除。对于其他所得，经营性费用扣除基本没有改变。具体地说，经营所得①允许据实申报减除成本、费用以及损失；财产租赁所得，每次收入不超过 4 000 元的，减除费用 800 元，4 000 元以上的，减除 20% 的费用；财产转让所得允许减除财产原值和合理费用；利息、股息、红利所得和偶然所得，没有费用减除。

五、社会性扣除

社会性扣除（social deduction）指国家通过个人所得税执行社会经济政

---

① 经营所得由原税法承包承租经营所得、个体工商户经营所得合并而来。

策而设立的扣除项目。这些扣除项目可以为特定事项已经发生的费用，也可以为符合条件的纳税人及其负担人口在特定支出预期发生的固定数额。我国税法并没有社会性扣除的概念，而是经常使用税前扣除一词，税前扣除范围广泛，指在适用税率（表）计税之前，允许从应税所得中进行某些费用扣除。① 2018 年 10 月前，我国个人所得税税法规定的属于社会性扣除的税前扣除主要有：个人社会保险缴纳和住房公积金缴纳（简称"三险一金"）和慈善捐赠支出。《中华人民共和国个人所得税法实施条例》（2008）规定，按照国家规定，单位为个人缴付和个人缴付的基本养老保险费、基本医疗保险费、失业保险费、住房公积金，从纳税义务人的应纳税所得额中扣除。② 《中华人民共和国个人所得税法》（2011）规定，个人将其所得对教育事业和其他公益事业捐赠的部分，按照国务院有关规定从应纳税所得中扣除。《中华人民共和国个人所得税法实施条例》（2008）规定，个人将其所得对教育事业和其他公益事业的捐赠，是指个人将其所得通过中国境内的社会团体、国家机关向教育和其他社会公益事业以及遭受严重自然灾害地区、贫困地区的捐赠。捐赠额未超过纳税义务人申报应纳税所得额 30% 的部分，可以从其应纳税所得额中扣除。

2018 年 10 月税法修正后，③ 原税法中规定的上述社会性扣除被称为"专项扣除"，包括居民个人按照国家规定的范围和标准缴纳的基本养老保险、基本医疗保险、失业保险等社会保险费和住房公积金等。同时，设立了专项附加扣除，包括子女教育、继续教育、大病医疗、住房贷款利息或者住房租金、赡养老人等支出。根据国务院颁布的《个人所得税专项附加扣除暂行办法》（2018）④，专项附加扣除的标准如下：（1）子女教育。纳税人

---

① 扣除概念的外延比较宽，可以包括从应税所得（经济税基）到应税所得额（适用税率计算毛税收的法定税基）的各种减除项目。

② 实际上，单位为个人缴付的社会保险和住房公积金并不计入当前收入，所以也就不需要再行扣除。

③ 具体内容体现在《中华人民共和国个人所得税法》（2018）第六条第四款中，即："本条第一款第一项规定的专项扣除，包括居民个人按照国家规定的范围和标准缴纳的基本养老保险、基本医疗保险、失业保险等社会保险费和住房公积金等；专项附加扣除，包括子女教育、继续教育、大病医疗、住房贷款利息或者住房租金、赡养老人等支出，具体范围、标准和实施步骤由国务院确定，并报全国人民代表大会常务委员会备案。"

④ 自 2019 年 1 月 1 日起实施。

的子女接受全日制学历教育的相关支出，按照每个子女每月1 000元的标准定额扣除。（2）继续教育。纳税人在中国境内接受学历（学位）继续教育的支出，在学历（学位）教育期间按照每月400元定额扣除。纳税人接受技能人员职业资格继续教育、专业技术人员职业资格继续教育的支出，在取得相关证书的当年，按照3 600元定额扣除。（3）大病医疗。在一个纳税年度内，纳税人发生的与基本医保相关的医药费用支出，扣除医保报销后个人负担（指医保目录范围内的自付部分）累计超过15 000元的部分，在80 000元限额内据实扣除。（4）住房贷款利息。纳税人本人或者配偶单独或者共同使用商业银行或者住房公积金个人住房贷款为本人或者其配偶购买中国境内住房，发生的首套住房贷款利息支出，在实际发生贷款利息的年度，按照每月1 000元的标准定额扣除。（5）住房租金。纳税人在主要工作城市没有自有住房而发生的住房租金支出，根据不同地区按照每月800～1 500元的标准定额扣除。（6）赡养老人。纳税人赡养一位及以上被赡养人统一按照每月2 000元的标准定额扣除。

与2011年税法相比，2018年税法规定社会性扣除将明显增多。根据纳税人情况不同，增加幅度不一，将很大程度上降低纳税人税负。此外，新税法保留了慈善捐赠扣除，即个人将其所得对教育、扶贫、济困等公益慈善事业进行捐赠，捐赠额未超过纳税人申报的应纳税所得额30%的部分，可以从其应纳税所得额中扣除；国务院规定对公益慈善事业捐赠实行全额税前扣除的，从其规定。

但是，需要注意的是，2018年税法并没有单独的社会性扣除（专项扣除和专项附加扣除）条款，而仅是在税法第六条"应纳税所得额计算"之第一款第一项中提到，即"居民个人的综合所得，以每一纳税年度的收入额减除费用六万元以及专项扣除、专项附加扣除和依法确定的其他扣除后的余额，为应纳税所得额"，而其他所得并没有相应规定，也就是说，社会性扣除仅适用于综合所得纳税人。公益捐赠的社会性扣除是在第六条第三款规定，即"个人将其所得对教育、扶贫、济困等公益慈善事业进行捐赠，捐赠额未超过纳税人申报的应纳税所得额百分之三十的部分，可以从其应纳税所得额中扣除；国务院规定对公益慈善事业捐赠实行全额税前扣除的，从其规定"，也就是说，任何所得纳税人均可以进行公益捐赠扣除。

六、免征额（基本生活费用扣除）

按照个人所得税理论，毛所得减除经营性费用和社会性扣除之后，还应当减除免征额（allowance，基本生活费用扣除）。免征额是按照"生计收入不课税"的原则，允许纳税人减除用于满足个人及其负担人口基本生活费用支出的部分。如前所述，我国税法没有明确区分基本生活费用扣除和经营性费用扣除，而是一般地使用了"费用减除"或者"减除费用"的概念，需要加以甄别。

2018年10月前，我国实行分类税制模式，只有少数分类所得纳税人享有除免征额扣除。

（1）工资薪金所得。如前所述，2011年税法规定的工资薪金所得纳税人免征额为每月3 500元。免征额存在一个调整机制，2011年的《关于〈中华人民共和国个人所得税法修正案（草案）〉的说明》①中指出，免征额调整具有"前瞻性"，即考虑在未来若干年能够大体适用而无须逐年频繁调整。1994年税法实施时的免征额标准为800元，2006年1月进行了第一次调整，调整为1 600元，2008年3月起调整为2 000元，2011年9月起调整为3 500元。另外，对在中国境内无住所而在中国境内取得工资、薪金所得的纳税义务人和在中国境内有住所而在中国境外取得工资、薪金所得的纳税义务人，可以根据其平均收入水平、生活水平以及汇率变化情况确定附加减除费用，附加减除费用适用的范围和标准由国务院规定。《中华人民共和国个人所得税法实施条例》（2011）规定，附加减除费用，是指每月在减除3 500元费用的基础上，再减除附加减除费用，标准为1 300元，总计可以减除4 800元。

（2）个体工商户的生产经营所得。如前所述，2011年税法并没有明确规定该类所得纳税人的免征额扣除，允许减除的费用属于经营性费用。

（3）企事业单位的承包经营、承租经营所得。按照税法原理理解，该

① 资料来源：谢旭人：关于《中华人民共和国个人所得税法修正案（草案）》的说明——2011年4月20日在第十一届全国人民代表大会常务委员会第二十次会议上［R］. 全国人民代表大会常务委员会公报，2011（5）：464－465.

类所得纳税人减除的"必要费用"（每月 3 500 元）应当属于免征额，与工资薪金所得纳税人免征额标准相同。

（4）劳务报酬所得、稿酬所得、特许权使用费所得、财产租赁所得。该类所得仅有经营性费用扣除，纳税人没有免征额扣除。

（5）财产转让所得。该类所得仅有经营性费用扣除，相应纳税人没有免征额扣除。

（6）利息股息红利所得以及偶然所得和其他所得，没有任何费用扣除，以每次收入额为应纳税所得额，当然纳税人也没有免征额。

2018 年 10 月税法修正后，引入综合所得，免征额标准有所提高。综合所得纳税人免征额为每年 6 万元，相当于每月 5 000 元，比 2011 年税法规定的免征额提高了 42.86%。取消了非居民纳税人的附加免征额，非居民个人的工资薪金所得的免征额为每月 5 000 元。由于劳务报酬所得、稿酬所得、特许权使用费所得与工资薪金所得合并计征并能够减除免征额，与 2011 年税法相比，相当于增加了该三类所得纳税人的免征额，也就是说，即使没有工资薪金所得，这三类所得纳税人也可以获得免征额扣除。

《中华人民共和国个人所得税法》（2018）没有规定经营所得纳税人的免征额，但是《中华人民共和国个人所得税法实施条例》（2018）规定经营所得纳税人可以减除每年 6 万元费用，相当于补充规定了免征额。

财产租赁所得、财产转让所得、利息股息红利所得以及偶然所得，相应纳税人没有免征额扣除。

七、税率表

根据上述税制，为计算纳税人应纳税所得额（taxable income，TI），首先计算毛所得（gross income，GI）减除经营性费用（business cost，BC）后的余额，为净所得；净所得减除社会性扣除（social deduction，SD）、免征额（allowance，A）后的余额，为应纳税所得额。我们可以用一个计算公式如式（2 - 1）所示：

$$TI = GI - BC - SD - A \qquad (2-1)$$

我国 2018 年税法第六条规定了各类所得的应纳税所得额计算方法。其中有两点应当注意：第一，根据该规定，居民个人的综合所得的应税所得额，为每一个纳税年度的收入额减除费用6万元以及专项扣除、专项附加扣除和依法确定的其他扣除后的余额。需要注意的是，这里的"收入额"实际上是净所得而不是毛所得，是毛所得减除了经营性费用后的余额才是"收入额"，因为该条第二款规定，劳务报酬所得、稿酬所得、特许权使用费所得以收入减除20%的费用后的余额为收入额。稿酬所得的收入额减按70%计算，这里的"收入"指毛所得。第二，对于综合所得，税法规定先行减除6万元的免征额，再减除社会性扣除。但是这显然不符合一般个人所得税应税所得额计算原理。所以，我们这里使用式（2－1）中，免征额作为最后的减除项而不是第一个减除项，这是很重要的。在英国、美国，净所得是确定税收政策的重要收入指标。

2018年10月前，根据不同应税所得，规定了三种不同的税率表或者税率。应税所得额适用税率表，就得到应纳税额。

（1）工资薪金所得，适用七级超额累进税率（2011年9月起开始适用），按月应纳税所得额计征。该税率表按个人月工资薪金应税所得额（等于应税所得减税前扣除和费用扣除）划分级距，最高边际税率为45%，最低边际税率为3%。具体如表2－1所示。

表2－1　　　　我国工资薪金所得税率（2011年9月开始适用）

级数	应纳税所得额	税率（%）	速算扣除数
1	不超过1 500元的部分	3	0
2	1 500～4 500元	10	105
3	4 500～9 000元	20	555
4	9 000～35 000元	25	1 005
5	35 000～55 000元	30	2 755
6	55 000～80 000元	35	5 505
7	超过80 000元的部分	45	13 505

注：可以采用速算扣除数计算应纳税额，即应纳税额＝应税所得额全额×适用税率—速算扣除数。

资料来源：《中华人民共和国个人所得税法》（2011年）。

（2）个体工商户的生产、经营所得和对企事业单位的承包经营、承租经营所得适用五级超额累进税率，按年计算税款，按照应税所得额（等于应税所得减费用扣除）划分级距，最高边际税率35%，最低边际税率5%（见表2-2）。

表2-2　个体工商户和对企事业单位的承包经营、承租经营所得税率
（2011年9月开始适用）

级数	应纳税所得额（含税）	税率（%）
1	不超过15 000元的部分	5
2	15 000~30 000元	10
3	30 000~60 000元	20
4	60 000~100 000元	30
5	100 000元以上部分	35

资料来源：《中华人民共和国个人所得税法》（2011年）。

（3）比例税率。稿酬所得、劳务报酬所得、特许权使用费所得、利息、股息、红利所得、财产租赁所得、财产转让所得、偶然所得和其他所得，按次计算征收个人所得税，适用20%的比例税率。其中，对稿酬所得适用20%的比例税率，并按应纳税额减征30%；对劳务报酬所得一次性收入畸高的、特高的，除按20%征税外，还可以实行加成征收，以保护合理的收入和限制不合理的收入。2011年开始，劳务报酬所得一次收入畸高，是指个人一次取得劳务报酬的应纳税所得额超过20 000元。对应纳税所得额20 000~50 000元的部分，依照税法规定计算应纳税额后再按照应纳税额加征五成；超过50 000元的部分，加征十成。

2018年10月税法修正后，规定了综合所得、经营所得和其他所得三种不同的税率表或者税率。

（1）综合所得，适用七级累进税率表（见表2-3）。对于居民纳税人的综合所得，应纳税所得额为以每一个纳税年度收入额减除费用6万元以及专项扣除、专项附加扣除和依法确定的其他扣除后的余额；对于非居民纳税人，其取得工资、薪金所得，劳务报酬所得，稿酬所得和特许权使用费所得，依照表2-3按月换算应税所得额后适用税率表。

表 2 - 3 综合所得税率（2018 年 10 月开始适用）

级数	应纳税所得额	税率（%）
1	不超过 36 000 元的部分	3
2	36 000 ~ 144 000 元	10
3	144 000 ~ 300 000 元	20
4	300 000 ~ 420 000 元	25
5	420 000 ~ 660 000 元	30
6	660 000 ~ 960 000 元	35
7	超过 960 000 元的部分	45

资料来源：《中华人民共和国个人所得税法》（2018 年）。

（2）经营所得，适用五级超额累进税率表（见表 2 - 4）。其中全年应纳税所得额是指每一个纳税年度的收入总额减除成本、费用以及损失后的余额。

表 2 - 4 经营所得税率（2018 年 10 月开始适用）

级数	应纳税所得额	税率（%）
1	不超过 30 000 元的部分	5
2	30 000 ~ 90 000 元	10
3	90 000 ~ 300 000 元	20
4	300 000 ~ 500 000 元	30
5	超过 500 000 元的部分	45

资料来源：《中华人民共和国个人所得税法》（2018 年）。

（3）比例税率。综合所得及其组成部分、经营所得之外的所得，包括利息股息红利所得，财产租赁所得，财产转让所得，偶然所得和其他所得，按次计算征收个人所得税，适用 20% 的比例税率，应税所得额为应税所得减除允许扣除的费用。

八、税收减免和税收抵免

税收减免（tax relief）是指根据税法的一般规定应当征收而根据减免征收、避免双重纳税等需要，减少征收甚至不征收。为避免双重纳税而进行的税收减免，经常采取税收抵免（抵扣）的形式，即国外已经缴纳的税额，可以在国内纳税时减除。另外，国外也有采取税收抵免（tax credit）的形式实施社会政策，替代社会性扣除。也就是说，不是从所得额中减除社会性扣除，而是从应纳税额中减除税收抵免额，这种社会性政策形式在我国税法中尚不存在。

2018年10月前，根据我国个人所得税税法的规定，税收减免有三种情形：（1）稿酬应纳税额减征30%。（2）有下列情形之一的，经批准可以减征个人所得税：残疾、孤老人员和烈属的所得；因严重自然灾害造成重大损失的；其他经国务院财政部门批准减税的。减征个人所得税，其减征的幅度和期限由省、自治区、直辖市人民政府规定。（3）纳税义务人从中国境外取得的所得，准予其在应纳税额中扣除已在境外缴纳的税额，但扣除额不得超过该纳税义务人境外所得依照本法规定计算的应纳税额。

2018年税法修正后，税收减免变化不大。（1）稿酬所得税收减免调整为稿酬所得的收入额（净所得）减按70%计算。（2）保留了经批准可以减征个人所得税的两种情形，即残疾、孤老人员和烈属的所得和因严重自然灾害造成重大损失的，增加了批准的程序。（3）保留了境外所得纳税的税收抵扣制度。但是，没有增加税收抵免政策。

应税所得额适用税率表（tax rate schedule），一般可以写为应税所得额的一个函数形式 s(·)，那么，应税所得额适用税率计算的应纳税额（tax payable，T）如式（2-2）所示：

$$T = s(TI) \qquad (2-2)$$

应纳税额减除税收减免额（TR），等到纳税人净应纳税额如式（2-3）所示：

$$NT = T - TR = s(TI) - TR \qquad (2-3)$$

净应纳税额为一个纳税周期内纳税人应当缴纳税金的净值。

九、征收征管制度

2018 年 10 月前，我国个人所得税征收实行源泉扣缴（用人单位代扣代缴）与自行申报并用，注重源泉扣缴。税法规定，以所得人为纳税义务人，以支付所得的单位或者个人为扣缴义务人，扣缴义务人按照国家规定办理全员全额扣缴申报。个人所得超过国务院规定数额的，在两处以上取得工资、薪金所得或者没有扣缴义务人的，以及具有国务院规定的其他情形的，纳税义务人需要办理纳税申报。具体地，纳税义务人有下列情形之一的，应当办理纳税申报：（1）年所得 12 万元以上的；（2）从中国境内两处或者两处以上取得工资、薪金所得的；（3）从中国境外取得所得的；（4）取得应纳税所得，没有扣缴义务人的；（5）国务院规定的其他情形。个人所得税的征收方式分为按月计征、按年计征和按次计征。个人工资薪金所得按月计征，个体工商户的生产、经营所得，对企业事业单位的承包经营、承租经营所得，特定行业的工资、薪金所得，从中国境外取得的所得，实行按年计征应纳税额，其他所得应纳税额实行按次计征。我国税收机关分为国家税务机关和地方税务机关，个人所得税由地方税务机关征收。2002 年起，个人所得税为共享收入，中央分享 60%，地方分享 40%。

2018 年税法修正后，尤其是从 2019 年 1 月全面实施后，税收征管变化较大。第一，增加了纳税人办理纳税申报的情形：取得综合所得需要办理汇算清缴；取得应税所得，扣缴义务人未扣缴税款；因移居境外注销中国户籍；非居民个人在中国境内从两处以上取得工资、薪金所得；国务院规定的其他情形。第二，居民个人取得综合所得，按年计算个人所得税；有扣缴义务人的，由扣缴义务人按月或者按次预扣预缴税款；需要办理汇算清缴的，应当在取得所得的次年 3 月 1 日至 6 月 30 日内办理汇算清缴。第三，纳税人取得经营所得，按年计算个人所得税，由纳税人在月度或者季度终了后 15 日内向税务机关报送纳税申报表，并预缴税款；在取得所得的次年 3 月 31 日前办理汇算清缴。第四，纳税人取得利息股息红利所得，财产租赁所得，财产转让所得和偶然所得，按月或者按次计算个人所得税，有扣缴义务人的，由扣缴义务人按月或者按次代扣代缴税款。第五，纳税人取得应税所得没有扣缴义务人的，应当在取得所得的次月 15 日内向税务机关报送纳税申报表，并缴纳税款。纳税人取得应税所得，扣缴义务人未扣缴税款的，纳税人应当在取得所得的次年 6 月 30 日前，缴纳税款；税务机关通知限期缴纳的，纳税人应当按照期限缴纳税款。第六，居民个人从中国境外取得所得的，应当在取得所得的次年 3 月 1 日至 6 月 30 日内申报纳税。非居民个人在中国境内从两处以上取得工资、薪金所得的，应当在取得所得的次月 15 日内申报纳税。同时，2018 年，我国国家税务机关和地方税务机关整合为国家税务机关。

第三节　我国个人所得税制度的特点

为总体上获得关于我国现行税收制度认识，需要总结个人所得税制度的特点。这些特点的提出，或者基于个人所得税理论，或者与其他国家税制比较，或者基于税收实践表现出的优势或者不足。

一、免税所得范围较宽，数量占个人收入比重较大

免税所得是我国个人所得税税制的重要规定之一，免税所得范围较广，其涉及的收入数量较大，导致居民收入来源中的转移性收入基本不纳税。典型的是养老金收入（企业职工养老金和机关事业单位离退休工资），中国个人所得税将其作为免税所得。2021 年，全国居民人均可支配收入为 35 128 元，其中转移性收入为 6 531 元，占 18.59%；其中，全国城镇居民人均可支配收入为 47 412 元，其中转移性收入为 8 497 元，占 17.92%。比较而言，其他国家也有免税所得项目，但并非将所有转移性收入（尤其是养老金收入）一般地作为免税所得，或者将部分养老金收入列为免税所得项目，或者在税收抵免中予以考虑，远没有我国免税所得这么宽的范围。也有的国家将养老金收入作为应税所得，同时在免征额、社会性扣除、税收抵免等税制因素中考虑老年人的实际情况。

二、综合所得范围比较窄

2018 年税法修正后，我国税制实现了从分类税制模式转变为综合与分类相结合的税制模式，但综合所得范围不宽。从综合的范围看，综合所得包括工资薪金所得、劳务所得、稿酬所得和特许权使用费所得，由于稿酬所得、特许权使用费所得并不普遍，实际上主要是将劳务所得与工资薪金所得综合计征。经营所得单列，不纳入综合所得计征，实行独立的税率表。与财产有关的收入，无论是财产租赁所得还是财产转让所得，无论是实物财产所得还是金融资产所得（利息、股息和红利所得），均不纳入综合所得。比较而言，日本个人所得税规定了总所得、退职所得、山林所得三种所得纳税人，除了退职所得、山林所得，均计入总所得（综合所得）纳税。美国综合所得仅排除了长期资本利得，其他所得均纳入综合所得。值得注意的是，1986 年的《中华人民共和国个人收入调节税暂行条例》，将工资薪金收入、承包转包收入、劳务报酬收入和财产租赁收入列为综合收入实行综合计征。

三、费用扣除概念笼统

现行税法没有明确区分不同的费用扣除。费用扣除是个人所得税税制的重要因素，一般区分为经营性费用扣除、社会性扣除（或者称为特别费用扣除、特许费用扣除）、基本生活费用扣除（免征额）。但是，我国税法仅在"应税所得额计算"的条款中规定"费用减除"，并没有关于经营性费用扣除和免征额的严格区分。值得注意的是，2018 年 10 月税法修正后，明确了专项扣除概念，增加了附加专项扣除项目，很大程度上是综合所得的基本费用减除的补充。但是，无论之前的税法还是 2018 年 10 月新修正后的税法，都没有明确区分商业费用扣除和基本生活费用扣除。税法修正前，工资薪金所得每月 3 500 元的费用扣除额，既可以全部理解为基本生活费用扣除，也可以理解为基本生活费用和经营性费用的综合扣除。税法修正后，劳务所得、稿酬所得和特许权使用费所得允许先行扣除 20% 的费用，应当属于经营性费用扣除，之后工资薪金所得、劳务所得、稿酬所得和特许权使用费所得加总得到的综合所得，每年减除费用 6 万元，应当理解为免征额和工资薪金。税法修正后，经营所得、财产性质所得的费用减除，仍然没有明确区分属于经营性费用扣除还是免征额，但应当属于经营性费用扣除而不是免征额。另外，像税法中提到的"财产原值""合理费用""必要费用"等，都需要税法实施细则或者财政部、国家税务总局作出解释，这将降低税法的权威性，而增强税法实施的政策性。

四、费用扣除方式简单化

费用扣除多采取定额、定比方式，据实扣除方式较少。2018 年税法修正前，工资薪金所得费用扣除采取定额方式，实际上属于单一标准化免征额，其他所得的经营性费用扣除多采取定额扣除与 20% 的定比扣除相结合的方式，同时也有一些所得的经营费用扣除项目据实申报扣除成本、费用和损失。2018 年税法修正后，这种格局并未改变，新设立的专项附加扣除除大病医疗扣以外，也都规定了定额扣除。定额扣除的优点是简明易操作，但其假设每个纳税人的情况都一样，实际上没有更多地考虑纳税人之间的差异。

综合所得纳税人免征额一律为每年 6 万元，但纳税人实际负担的人口数量是不同的，负担人口因年龄、健康状况不同而需要的基本生活费用支出水平也是不同的，完全平均化免征额明显存在弊端，不能使纳税人负担的基本生活费用支出充分合理减除，或者过多，或者不足，不利于实现免征额的功能和目标。经营性费用的定比扣除也类似，实际上假定取得所得的经营性费用支出都与所得成一个固定比例，这显然是一个粗糙的标准。税法规定，财产租赁所得，每次收入不超过 4 000 元的，减除费用 800 元，这个 800 元费用减除额不变，无法反映实际。

实际上，英国、美国、日本个人所得税的免征额不仅存在差异化的考虑，还对高收入者纳税人的免征额实行递减机制，净所得达到一定水平的，免征额递减到 0。日本个人所得税的一些社会性扣除额也存在类似的递减机制。之所以建立如此烦琐的规则，目的是更好实现税收公平，强化税收累进性，实现对高收入者税收调节。

五、免征额采取集中性、大规模、前瞻性调整方式

2011 年前税法规定的工资薪金所得的费用减除每月 3 500 元以及 2018 年税法规定的综合所得的费用减除每年 6 万元，为纳税人免征额，也称基本生活费用扣除。1980 年税法规定的免征额为每月 800 元，1994 年税法并没有调整，2006 年税法修正开始提高免征额，于 2006 年 1 月、2008 年 3 月、2011 年 9 月和 2018 年 10 月分别进行调整，从最初的每月 800 元，调整到 1 600 元、2 000 元、3 500 元和 5 000 元，分别大约间隔 14 年（从 1994 年算起）、2 年、3 年和 7 年，分别提高了 100%、25%、75% 和 42.86%。每次免征额调整幅度很大，是大规模的。每次免征额调整时，免征额已经严重偏离实际居民基本生活费用支出，新的免征额意味着对一定时间内免征额数量不足的弥补，所以是集中性的，也可以称为累积性的。[①] 同时，对于调整年，免征额数量还会比当年的居民基本生活费用支出稍高，以适应未来若干年的居民基本生活费用支出水平，因此免征额调整又具有前瞻性。当然，税法中的其他名义变量比如固定费用扣除额、税率阶距的调整更少，甚至不调整。对比而言，美国从 1986 年开始就实行税收指数化调整，对税法中的各种名义量逐年进行物价指数化调整。我国个人所得税免征额调整是必要的，但政策性强，而法律依据并不明确，集中性、大规模、前瞻性调整必然也会导致逐年的实际免征额与应有免征额不一致，甚至导致税收不合理的波动，而这种波动本可以避免。

六、税率累进性较强

为进行对比，表 2 - 5、表 2 - 6、表 2 - 7 给出了美国、英国和日本个人

---

① 曹桂全和仇晓凤（2016）称我国个人所得税免征额采取累积性调整方式，来源文献：曹桂全，仇晓凤. 论我国个人所得税免征额制度改革 [J]. 天津大学学报（社会科学版），2016（3）：217 - 223. "前瞻性"资料来源：谢旭人. 关于《中华人民共和国个人所得税法修正案（草案）》的说明——在 2007 年 12 月 23 日在第十届全国人民代表大会常务委员会第三十一次会议上 [R]. 全国人民代表大会常务委员会公报，2008（1）：89.

所得税的综合所得的税率。美国联邦个人所得税分 4 种申报类型，税率表稍有差别。

表 2 - 5　　　　　　　美国联邦个人所得税税率（2018 年）

税率 （%）	应税所得额（美元）			
	单身申报	夫妻联合申报	夫妻分别申报	户主申报
10	0 ~ 9 525	0 ~ 19 050	0 ~ 9 525	0 ~ 13 600
12	9 526 ~ 38 700	19 501 ~ 77 400	9 526 ~ 38 700	13 601 ~ 51 800
22	38 701 ~ 82 500	77 401 ~ 165 000	38 701 ~ 82 500	51 801 ~ 82 500
24	82 501 ~ 157 500	165 001 ~ 315 000	82 501 ~ 157 500	82 501 ~ 157 500
32	157 501 ~ 200 000	315 001 ~ 400 000	157 501 ~ 200 000	157 501 ~ 200 000
35	200 001 ~ 500 000	400 001 ~ 600 000	200 001 ~ 300 000	200 001 ~ 500 000
37	500 001 以上	600 001 以上	300 001 以上	500 001 以上

资料来源：国家税务总局《中国居民赴美国投资税收指南》。

表 2 - 6　　　　英国个人所得税税率（2022、2023 税年）

税阶	应税所得额（英镑）	适用税率（%）
个人免征额（personal allowance）	12 570 以下	0
基础税率（basic rate）	12 571 ~ 50 270	20
高税率（high rate）	50 271 ~ 150 000	40
附加税率（additional rate）	150 000 以上	45

资料来源：英国政府网（https：//www. gov. uk/income - tax - rates）。

表 2 - 7　　　　　　日本个人所得税税率（2018 年起适用）

应税所得额（日元）	适用税率（%）
195 万以下	5
195 万 ~ 330 万	10
330 万 ~ 695 万	20
695 万 ~ 900 万	23

应税所得额（日元）	适用税率（%）
900万~1800万	33
1800万~4000万	40
4000万以上	45

注：适用于综合所得、退职所得和山林所得。
资料来源：日本国所得税法［M］. 陈汝议，武梦佐，译. 北京：中国展望出版社，1984.

首先，应当说明的是，美国、英国和日本各种应税所得基本全部适用综合所得税率表，英国和美国有个别的资本利得、利息所得有另外的税率表，而日本尽管区分综合所得、退职所得和山林所得报税，但只有一个税率表。

其次，我国综合所得税率表与日本基本接近，最高边际税率一致，且均实行七级超额累进税率，仅最低边际税率分别为3%和5%。按照1元人民币与20日元兑换，日本适用45%税率的初始应税所得额为200万元人民币，是我国适用45%税率起点（96万元）的2倍；日本适用最低税率5%的终点为9.75万元，是中国适用最低税率终点（3.6万元）的2.7倍。比较而言，日本个人所得税税率累进的速度相对慢，而我国个人所得税税率累进速度更快。美国适用最高税率的初始收入为50万美元，按照1美元兑换7元人民币换算，相当于人民币350万元，远高于我国。但是，英国适用最高税率的初始收入为15万英镑，按照1英镑兑换8元人民币换算，相当于人民币120万元，则基本与我国相当。我国人均收入水平比美国、英国、日本仍然低很多，最高边际税率不仅要看起点水平，还要实际有多少适用该税率的纳税人。万莹（2011）指出，我国个人所得税税率表的税率累进性高于美国，而且实际税率累进性也比美国高。但是，英国个人所得税税率表比我国的累进速度更快一些，而且基于其居民收入水平，将有很多的纳税人适用高税率和附加税率，有利于扩大其个人所得税税收。

七、税法简单，税收政策性强

我国个人所得税税法规定比较原则，没有税法术语解释，没有各类所得、费用扣除等的详细规定。1980 年税法总计只有 15 条（不含税率表，税率表作为税法附表），1993 年税法总计算 14 条，2011 年税法总计 15 条。即使实现从分类税制向综合与分类相结合税制转变后，2018 年税法也只有 22 条。比较而言，美国个人所得税包含在《国内税收法典（internal revenue code, IRC)》中，是 IRC 的第一部法律，条文编号从 1 条到 1 563 条，这个法律条文可以编成两册。① 英国个人所得税法更加复杂，需要运用 3 部主要法律 ITE-PA2003、ITTOIA2005 和 ITA2007 的 1 611 条以及部分运用其他 3 部法律的条文。② 与我国税法比较一致的日本所得税法，现行税法也有 243 条，且其很多条中含大量款目，有的一条的文字数量相当于我国整个人所得税法。③ 1984 年，中国展望出版社翻译出版了 1979 年版的《日本国所得税法》，有 301 页之多。④ 举例来说，《日本国所得税法》第一编为总则，其第一章为通则，第一章之第二条规定如"国内""国外""居住者""非居住者"等术语，一共规定 48 个术语的定义，占用 7 页，已经超过我国全部税法的篇幅。

为落实税法规定原则，国务院制定《中华人民共和国个人所得税实施条例》。⑤ 但是，实施条例的内容也不是很详细，例如，2018 年的税法实施条例共 36 条。根据税法的需要，2018 年，国务院还颁布了《个人所得税专项附加扣除暂行办法》，共 32 条。那么，如何保证个人所得税的实施呢？这就需要财政部和国家税务总局颁布大量的规章和行政规范性文件。在《中华人民共和国个人所得税法》和《中华人民共和国个人所得税实施条例》之下，大量的税收问题需要依靠这些文件去执行。例如，税法规定了财产租赁所得的个人所得税，但实际上各地区很少按照税法规定执行 20% 的税率。税法规定了综合所得按年度纳税，但是按照财政部和税务总局的政策，纳税人可以选择年终奖单独纳税。这样，在税法落实和税收征管中，政策性很强。

---

① 张巍. 中国需要现代化的个人所得税：观英德美法个人所得税［M］. 杭州：浙江工商大学出版社，2015：197 – 203.

② 张巍. 中国需要现代化的个人所得税：观英德美法个人所得税［M］. 杭州：浙江工商大学出版社，2015：162 – 165.

③ 日本所得税法包括企业所得税法和个人所得税法，但法律条文的大部分为个人所得税。

④ 日本国所得税法［M］. 陈汝议，武梦佐，译. 北京：中国展望出版社，1984.

⑤ 我国国务院制定的法律文件称为"行政法规"，仍是重要的法律渊源，但法阶低于全国人民代表大会及其常务委员会制定的法律。

第四节　我国个人所得税制度的实施成效

我国从 1980 年设立个人所得税以来,至今已有 40 多年的历史。1978年以来我国实行改革开放,经济快速增长,居民收入快速提高,个人所得税收入增长也较快,在财政和社会经济中的作用逐渐增强,但仍有待提高。

一、税收规模

21 世纪之前,我国居民收入水平低,税收规模较小。表 2-8 显示,进入 21 世纪以来,税收绝对规模增长较快,除 2012 年和 2019 年外,税收规模一直呈现增长态势,从 1999 年的 413.66 亿元增加到 2021 年的 13 992.66亿元,多数年份增长率均在两位数,甚至在 21 世纪初期达到 50% 以上。从个人所得税税收占 GDP 比重表示的相对规模看,21 世纪初也有较快增长,并持续到 2007 年,从 0.46% 上升到 1.18%,之后开始进入波动状态,出现2008 年、2009 年下降后再恢复增长,并在 2011 年达到 1.24% 的峰值,2012年下降到低谷再恢复增长,到 2015 年恢复到 2011 年的水平,之后继续增长,到 2018 年达到 1.51%。之后 2019 年显著下降到 1.05%,之后恢复增长,2012 年达到 1.21%,相当于 2011 年的水平(见图 2-1)。

表 2-8　　我国个人所得税税收规模和平均税率(1999~2021 年)

年份	个人所得税税收(亿元)	个人所得税税收增长率(%)	总税收(亿元)	总税收增长率(%)	个人所得税占总税收比重(%)	GDP(亿元)	GDP增长率(%)	个人所得税占 GDP比重(%)
1999	413.66	—	10 682.58	15.33	3.87	90 564.4	6.30	0.46
2000	659.64	59.46	12 581.51	17.78	5.24	100 280.1	10.73	0.66

续表

年份	个人所得税税收（亿元）	个人所得税税收增长率（%）	总税收（亿元）	总税收增长率（%）	个人所得税占总税收比重（%）	GDP（亿元）	GDP增长率（%）	个人所得税占GDP比重（%）
2001	995.26	50.88	15 301.38	21.62	6.50	110 863.1	10.55	0.90
2002	1 211.78	21.76	17 636.45	15.26	6.87	121 717.4	9.79	1.00
2003	1 418.03	17.02	20 017.31	13.50	7.08	137 422.0	12.90	1.03
2004	1 737.06	22.50	24 165.68	20.72	7.19	161 840.2	17.77	1.07
2005	2 094.91	20.60	28 778.54	19.09	7.28	187 318.9	15.74	1.12
2006	2 453.71	17.13	34 804.35	20.94	7.05	219 438.5	17.15	1.12
2007	3 185.58	29.83	45 621.97	31.08	6.98	270 232.3	23.15	1.18
2008	3 722.31	16.85	54 223.79	18.85	6.86	319 515.5	18.24	1.16
2009	3 949.35	6.10	59 521.59	9.77	6.64	349 081.4	9.25	1.13
2010	4 837.27	22.48	73 210.79	23.00	6.61	413 030.3	18.32	1.17
2011	6 054.11	25.16	89 738.39	22.58	6.75	489 300.6	18.47	1.24
2012	5 820.28	−3.86	100 614.30	12.12	5.78	540 367.4	10.44	1.08
2013	6 531.53	12.22	110 530.70	9.86	5.91	595 244.4	10.16	1.1
2014	7 376.61	12.94	119 158.10	7.81	6.19	643 974	8.19	1.15
2015	8 617.27	16.82	124 892.00	4.81	6.90	689 052	7.00	1.25
2016	10 089.00	17.08	130 354.00	4.37	7.74	744 127	8.00	1.36
2017	11 966.00	18.60	144 369.90	10.75	8.29	820 754	10.9	1.46
2018	13 872.00	15.93	156 402.90	8.33	8.87	919 281.1	12.00	1.51
2019	10 388.53	−25.11	158 000.50	1.02	6.57	986 515.2	7.31	1.05
2020	11 568.26	11.36	154 312.30	−2.33	7.50	1 013 567	2.74	1.14
2021	13 992.64	20.96	172 730.50	11.94	8.10	1 143 670	12.84	1.22

资料来源：（1）国家统计局，"国家数据"网站数据库，http：//data.stats.gov.cn；（2）各项收入指标均为名义量；（3）1998年个人所得税数据空缺。

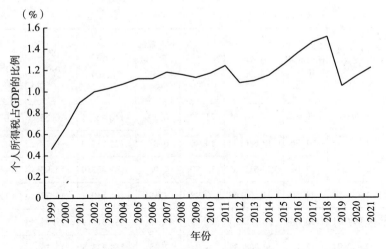

图 2 - 1　我国个人所得税收入占 GDP 比重的变化（1999～2021 年）

资料来源：国家统计局，国家数据网站（http：//data. stats. gov. cn）。

从个人所得税与 GDP 增长率对比看，大部分年份个人所得税增长率远超过 GDP 增长率，只有 2008 年、2009 年和 2012 年例外（见图 2 - 2）。但是，个人所得税税收增长率波动更大，尤其是存在像 2012 年和 2019 年的显

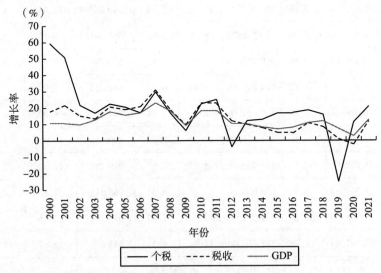

图 2 - 2　我国个人所得税、总税收和 GDP 增长率的对比（2000～2021 年）

资料来源：国家统计局（http：//data. stats. gov. cn）。

著下降，导致最终个人所得税税收占 GDP 比重总体维持在 1% ~ 1.5% 的水平，税收下降抵消了其他年份的高增长。另外，并不是说个人所得税税收具有更高的经济增长弹性，个人所得税税收增长并一定发生在高经济增长时期，这表明个人所得税税收的变化受经济增长之外的因素的影响。

二、个人所得税在筹集财政收入中的作用

从个人所得税占总税收比重看，从 1999 年个人所得税占全部税收的 3.87% 提高到 2021 年的 8.1%，提高了 4.23 个百分点。实际上，2021 年，四大主体税种依次为国内增值税、企业所得税、个人所得税和国内消费税，占比分别为 36.77%、24.34%、8.1% 和 8.04%。2000 年，四大主体税种分别为国内增值税（含营业税）、企业所得税、国内消费税和个人所得税，占比分别为 51.04%、7.95%、6.82% 和 5.24%。比较而言，个人所得税地位有所上升，成为第三大税。但是，应该注意的是，个人所得税在税收中的地位和作用并非持续增长，而且在 2005 年达到 7.28% 之后，呈现波动式上升，最高为 2018 年的 8.87%，最低为 2012 年的 5.78%。从 2005 ~ 2021 年的 16 年，个人所得税占总税收的比重仅提高了 0.82 个百分点，在这期间，个人所得税与消费税交替作为第三大税种（见图 2 - 3）。

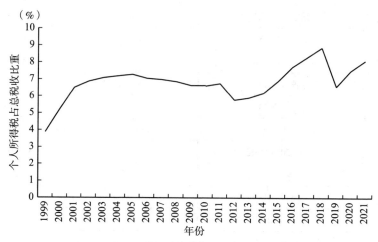

图 2 - 3　我国个人所得税占总税收比重的变化（1999 ~ 2021 年）

资料来源：国家统计局，国家数据网站（http://data.stats.gov.cn）。

我国的税制目标是建立所得税和流转税并重的双主体税种结构，作为所得税的主力军，个人所得税在税收结构中的作用总体上仍然与税制目标有较大差距。总体上看，一方面，21 世纪以来，我国个人所得税规模增加较快，个人所得税在财政和国家经济生活中的作用增强；另一方面，我国个人所得税占税收比重较低，在税收结构中的地位不高，与增值税和企业所得税的差距较大，且呈现不稳定增长态势，作为主体税种的地位仍没有形成。近 10 年来，个人所得税占总税收比重大致为 6% ~ 8%，占 GDP 比重为 1% ~ 5%，与英国等国家有较大差距。表 2 - 9 显示，英国等 12 个国家中，个人所得税占税收比重最低的为俄罗斯（13.2%），最高的为澳大利亚（57.1%）。各国税收结构有经济发展阶段、税种结构不同选择、历史传统的影响，但是毕竟总体上我国个人所得税在税收中的地位、在筹集财政收入的中的作用是比较弱的。

表 2 - 9　　　　　　　　若干国家个人所得税占总税收的比重

序号	国别（年份）	个人所得税占GDP 比重（%）	个人所得税占总税收比重（%）
1	英国（2014）	8.96	27.51
2	法国（2013）	8.80	24.80
3	德国（2012）	11.50	25.00
4	美国（2013）	7.30	49.30
5	加拿大（2014）	11.31	29.97
6	瑞典（2013）	—	28.00
7	荷兰（2014）	—	32.97
8	澳大利亚（2013）	15.68	57.10
9	南非（2014/2015）	9.23	35.90
10	俄罗斯（2014）	—	13.20
11	日本（2014）	5.78	19.01
12	韩国（2014）	4.00	16.27

注：①加拿大的个人所得税比重指个人所得税占财政收入的比重；②瑞典的个人所得税收入指中央和地方个人所得税收入之和，其他国家仅指联邦（中央）个人所得税收入。

资料来源：胡建怡等. 个人所得税税制国际比较［M］. 北京：中国税务出版社，2017.

三、个人所得税在收入再分配调节中的作用

个人所得税除了具有筹集财政收入的作用，还有居民收入再分配调节功能，是税收调节收入分配的主力军。

我国个人所得税再分配调节作用如何呢？不少文献对我国个人所得税再分配效应进行了测算。表 2 - 10 给出了关于我国个人所得税调节城镇居民收入差距效果的一些实证分析结果（曹桂全，2020），这些实证测算使用的样本不同，而且使用的个人所得税数据也不同，按照使用个人所得税数据的不同可以分为两类。第一类是使用城镇住户报税数据测算，第二类是使用模拟计算税收数据。显然，模拟测算的再分配效应比使用住户报税数据的再分配效应要高一些，住户填报的个人所得税数量的确有偏低的现象，但模拟计算按照应征尽征测算的税收也必然比实际税收偏高，取两种方法的平均值可能更符合实际，个人所得税再分配效应在 2% 左右。

表 2 - 10   我国个人所得税调节城镇居民收入差距的效果

作者和文献	研究样本	个人所得税数据来源	测算结果
佘红志（2010）	天津城镇住户调查（2002～2008）	住户调查微观数据，住户报税	2002～2008 年的个人所得税再分配效应分别为 0.25%、0.5%、0.56%、0.37%、0.38%、0.59%、0.6%
万莹（2011）	全国城镇住户（1997～2008）	全国城镇住户宏观分组数据，住户报税	从 1997 年的 0.1% 上升到 2008 年的 0.77%
彭海艳（2011）	全国城镇住户（1995～2008）	全国城镇住户宏观分组数据，住户报税	从 1995 年的 0.04% 到 2008 年的 0.74%
石子印和张艳红（2012）	湖北省城镇住户（2007～2010）	湖北省城镇住户宏观分组数据，住户报税	从 2007 年的 0.32% 到 2010 年的 0.44%
岳希明和徐静（2012）	2002 年、2007 年全国城镇住户	全国城镇住户调查微观数据，模拟计算纳税额	2002 年为 2%，2007 年为 4%

续表

作者和文献	研究样本	个人所得税数据来源	测算结果
徐建炜、马光荣和李实（2013）	全国城镇住户（1997~2009）	全国城镇住户调查微观数据，模拟计算纳税额	1997 ~ 2009 年分别为 1.87%、1.81%、1.72%、2.01%、2.26%、2.0%、2.35%、2.9%、3.07%、2.74%、3.66%、3.27%、3.48%
曹桂全和任国强（2014）	2008 年天津市城镇住户	天津市城镇住户微观数据，住户报税	0.75%

资料来源：曹桂全. 完善我国政府再分配调节机制研究［M］. 北京：经济科学出版社，2020：137－138.

蔡萌和岳希明（2016）测算，2007 年，全国居民初次分配收入基尼系数为 0.5197，经过转移性收入和个人所得税调节，最终可支配收入基尼系数为 0.4813，再分配效应为 7.39%。其中，转移性收入调节后的总收入的基尼系数为 0.4904，再分配效应为 5.63%，占总再分配效应的 76.18%；个人所得税调节后的可支配收入基尼系数为 0.4813，再分配效应为 1.86%，占总再分配效应的 23.82%。2007 年，芬兰、奥地利、瑞典、比利时、法国、德国、荷兰、英国、意大利和西班牙的初次收入分配基尼系数分别为 0.492、0.488、0.459、0.486、0.485、0.524、0.488、0.513、0.503 和 0.458，个人所得税的再分配效应分别为 14.15%、13.03%、12.77%、15.51%、10.17%、8.82%、14.89%、11.47%、10.71% 和 6.55%。[①] 比较而言，我国居民初次分配收入基尼系数与以上芬兰等国家相差无几，而个人所得税再分配效应相差巨大，不仅低于个人所得税再分配效应最高的比利时（15.51%），也大大低于个人所得税再分配效应最弱的西班牙（6.55%）。

为什么我国个人所得税再分配效应如此低？起决定性作用的是个人所得税规模仍然小，平均税率太低。根据卡瓦尼（1977，1984）提出的税收再分配效应与税收累进指数、平均税率的关系，忽略再排序效应，个人所得税再分配效应（RE）取决于税收累进性（K）和平均税率（t）两个因素可用

---

① 个人所得税相对再分配效应由作者根据蔡萌和岳希明（2016）给出的数据计算得出。

式（2-4）表示：

$$RE = \frac{t}{1-t}K \qquad\qquad (2-4)$$

一般地说，在居民收入结构稳定和税制稳定的条件下，税收累进指数也是稳定的，那么，个人所得税再分配效应决定于平均税率，并且对平均税率非常敏感。例如，在式（2-4）中，给定税收累进指数为0.5，平均税率从1%、2%、5%到10%，再分配效应分别为0.0051、0.0102、0.0263、0.0556，税收累进指数迅速提高，依次提高了100.08%、416%、989.33%，再分配效应高度依赖平均税率。

根据瓦格斯塔夫等（Wagstaff et al.，1999）的研究，12个OECD国家之中，再分配效应最强的是芬兰，达到了16.09%；再分配效应最弱的是法国，但也达到了4.78%，远高于我国个人所得税再分配效应（见表2-11）。同时我们也看到，再分配效应强的国家，一定具有较高的净税率，而即使税收累进指数很高但净税率低，再分配效应就不会很强。瑞典的个人所得税税收累进指数（0.0891）是最低的，但净税率达到32.7%，结果再分配效应仍然较强；法国的个人所得税税收累进指数（0.2717）最高，但由于净税率（6.2%）最低，导致再分配效应（4.78%）最低。

表2-11　12个OECD国家的再分配效应、税收累进指数与平均税率

国家（年份）	相对再分配效应（%）	税收累进指数	净税率（%）
丹麦（1987）	10.59	0.0938	29.66
芬兰（1990）	16.09	0.1644	21.88
法国（1989）	4.78	0.2717	6.20
德国（1988）	10.79	0.2433	11.08
爱尔兰（1987）	11.68	0.2685	15.40
意大利（1991）	7.36	0.1554	13.54
荷兰（1992）	11.56	0.1977	14.87
西班牙（1990）	9.53	0.2545	13.97
瑞典（1990）	13.18	0.0891	32.70
瑞士（1992）	6.40	0.1528	12.10

续表

国家（年份）	相对再分配效应（%）	税收累进指数	净税率（%）
英国（1993）	8.54	0.2278	14.21
美国（1987）	9.29	0.2371	13.70

资料来源：瓦格斯塔夫等（Wagstaff et al.，1999）。

有研究者发现，我国个人所得税税收累进性并不弱甚至很强，但再分配效应弱，根本的原因是平均税率低（万莹，2011）[①]，这是正确的。我们可以作一个粗略的估计。表 2 - 12 给出了我国 2010 ~ 2021 年的全国个人所得税收入、人均收入（以人均可支配收入衡量）和平均税率，同时全国居民初次分配收入基尼系数按照 0.5 考虑，同时税收累进指数按照 0.5 考虑，计算逐年的个人所得税再分配效应。可以看到，个人所得税收入随着人均收入增长而增长，人均税收有所增长，但是平均税率基本没有增长趋势，最后导致个人所得税再分配效应和相对再分配效应也基本没有增加。这表明，其他条件不变或者变化不大，平均税率是个人所得税再分配效应的决定性因素。

表 2 - 12　　　我国个人所得税再分配效应的估计（2000 ~ 2021 年）

年份	个人所得税（亿元）	人均税收（元）	人均收入（元）	平均税率（%）	再分配效应	相对再分配效应（%）
2010	4 837.27	360.75	12 520	2.88	0.0125	2.49
2011	6 054.11	448.73	14 551	3.08	0.0134	2.67
2012	5 820.28	428.21	16 510	2.59	0.0112	2.24
2013	6 531.53	477.71	18 311	2.61	0.0113	2.25
2014	7 376.61	535.91	20 167	2.66	0.0115	2.29
2015	8 617.27	622.97	21 966	2.84	0.0123	2.45
2016	10 089.00	724.62	23 821	3.04	0.0132	2.64
2017	11 966.00	854.65	25 974	3.29	0.0143	2.86

[①] 万莹. 个人所得税对收入分配的影响：由税收累进性和平均税率观察 [J]. 改革，2011 (3).

续表

年份	个人所得税（亿元）	人均税收（元）	人均收入（元）	平均税率（%）	再分配效应	相对再分配效应（%）
2018	13 872.00	987.04	28 228	3.50	0.0152	3.04
2019	10 388.53	736.73	30 733	2.40	0.0103	2.06
2020	11 568.26	819.21	32 189	2.55	0.0110	2.19
2021	13 992.64	990.56	35 128	2.82	0.0122	2.44

注：①人均收入用全国居民人均可支配收入衡量；②各年税收累进指数按照 0.42 计算；③各年税前收入基尼系数按照 0.5 计算；④再分配效应按照式（2－1）计算；⑤相对再分配效应为再分配效应占初次分配收入基尼系数的百分比。

资料来源：国家统计局，国家数据网站（https：//data.stats.gov.cn）。

当然，我们也不能忽略其他因素。曹桂全（2013）通过文献综述，评价了公平税制、税收政策、税收征管的影响。首先，税制不公平的影响。例如，恢复对储蓄存款利息征收个人所得税但没有起征点，将储蓄存款作为养老收入来源的存款利息所得被课征，而养老金和离退休金无论多少均并不课税；工资薪金所得实行单一标准化免征额，忽视了纳税人负担人口的差异及其负担人口由于健康、年龄因素导致的基本生活费用差别。我国个人所得税的名义累进性较高，但是实际税率的累进性很低，源于低税率适用区间狭窄，对中低收入者来说，税率累进很快，负担较重。我国个人所得税税法修正，主要集中于免征额的调整和增加附加专项扣除，但没有针对性考虑纳税人的具体情况，仅仅试图通过一般费用扣除数量的调整，只能改变总体税负的轻重，并不能实现税收公平。岳树民等（2011）提出，若想提高个人所得税的累进性，不能仅仅依靠提高免征额来实现。其次，税收政策的影响。我国处于社会主义初级阶段，促进经济增长是各级政府面临的首要任务，政府行为不规范普遍存在，并经常将税收政策作为招商引资和吸引人才的手段，但制约了个人所得税有效发挥调节作用。在个人所得税制度及其执行上，庞大的灰色收入、地下收入的存在与税收不紧、不严密切相关，与政府吸引投资、发展经济、培育人才的政策密切相关，是税收征管不力、税收优惠不当的政策根源，也是征收率低、税收规模小于潜在税收能力、个人所得税不能很好发挥收入分配调节作用的根源。我国个人所得税是中央和地方共享税，地方政府为招商引资和吸引人才，有时实施对本级政府共享的个人所得税实行先征后退的政策，虽然有利于地区经济发展，但是严重弱化了个人所得税对高收入者税收调节的功能。最后，税收规模和平均税率受税收征管的影响。钱晟（2001）较早提出了我国个人所得税的征管问题，如重视工资薪金项目的征管，而对于收入来源不规范的隐性收入、灰色收入征管不足，使高收入者与低收入者之间难以真正通过累进税率体现出税收区别对待的政策精神。胡鞍钢（2002）将我国个人所得税产生的逆调节作用归因于征管问题，对高收入者、私营经济业主、非工薪收入征管不严，导致高收入人群的平均税率低，是制约个人所得税再分配调节作用的重要因素。王小鲁（2007）认为，没有被征税的隐性收入规模巨大，且主要发生在占城镇居民家庭10%的高收入户，这些灰色收入无法纳入有效的税收监控。贾康（2008）认为，当前我国存在的一个大问题是个人所得税流失严重，特别是收入最高层的个人所得税流失非常严重，制约了个人所得税的收入调节的杠杆作用。佘红志（2010）根据当前的城镇居民收入分布和个人所得税税制，利用"逆推法"测算个人所得税应纳税额，认为如果能够严格征管的话，个人所得税规模将明显提高，调节力度将明显增强。[1]

第五节　我国个人所得税制度的发展方向

改革开放以来，我国逐渐重视个人所得税制度建设。如前面所述，1980 年颁布《中华人民共和国个人所得税法》，1986 年颁布《中华人民共和国个人收入调节税暂行条例》和《中华人民共和国城乡个体工商户所得税暂行条例》，1993 年实现上述三税合一，形成了统一的个人所得税制度。同时，根据社会经济发展形势，在 1993 年税法的基础上，我国继续进行个人所得税改革和完善的探索。尤其是，2018 年初步建立了综合

---

[1] 佘红志. 个人所得税调节城镇居民收入分配的机制和效果研究［D］. 天津：天津大学硕士学位论文，2010.

与分类相结合的税制。但是，2018 年税法修正并不意味我国个人所得税税制已经完善，国家提出关于个人所得税改革和完善的任务仍然不少。

一、完善综合与分类相结合的个人所得税制

在 1996 年的"九五"计划中，我国就提出要"建立覆盖全部个人收入的分类与综合相结合的个人所得税制"。2003 年十六届三中全会通过的《中共中央关于完善社会主义市场经济若干问题的决定》，明确我国个人所得税改革的方向是"实行综合和分类相结合的个人所得税制"。2013 年十八届三中全会通过的《中共中央关于全面深化改革若干重大问题的决定》继续保留了这一改革政策。

实行综合和分类相结合的税制，有什么政策作用呢？首先，有利于公平税负。这是直接的效果，也是改革的重要目标。分类税制模式之下，不同收入来源的税率结构、免征额和扣除方法不同，税负并不相同。实行分类税制模式主要从征管成本考虑，综合税制不仅税制复杂，征管成本高，而且需要健全的征管体系。其次，综合与分类相结合税制有利于实施费用扣除，使应税所得额更公平衡量纳税能力。在每个纳税人只有一类收入的条件下，如果仅仅考虑公平税负，对不同收入涉及相同的扣除项目、税率表也可以实现。但是，当今社会收入来源多元化，具有多种来源收入的人数增加，一个纳税人有几类来源的收入，分类计征无法进行统一扣除和适用税率表，这就需要综合计征。最后，综合和分类相结合的税制之中，综合和分类相结合的课征对象是基础但不是全部，要在此基础上，进行税率结构、税收征管、扣除项目、免税收入的综合设计，要处理好个人所得税与社会保障之间的关系，尤其是综合税制有利于免征额制度的改革和完善，这是一项复杂的系统工程。

经过 20 多年的探索，2018 年税法修正，实现了我国个人所得税从分类税制模式向综合与分类相结合税制模式的转变，新修正的税法从 2019 年 1 月开始全面实施。但是，应当看到，2018 年的税法修正是实施综合与分类相结合的税制模式的初步探索，综合所得的范围狭窄，税法仍然保持原有框架，相应的经营性费用扣除、免征额扣除以及免征额调整方式仍需完善，初

步建立的专项扣除和附加专项扣除制度也需要进一步完善。

二、加大个人所得税再分配调节力度

2013 年 2 月，发展改革委、财政部、人力资源和社会保障部《关于深化收入分配制度改革的若干意见》提出，加快健全以税收、社会保障、转移支付为主要手段的再分配调节机制，使收入分配差距逐步缩小。在税收调节方面，重点提出了加强个人所得税再分配调节力度。加大个人所得税调节力度对税制改革和完善征管提出要求，除了继续完善综合与分类相结合的个人所得税制度外，要完善高收入者个人所得税的征收、管理和处罚措施，将各项收入全部纳入征收范围，建立健全个人收入双向申报制度和全国统一的纳税人识别号制度，依法做到应收尽收。取消对外籍个人从外商投资企业取得的股息、红利所得免征个人所得税等税收优惠。当然，要最终加大个人所得税调节力度，完善税制和加强征管是基础，除此之外，还必须努力提高城乡居民收入。只有居民收入增加了，平均税率提高了，才能切实形成更大的个人所得税再分配效应，这将是一个长期过程。

三、个人所得税肩负提高直接税比重的任务

2013 年，《中共中央关于全面深化改革若干重大问题的决定》提出，要完善税收制度，逐步提高直接税比重。直接税由企业所得税、个人所得税、工薪税（社会保障税）、财产税等构成。我国企业所得税改革基本到位，税率为 25%，是我国第二大税种（不包括社会保险费缴纳），基本没有进一步可提高空间。而且，随着经济新常态的到来，企业高利润时代逐渐将过去，提高直接税比重将依靠个人所得税和财产税（尤其是房地产税）。实践表明，我国当前个人所得税规模偏小，在税收结构中的比重不高，再分配效应弱，存在进一步扩大税收规模的潜力。尤其是在税制健全和稳定条件下，个人所得税的经济增长弹性充分，在经济增长、居民收入提高的条件下，个人所得税规模将扩大，个人所得税在税收结构中的地位将进一步上升，并且有助于扩大个人所得税再分配效应。因此，在未来的税制建设中，在提高直接

税比重的过程中，个人所得税肩负重要任务。

四、税收调节精准化要求税制精细化

2020 年，《中共中央关于制定国民经济和社会发展第十四个五年规划和二〇三五年远景目标的建议》（以下简称《建议》）对个人所得税制改革和完善提出了新要求。一方面，《建议》继续了之前的要求，如"完善现代税收制度，健全直接税体系"以及"适当提高直接税比重"，要求个人所得税在直接税体系中扮演着重要角色，需要提高个人所得税占总税收中的比重；另一方面，《建议》还提出，"完善再分配机制，加大税收、社保、转移支付等调节力度和精准性，合理调节过高收入"。这里不仅要求加大税收调节力度，还要提高调节的精准性。显然，税收调节的精准性必然要求税收精细化和严格税收征管，这为进一步完善综合与分类相结合的个人所得税税制、建立更加公平和利于收入分配调节的税制明确了方向。

习近平总书记 2021 年 8 月 17 日在中央财经委员会第十次会议上讲话中，就推进共同富裕的总体思路指出："总的思路是，坚持以人民为中心的发展思想，在高质量发展中促进共同富裕，正确处理效率和公平的关系，构建初次分配、再分配、三次分配协调配套的基础性制度安排，加大税收、社保、转移支付等调节力度并提高精准性，扩大中等收入群体比重，增加低收入群体收入，合理调节高收入，取缔非法收入，形成中间大、两头小的橄榄型分配结构，促进社会公平正义，促进人的全面发展，使全体人民朝着共同富裕目标扎实迈进。"[1] 再次强调了加大再分配调节力度，提高调节精准性的要求，并将其置于实现共同富裕之中、作为收入分配体系的组成部分，作为再分配调节的发力点。

虽然 2018 年税法修正有了较大改善，但 2018 年的税法修正也有局限性。2018 年的《关于〈中华人民共和国个人所得税法修正案（草案）〉的说明》[2]

---

① 习近平. 扎实推进共同富裕 [J]. 求是，2021 (20).

② 资料来源：刘昆. 关于《中华人民共和国个人所得税法修正案（草案）》的说明——2018 年 6 月 19 日在第十三届全国人民代表大会常务委员会第三次会议上 [R]. 全国人民代表大会常务委员会公报，2018 (5)：63 – 65.

中提出，"修改工作坚持突出重点，对现行个人所得税法不适应改革需要的内容进行修改，补充、完善保障改革实施所需内容。对其他内容，原则上不作修改"。也就是说，2018 年税法修正不是全面修订。当前来看，"十四五"规划时期已经过半，新的税法改革和完善政策尚未出台，后半期乃至未来"十五五"时期仍然面临个人所得税税制精细化的任务。

第三章
完善我国个人所得税制度的方向：
税收精细化[*]

我国个人所得税采取分类税制模式，在税收公平、税收征管以及发挥个人所得税应有功能诸方面存在较多弊端，都可以概括为税收精细化不足。分类税制模式是在我国个人收入水平不高、个人所得税潜力不大的经济发展阶段形成的，在一段时间内税收精细化不足的弊端虽然存在但表现并不明显，税收精细化的条件尚不成熟，成为制约落实综合与分类相结合的个人所得税制改革的关键原因。当前，我国经济发展阶段已经发生了明显变化，个人所得税税收潜力显著增加，而分类税制模式的弊端显性化，税收精细化的收益大于征管成本，税收精细化的条件逐渐具备。个人所得税是优良税制，但实践中个人所得税充分发挥作用需要税收精细化，税收精细化是充分发挥个人所得税作用的标志性条件，税收精细化是我国个人所得税税制存在问题的集中表现，我国个人所得税改革和发展的方向是税收精细化。

———————

* 原文以"我国个人所得税制改革：基于税收精细化的视角"为题，在 2017 年 12 月"天津财经大学财政与公共管理 2017 年年会暨地方政府扩权与现代财政制度建设学术论坛"会议分组会议上报告，并被收录在会议论文集中，是国家社科基金项目"完善再分配调节机制研究"的阶段性成果，同时感谢天津财经大学经济学院财政与公共管理系的邀请。本章内容在原文基础上进行了一些补充和修改，原文写于 2018 年税法修正之前，但该篇文章所提出的税收精细化方向仍有价值。

第一节　税收精细化是充分发挥个人所得税作用的标志性条件

一、个人所得税的性质和作用

个人所得税具有优良特性，具有成为国家筹集财政收入、进行收入分配调节和实施社会政策的广泛功能。

第一，个人所得税奉行净所得课税和生计收入①不纳税的原则，先进行经营性费用扣除，并在此基础上进行免征额扣除，使税收课征于个人净所得而且不侵蚀个人基本生活，被誉为良税。②

第二，个人所得税实行累进税率，使税收具有累进性，是调节收入分配、实现社会公平的财政工具。在累进性税率结构之下，高收入部分适用更高的边际税率，使高收入者的平均税率更高，形成税收累进性。个人所得税对居民收入分配调节作用通过对高收入者更多征税实现，被形象地称为"罗宾汉税"。

第三，个人所得税具有成为国家主体税种的潜力。个人所得税对个人所得课征，税基能够随着经济增长而扩大。个人所得是国民收入中分配给个人的生产要素报酬，各种费用扣除至多与个人所得同比例增长，应税所得额（即个人所得减除各种费用后的所得额）比个人所得增长更快。由于累进税率结构，新增应税所得额将适用更高边际税率，进一步使个人所得税税收以超过个人所得的速度增长，个人所得税税收的经济增长弹性充分，可以期望

---

① 从支出的角度看，免征额就是基本生活费用支出。

② 个人所得税存在免税所得和费用扣除制度，费用扣除包括经营性费用扣除、生计费用扣除和特许费用扣除。经营性费用指纳税人取得收入时发生的经营性支出，特许费用指国家为执行社会政策设立的税前扣除，生计费用扣除也称为免征额。经营性费用扣除的目的是计算净所得，免征额扣除的目的是实现纳税人生计收入不纳税，特许费用扣除的目的是执行社会政策。

成为国家的主体税种。

第四，个人所得税能够清晰反映国家与个人的分配关系。个人所得税是直接税，税收负担显性，能清晰反映纳税人的税收负担，反映国家与个人之间的分配关系。经济学分析表明，为获得既定数量的税收，个人所得税比商品税的税收额外负担更小。① 当然，累进性的高税率也会导致税收额外负担增加，② 从而存在降低边际税率的改革。经济发达国家经常面临税率调整，2000~2004 年，30 个 OECD 成员国的个人所得税税率平均降低了 3.1 个百分点（Owens，2006）。

第五，一些重要的社会政策可以通过个人所得税税制落实。个人所得税是筹集财政收入、进行收入分配调节的手段，也是执行社会政策的工具。个人所得税执行社会政策的突出手段是特许费用扣除和税收抵免（tax credit）。现代国家经常通过特许费用扣除实施发展社会保障事业、慈善事业等政策，我国允许一定额度的慈善捐款可以在税前扣除，也允许个人缴纳的社会保险费和住房公积金在税前扣除。税收抵免本来是一种避免国际双重纳税的制度，也被广泛用于执行社会政策，美国个人所得税的税收抵免项目较多，设立了各种可退还的税收抵免和不可退还的税收抵免，③ 执行促进就业、儿童政策、教育政策、老年政策、机会平等政策等（曹桂全，2017）。

二、优良个人所得税制需要税收精细化

个人所得税在实践中体现其优良特性和充分发挥其功能需要精细化的税制支撑，可以说，税收精细化是个人所得税充分发挥作用的标志性条件。反之，如果没有税收精细化，个人所得税就无法很好发挥作用。

第一，综合计征。个人所得税税基应当体现个人总体纳税能力，以实现

---

① 该分析基于税收对竞争性产品市场的价格而言，商品税将产生替代效应，产生产品价格扭曲，而所得税只有收入效应，没有替代效应。

② 如果考虑要素市场，个人所得税也产生闲暇对劳动的替代效应，从而产生劳动价格扭曲，因此过高税率也产生较大的税收额外负担。当工资水平较低的时候，个人所得税的替代效应不大。

③ 可退还的税收抵免是指抵免额超过税收时，政府向个人进行转移支付，从而具有社会保障的性质。

累进税率的功能。分类计征模式之下，不同所得分别计征，难以衡量纳税人总体纳税能力，难以权衡不同所得之间的税负。综合计征则能够衡量纳税人总体纳税能力，有利于实现各种费用扣除合理化，体现了税收精细化的要求。综合计征条件下，征管也需要精细化，税务机关需要核查纳税人不同来源所得，需要精细化的税源管理和征管技术。从个人所得税发展趋势看，世界很多国家普遍存在从分类计征向综合计征模式发展的经历。

第二，精细化的生产经营费用支出扣除。按照黑格—西蒙斯关于所得的定义，任何个人消费潜力增加都属于所得，而消费潜力减损则应当从所得中减除。[①] 生产经营费用扣除是个人所得税费用扣除的重要环节。经营性费用扣除方式有三种，即定额扣除（标准扣除额）、定比扣除（扣除所得的一定比例）和据实申报扣除（在经营性费用支出范围内据实申报），其中据实申报扣除最合理，体现了税收精细化要求。美国和英国个人所得税都允许按照据实申报扣除方法进行经营性费用扣除。

第三，精细化的免征额扣除。免征额应当相当于纳税人及其负担人口的基本生活费用支出，为实现充分而不过度的免征额扣除，需要确定一些社会经济指标和采取税收征管技术，也需要精细化。免征额要考虑纳税人负担人口数和负担人口的特征（如年龄、就业、健康等决定基本生活费用支出数量的因素），合理的免征额应当是标准化免征额（采取定额扣除）与差异化免征额（采取据实申报）相结合的方式确定（曹桂全，2017）。[②] 为保证税收累进性，美国和英国还设计了个人所得税免征额缩减制度，当纳税人收入超过一定水平时，免征额随着收入增加而递减，甚至递减为 0。按照英国2016 年税制，个人免征额（personal allowance）为 11 500 英镑，当纳税人调整后年净收入超过 100 000 英镑时，则每超过 2 英镑，个人免征额减少 1 英镑，当调整后净收入达到 123 000 英镑的时候，将没有个人免征额。[③]

---

① ［美］罗森和盖亚：财政学（第八版）［M］. 郭庆旺，赵志耘，译. 北京：中国人民大学出版社，2009：367 – 370.

② 美国个人所得税免征额有两个组成部分，一是纳税人个人免税额（personal exemptions），纳税人及其负担人口都可以获得一个固定数量的免税额，二是分项扣除额（itemized deduction）或者标准扣除额（standard deduction），纳税人自行选择其一，对于选择标准扣除额的，根据纳税人及其负担人口的年龄、健康等情形，还可以获得附加标准扣除额（additional standard deduction）。

③ 参见英国政府网：https：//www. gov. uk/income – tax – rates，2017 – 11 – 24。

第四，协调处理免税所得、免征额、特许费用扣除、税收抵免之间的关系。个人所得税税制要素中的经营性费用扣除、免征额扣除、免税所得、特许费用扣除和税收抵免项目有时是相互替代或相互补充的，需要统筹考虑。美国个人所得税同时规定了免税所得、经营性费用扣除（"线上扣除"项目）、个人免税额和标准扣除额或者分项扣除额、税收抵免，免征额制度复杂，税收抵免工具也被较多使用。与美国相比，英国个人所得税中的免征额单一，税收抵免项目也少得多，与英国实行较多的普惠性福利有关，各国可能面临不同的选择。

第五，实施税收指数化。税法规定的收入指标是名义值，如果不进行通货膨胀调整，必然导致税率等级爬升和通货膨胀税，客观上需要根据物价水平进行修正，维持税法规定的国家与个人的分配关系稳定。美国从1986年开始实施税收指数化，对税法中规定的个人免税额、标准扣除额、各种附加标准扣除额、税收抵免额、个人免税额和分项扣除额缩减门槛值、税率等级收入阈值等普遍进行年度指数化调整，并授权给国家税务局，而无须通过税法修正，免征额等税收指数化成为常规的、纳税人可以预期的事项。

第六，源泉课征与纳税申报相结合。在综合计征以及诸多费用扣除据实申报的条件下，纳税申报不可避免，是税收精细化的重要体现。但是，纳税申报并不能全部代替源泉课征，源泉课征作为征管成本较低的征收手段，能够保证税收及时入库，具有重要作用。日本所得税法共六编，其中专编规定源泉课征。① 每年4月15日前美国纳税人需要完成纳税，但并非一次缴税，对于部分应税收入，支付人向纳税人支付时应履行代扣代缴义务，并在年度终了向税务部门和纳税人提供信息表。英国个人所得税实行累积性源泉扣缴，很多纳税人无须再进行年度汇总申报，体现了征管技术的进步（万莹，2007）。

第七，纳税服务和严格征管相结合。精细化的综合税制模式、精细化的费用扣除和纳税申报必然给纳税人带来较高的纳税成本，如果纳税人既要纳税，又要全部承担这些纳税成本，将不利于实现税收遵从。为此，一方面，税务机关应当提供很好的纳税服务，降低纳税成本，更好实现纳税遵从；另

---

① 日本国所得税法［M］.陈汝议，武梦佐，译.北京：中国展望出版社，1984.

一方面，税务机关应当严格征收，实施对偷逃税款者严格惩罚。税务机关提供良好的纳税服务和严格征管相结合，也是税收精细化的重要组成部分。

三、个人所得税税收精细化发挥作用的制约因素

实践中，各国个人所得税税制存在较大差别，也并非起到同等作用。澳大利亚等30个OECD国家个人所得税收入占税收比重的平均数为24.9%，占比最高的丹麦达到了53.1%，最低的斯洛伐克则为10.8%（Owens，2006）。各国个人所得税发挥的再分配调节作用也不尽相同，丹麦等12个OECD国家中，再分配效应最小的法国只有4.78%，而最高的芬兰达到了16.09%（Wagstaff，1999）。发展中国家的个人所得税规模则很小，税收再分配调节作用也小（Goni et al.，2008）。这表明，个人所得税税收精细化以及个人所得税发挥作用的程度，受制于一国的收入水平、国家税种结构、财政职能目标以及相应的认识因素。

第一，国家的经济发展水平和个人收入水平。如果一个国家的经济发展水平和个人收入水平不高，个人所得税税收潜力不大，符合条件的纳税人不多，税收精细化徒增税收成本，相对简化的税制是合理的选择。发展中国家个人所得税地位和作用弱，显然是受到这个条件的限制。[①]

第二，国家建立的税种结构。假定一个国家与人民之间的分配关系即宏观税负既定，那么，如果其他税收税率高、规模大，个人所得税税率就可以低一些、税收少一些。同样是经济发达国家，美国更加重视个人所得税和社会保障税，分别占总税收的37.7%和26.1%，而法国更加重视社会保障税和增值税，分别占总税收的39.5%和25.4%，而个人所得税仅占17.3%（Owens，2006），其作用相对较弱。

第三，国家的财政职能目标。所有税收之中，只有个人所得税具有较强的再分配调节作用。如果一个国家不注重税收的收入分配调节，个人所得税

---

① 黄凤羽（2010）认为，在我国居民收入水平偏低的条件下，个人所得税应当有所为、有所不为，注重对高收入者调节而不必强调达到很高的个人所得税再分配调节效果，也是基于这个道理。

税率累进性不高，整体税率水平也不高，个人所得税的作用就会相对小。相反，如果一个国家个人收入水平较高，且重视收入分配调节，个人所得税就将受到重视，成为主体税种。

第四，一个国家建立何种税收结构以及实现何种财政职能，不仅受制于经济发展客观条件，也与各国社会发展指导思想有关。例如，先增长、后分配就是一些发展中国家的关于发展指导思想，在这种条件下，个人所得税就不会得到重视，更无所谓税收精细化，也就无法充分发挥其作用。

个人所得税理论上是优良税种，也具有发挥其功能的潜力，但不同国家的经济发展和个人收入水平、税种结构安排、财政职能目标和社会发展指导思想制约个人所得税税收精细化程度，也制约个人所得税实际的地位和作用。只有当一个国家具有较高的个人收入水平，将个人所得税置于国家税收结构重要地位，重视居民收入分配调节，税收精细化才值得和被实施，个人所得税也才能充分发挥其潜力。税收精细化是个人所得税更好发挥作用的标志性条件，在不具备个人所得税更好发挥作用的条件下，非精细化也是一个合理的选择，而在具备个人所得税更好发挥作用的条件下，则应当推进税收精细化，更好发挥个人所得税作用。

第二节　我国现行个人所得税税制特征与实施效果

一、现行个人所得税税制的特征①

我国重视个人所得税，力图建立流转税和所得税并重的双主体税种结构。1980 年，我国颁布了《中华人民共和国个人所得税法》，1986 年颁布

---

① 本章关于我国个人所得税特征的阐述基于 2018 年 10 月税法修正之前的我国个人所得法及相关制度。2018 年 9 月，我国个人所得税税法进行了第七次修正，已经调整为分类与综合相结合的税制模式，增设了附加专项扣除，税收精细化迈出新步伐。但是，本章提出的更多改革和发展内容，尚未实现。

了《中华人民共和国个人收入调节税暂行条例》，1993 年，《中华人民共和国个人所得税法》进行第一次修正，形成现行税法框架。1999 年 8 月、2005 年 10 月、2007 年 6 月、2007 年 12 月、2011 年 6 月五次进行个人所得税税法修正，但没有改变 1993 年税法框架。

我国个人所得税税制规定了应税所得、免税所得、计征模式、费用扣除、税率结构、税收优惠、税收征管的内容，有七个方面的税制特征。

第一，实行分类税制模式，并以工资薪金所得为重点。我国个人所得税税法列举 11 类所得，分别规定了其所得确认方法、费用减除标准、适用税率，是典型的分类税制模式。根据立法时的实际情况，税法的重心置于工资薪金所得。

第二，免税所得规模大，政策性强。《中华人民共和国个人所得税法》规定了 10 类免税所得，种类较多。实践中，个人来自政府的转移性收入大多属于免税所得，其中数量最大的是养老金收入。与其他国家相比，免税所得是我国通过个人所得税实施社会政策的主要工具。

第三，各项费用扣除概念模糊。我国个人所得税税法中出现了"费用""成本、费用以及损失""必要费用"和"合理费用"等用语，但没有明确区分免征额和经营性费用支出扣除，一些所得实际上缺乏免征额或者经营性费用支出扣除的规定。当前工资薪金所得允许每月扣除 3 500 元，一般理解为免征额，[①] 但缺乏经营性费用扣除的规定。对于个体工商户经营所得，税法规定允许减除成本、费用、损失，应当属于经营性费用扣除，而对于个体户业主、投资人允许其本人每年扣除必要费用 42 000 元，相当于每月 3 500 元，显然类似于免征额。对于劳务报酬所得、稿酬所得、特许权使用费所得、财产租赁所得，允许每次收入减除费用 800 元或者 20% 的费用，应当属于经营性费用扣除。税法规定的财产转让所得，允许减除财产原值和合理费用，也显然是经营性费用扣除的范畴。那么，除了工资薪金所得、个体户经营所得、企业承租经营所得之外，其他所得没有免征额的规定。

第四，实行单一标准化纳税人免征额。我国个人所得税没有具体规定逐

---

① 资料来源：金人庆. 关于《中华人民共和国个人所得税法修正案（草案）》的说明——2005 年 8 月 23 日在第十届全国人民代表大会常务委员会第十七次会议上［R］. 全国人民代表大会常务委员会公报，2005（7）：627－628.

人减除的负担人口免征额以及附加免征额，也没有免征额递减机制①②。我国工资薪金所得免征额参照全国城镇居民的人均消费支出确定，采取了完全单一化纳税人免征额，而没有考虑纳税人及其负担人口的年龄、健康、婚姻状况等应当加以考虑的因素，也没有考虑纳税人实际负担的人口数（曹桂全和仇晓凤，2016）。与理想的个人所得税税制相比，我国个人所得税免征额没有据实申报扣除方式，也没有免征额缩减制度。

第五，免征额采取集中性、大规模调整方式。我国个人所得税税法的六次修正中的三次涉及工资薪金所得免征额调整。2006 年之前，工资薪金所得纳税人免征额一直固定为每月 800 元，之后从 2006 年 1 月起调整为 1 600 元，从 2008 年 3 月起调整为 2 000 元，从 2011 年 9 月起调整为 3 500 元，但经历了 2012 年、2013 年、2014 年、2015 年、2016 年，当前仍没有再次进行调整。这种调整方式属于免征额采取累积性调整方式（曹桂全和仇晓凤，2016），着眼于一个固定免征额在若干年总体上是否适当而不是逐年是否适当，显然不是精细化的。我国个人所得税免征额没有采取逐年的指数化调整，而且其他名义值（比如税率等级收入阈值）并没有任何调整。

第六，费用扣除多采取定额扣除和比例扣除，据实申报扣除少。如上所述，免征额采取单一免征额标准，没有任何据实申报扣除。对于个体工商户生产经营所得、企业承包租赁经营所得、财产转让所得，税法仅对经营性费用扣除做出据实申报扣除的原则性规定，实践中较多依赖于税务机关核定。对于稿酬所得、劳务所得、特许权使用费所得、财产租赁所得的经营性费用扣除，属于定额扣除和定比扣除，没有采取据实申报扣除的方式。

第七，实行代扣代缴为主的课征模式，注重工资薪金所得税征收。根据现行税法，在征管方面，取得收入的个人为纳税义务人，支付所得的单位或者个人为扣缴义务人；个人年所得超过 12 万元的，以及在两处以上取得工资薪金

---

① 资料来源：金人庆. 关于《中华人民共和国个人所得税法修正案（草案）》的说明——2005 年 8 月 23 日在第十届全国人民代表大会常务委员会第十七次会议上 [R]. 全国人民代表大会常务委员会公报，2005（7）：627－628.

② 资料来源：谢旭人. 关于《中华人民共和国个人所得税法修正案（草案）》的说明——在 2007 年 12 月 23 日在第十届全国人民代表大会常务委员会第三十一次会议上 [R]. 全国人民代表大会常务委员会公报，2008（1）：89.

所得或者没有扣缴义务人的，纳税义务人应当办理纳税申报。这种申报制度实际上是源泉课征为主，个人纳税申报为辅的纳税制度。由于纳税人征信机制不完善，税务机关难于掌握所有个人年所得超过 12 万元的纳税人信息和没有代扣代缴义务人的所得信息，过分依赖代扣代缴，征收重点实际上是工资薪金所得。

第八，个人所得税从地方税种改革为中央和地方共享税种，由地方税务机关征收。2002 年之前，我国个人所得税收入是地方收入，由地方税务机关征收。2002 年起，个人所得税改革为中央和地方共享税种，自 2003 年起，中央共享60%，但仍由地方税务机关征收。①

二、个人所得税的实施效果

2000 年以来，我国个人所得税收入显著增长，在国家财政和税收结构中的作用增强，对收入分配起到一定的积极调节作用。但与发达国家相比，我国个人所得税规模仍然明显偏小，主体税种的地位不突出，无论在筹集财政收入方面还是在居民收入分配调节方面，个人所得税的地位和作用都比较有限。

2000 ~ 2016 年，我国个人所得税税收从 659.64 亿元增加到 10 089 亿元，年均增长 18.58%，从占 GDP 的 0.66% 增长到 1.36%，从占税收总收入的 5.24% 增长到 7.74%，显示了个人所得税具有经济增长弹性的特征，在国家税收中的作用增强。但由于国家税收总收入增加也很快，个人所得税主体税种地位不突出。2015 年，国内增值税、国内消费税和营业税收入之和为 60 964.47 亿元，占总税收的 48.8%，其中国内增值税占 24.9%，企业所得税和个人所得税收入之和占 28.62%，其中个人所得税仅占 6.9%。2016 年，公共预算中的税收总收入中，国内增值税、消费税之和占总税收的 39.07%，其中国内增值税占 31.23%；企业所得税和个人所得税收入之和占 29.87%，其中个人所得税仅占 7.74%②。个人所得税规模和在国家税收中的地位有所增强，但在总税收中的占比 16 年仅提高 2.5 个百分点；与

---

① 2018 年我国国税和地税合并，这个情况已经改变。
② 国家统计局：http://data.stats.gov.cn/，2017 - 11 - 22，其中 2016 年的数据来源于财政部：http://gks.mof.gov.cn/zhengfuxinxi/tongjishuju/，2017 - 11 - 22。

经济发达国家相比，我国个人所得税占税收的比重不仅低于澳大利亚等30个 OECD 国家个人所得税占总税收比重的平均数（25.7%），而且低于其中个人所得税占比最低的斯洛伐克（10.2%），与美国37.7%和英国29.8%的个人所得税占比相差更大。

　　个人所得税对居民收入分配调节作用较弱。根据彭海艳（2011）、石子印和张燕红（2012）、岳希明和徐静（2012）、徐建炜等（2013）以及曹桂全和任国强（2014）的测算，个人所得税对城镇居民收入的再分配效应估计为范围为1%以下到4%。由于研究样本、个人所得税纳税额数据选取和测算方法的差异，测算结果不一[①]，但个人所得税的收入分配调节作用较弱的结论符合我国实际。从动态角度看，我国个人所得税税制基本稳定，个人所得税占 GDP 比重有所上升，个人所得税再分配调节作用必然有所增强。岳希明等（2012）和徐建炜等（2013）发现，受我国个人所得税免征额调整的影响，免征额调整年的个人所得税再分配效应会比上一年下降，并认为免征额调整恶化了个人所得税再分配效应。我们认为，个人所得税免征额累进性调整的确会引起个人所得税再分配效应的波动，但调整后的免征额不是适用一年，不能因为免征额调整年的个人所得税再分配效应下降就推断免征额调整整体上弱化或者恶化个人所得税再分配效应，个人所得税再分配效应波动不影响个人所得税再分配效应增强的总体趋势。

　　我国个人所得税在税种结构中的地位不高，收入分配调节作用较弱，不仅受居民收入水平较低、税收精细化不够的制约，也与征管制度不健全、征管不严格有关。一些文献估计，我国个人所得税征收率只有50%左右（刘黎明和刘玲玲，2008；李一花等，2010；晏华等，2016）。

第三节　我国个人所得税精细化不足及其影响

　　我国个人所得税地位和作用有限，根本的制约因素是我国长期处于发展

---

　　① 我国个人所得税再分配效应的样本和个人所得税缴纳额数据来源不同，测算样本多使用全国城镇或者个别省份城镇住户，个人所得税缴纳额分别使用宏观分组数据、住户调查数据中住户填报的个人所得税缴纳额、根据住户调查数据模拟测算的个人所得税缴纳额。

中国家，人均 GDP、人均居民收入较低，税收潜力不大（黄凤羽，2010；曹桂全和任国强，2013）。但也应当看到，税收精细化不足既与该经济发展阶段相适应，又反过来制约了个人所得税有效发挥作用，并成为在新的经济发展阶段提高个人所得税地位、发挥个人所得税作用的障碍。

一、分类计征不符合税收精细化要求[①]

分类税制模式之下，个人不同来源所得分别计征，税收征管简便易行，征管成本较低，在居民收入主要来源于工资薪金所得的条件下，分类计征的弊端并不突出。但是，在当前居民收入逐渐提高、收入来源多样化的条件下，其弊端逐渐显露。

个人所得税是对个人所得征收而不是对所得征收，客观上需要综合计征。分类税制模式之下，个人所得税实际上演变为对所得征收，只见所得不见人，不能对纳税人的各种来源收入加总，不能形成衡量纳税人纳税能力的收入指标，不能统一适用税率表，不利于形成税收累进性和进行收入分配调节。由于只见所得不见人，分类税制模式不利于实现纳税人免征额扣除。我国个人所得税规定了工资薪金所得的免征额，并且将该免征额实际适用于个体户生产经营所得、企业承包租赁经营所得，但是对于只有劳务报酬等其他收入的纳税人，则没有规定免征额。随着市场经济体制改革，居民收入多元化，依赖非工资薪金所得作为独立收入来源的纳税人增加，没有相应的免征额是不公平的。分类税制模式之下，如果不规定各种来源所得的免征额，部分纳税人将得不到免征额待遇；如果对各类所得分别规定免征额，则有不同来源所得的纳税人就会重复扣除免征额，这就陷入两难境地，解决之道唯在实行综合税制模式。

分类计征重视所得来源，采取源泉课征方法，采取单一标准化免征额，无法充分考虑纳税人负担人口的基本生活费用支出，按照城镇就业人员平均

---

① 2018 年税法修正后，综合计征范围为工资薪金所得、劳务报酬所得、稿酬所得和特许权使用费所得，范围相对狭窄。

负担人口数加以考虑，而不是按照纳税人实际负担人口数予以考虑。① 为了保证税收及时入库，对工资薪金所得按月计征个人所得税，导致一年之内各月收入不均匀的纳税人税负更高，明显不合理，而综合计征必然是按年计征的，则能避免这个问题。

二、过多使用免税所得政策

我国个人所得税免税注重使用免税所得政策，但免税所得范围过宽，不注重各种税收政策工具的协调使用。尤其是养老金收入、住房公积金收入一律免税，不利于增加个人所得税税收，也不利于收入分配调节。按照现行税法，职工及其单位缴纳的养老保险、住房公积金允许在税前扣除，同时个人领取的养老金收入、住房公积金收入属于免于课征个人所得税的范畴，使养老金收入、住房公积金收入游离于个人所得税之外，有损税收普遍性。我国城镇居民收入中转移性收入约占1/4②，其中主要是养老金收入，而且转移性收入本身差距较大，个人所得税拒绝对其进行调节，必然弱化个人所得税再分配效应。③

在低工资制度的条件下，我国相关政策规定离退休工资和养老金按照免税所得对待主要考虑老年人基本生活费用支出需要的特殊性，政策方向是合理的。但是，一律免税的政策没有考虑不同老年人健康状况和收入水平的差异，一律实行免税政策是粗糙的，是缺乏政策工具协调、税收精细化不够的

---

① 一种观点认为，我国个人所得税没有考虑纳税人负担人口，并归结为没有以家庭作为课征单位，这不符合实际。我国个人所得税考虑了纳税人负担人口，但是采用平均化方式考虑。如果能实际地考虑纳税人负担人口，并不一定需要按家庭计征。以家庭为单位计征，主要目的允许夫妻联合报税从而合理避免过高税负。

② 2012年，转移性收入占城镇居民可支配收入的25.92%，占城镇居民总收入的23.62%。之后，国家统计局没有公布该数据。国家统计局：http：//data. stats. gov. cn/1，2017 – 11 – 23。

③ 2013年，我国城乡住户十等分组中，离退休金、城镇居民养老保险收入、报销医疗费占比分别从最低收入组的占社会保障支出的0.47%、0.48%、3.63%扩大到最高收入组的38.49%、22.7%、42.81%，表明居民社会保障收入并没有倾向于低收入群体，对于高收入群体取得这些社会保障收入不课税，必然不利于缩小收入差距。资料来源：北京师范大学中国收入分配研究院课题组.
"十三五"时期收入分配格局的变化及其对经济社会的影响［R］. 中国经济改革研究基金会资助课题研究报告，2017年7月。

表现。免税所得政策可以用更精细化、更合理的方式替代之，例如，可以设计老年人附加免征额、据实申报的医疗费扣除等。

三、经营性费用支出扣除不完善

我国个人所得税税法没有明确的经营性费用支出扣除的概念。对于工资薪金所得，税法规定的减除费用应当属于免征额，但缺乏经营性费用支出扣除。对于个体工商户生产经营所得，允许扣除的成本、费用和损失，属于经营性费用扣除，政策方向是正确的，但实践中较多采取核定征收方式。对于劳务报酬所得、稿酬所得、特许权使用费所得、财产租赁所得，允许的费用减除属于经营性费用支出扣除，但采取了定额扣除或者定比扣除的方式，主要是方便征收，是粗线条的规定。

四、单一标准化免征额不利于实现免征额价值

我国免征额调整成为个人所得税改革的热点，是有客观原因的。首先，参照城镇居民消费支出确定免征额是在缺乏居民基本生活费用支出标准条件下的一种替代性选择，是粗糙的。2006 年我国进行个人所得税免征额调整参照城镇居民人均消费支出具有一定适当性，因为由于居民消费水平不高，主要是满足基本生活需要。但随着经济增长和居民收入水平、消费水平提高，参照城镇居民人均消费支出确定免征额将导致免征额偏高[1]，这种做法需要改变。

其次，单一标准化免征额是完全平均化的，缺乏考虑纳税人及其负担人口基本生活费用支出实际，不能充分实现免征额价值。按照全国城镇职工负担的消费支出确定免征额，实际上将个人基本生活费用支出平均化、纳税人负担人口数平均化，忽视了个人基本生活费用支出差异和纳税人负担人口差

---

[1] 假定一般实际居民基本生活消费支出为每月 1 500 元（年 18 000 元），如果经济体制稳定，该指标也应当稳定，免征额依此确定，逐年仅需进行税收指数化调整。而居民消费支出是持续提高的，参照人均居民消费支出确定免征额，必然导致免征额与基本生活费用支出偏离，当居民消费水平较低时（如每月 800 元），免征额将偏低；当居民消费支出较高时（如每月 2 000 元），免征额将偏高；只有居民消费支出是每月 1 500 元时，免征额才是恰当的，这是很偶然的，只能持续很短的时间。

异，难以实现免征额的充分和适当扣除，扣除不足和扣除过度并存，导致纳税人之间税负不公平（曹桂全和仇晓凤，2016）。现行税制采取平均化的做法，主要是便于源泉课征。在国家实施范围较宽的福利制度条件下，这种方法问题不会很大，而在市场经济体制改革之后，负担人口多、基本生活费用支出高纳税人的免征额扣除将明显不足，单一标准化免征额弊端突出。

最后，我国个人所得税缺乏对高收入者免征额限制，不能很好协调免征额与累进税率结构的关系。2011年9月我国工资薪金所得免征额调整后，一些研究者发现，免征额调整可能给某些高收入者带来更多的减税利益（徐建炜等，2013；贾康和梁季，2016），造成一定的不公平。免征额调整与累进税率结构之间存在一定的冲突，低收入者适用税率低，免征额提高带来的减税数量可能较少，而高收入者适用税率高，免征额提高带来的减税数量可能较多，这个问题是存在的，而纳税人免税额缩减制度是协调累进税率结构和免征额关系的政策工具。与英国、美国等国家相比，我国缺乏纳税人免征额缩减制度，也是精细化不足的体现。

五、免征额调整方式弊端严重

免征额累积性调整方式不利于实现免征额价值。2006年前，工资薪金所得免征额长期固定，严重脱离实际，一些地方政府鉴于每月800元的费用扣除过低，自行提高了扣除标准。经过个人所得税税法修正，工资薪金所得免征额分别从2006年1月、2008年3月、2011年9月进行调整，分别比上一年提高了100%、25%和75%，但显然一年居民基本生活费用支出不可能有如此幅度的增长，免征额实际调整与应有调整之间存在很大差异。其结果是，免征额调整前的若干年，免征额偏低，而免征额调整后的若干年，免征额偏高，免征额经常不适当。免征额调整年的免征额严重过度而前一年免征额严重不足，调整年税收不足而前一年税收过度，从而可能出现调整年税收比前一年下降，2012年个人所得税税收比2011年下降明显受此影响。[①] 采

[①] 2011年，全国个人所得税收入6 054.11亿元；2012年，全国个人所得税收入5 820.28亿元，出现税收第一次下降。

取累积性调整方式，把几年积累起来的数量集中起来一并进行调整，总体上、宏观上可能是合理的，但将导致逐年免征额不适当，也不利于税收持续稳定增长，[①] 存在严重弊端。

除了免征额之外，我国个人所得税还没有建立税率等级收入阈值以及劳务所得等的定额费用扣除的调整机制，在通货膨胀的条件下将导致税率等级爬升，加重税负。

六、征管制度有待加强

我国个人所得税征管以源泉课征为主，征管不到位，征收率低。个人收入税源管理和征信制度尚不健全，对于工资薪金所得采取源泉课征，征管相对严格。对于非源泉课征的所得，经常采取核定征收方法，随意性较大。一些地方政府为招商引资，采取规定某些收入免税或者先征后返的政策，减少了税收，降低了个人所得税再分配调节能力。

因此，与居民收入水平总体不高相适应，我国个人所得税实行缺乏精细化的分类税制模式，各种税制要素设计粗线条、粗放化，征管成本较低，但征收率不高，个人所得税税收规模不大，收入分配调节能力弱，个人所得税地位和作用不突出。随着经济体制改革推进，居民收入来源多样化，个人所得税税负不公平问题日益突出，既不利于国家税收正常增长，也不利于发挥收入分配调节作用，迫切需要改革。

第四节　以税收精细化为着力点推进
个人所得税制改革

当前，我国经济发展处于新阶段，提升个人所得税地位和作用的条件已经具备，中央明确了提高直接税比重、加强个人所得税再分配调节作用、推

---

① 详细分析可参见第四章。

进综合与分类相结合个人所得税制改革的任务。现行税制的问题集中体现在税收精细化不足上，实行综合与分类相结合的税制需要通过税收精细化加以落实。应当以提高个人所得税地位和作用为目标，按照综合与分类相结合税制的要求，以税收精细化为着力点，推进个人所得税改革。

一、税收精细化是个人所得税制改革和发展的基本方向

税收精细化和综合与分类相结合的税制改革是一致的，综合与分类的税制改革需要通过税收精细化来落实。与分类税制模式相比，综合与分类相结合的税制改革总体上就是一种税收精细化，从分类税制模式向综合与分类相结合的税制模式转变，本身就是一个从税收精细化不足到税收精细化的转变。税制模式处于龙头地位，我国提出实行综合与分类相结合的个人所得税制，抓住了税制改革的"牛鼻子"，是个人所得税改革的基本遵循。但是，综合与分类相结合的税制改革不能限于计征方式改革，也要全面推进经营性费用扣除、免征额、特许费用扣除的改革，要协调运用免税所得、特许费用扣除和税收抵免等工具执行社会政策，需要全面推进税收精细化。

应该看到，在现有税制框架内进行个人所得税改革和完善已经进入进退维谷的境地，要更好发挥个人所得税作用，就要实行综合与分类相结合的税制，推行税收精细化。以免征额调整为例，调整是客观需要，调整比不调整好，但前面分析表明，在现有制度框架内进行调整的弊端很多。不改变分类税制模式，不严格界定经营性费用扣除、免征额扣除和特许费用扣除，不实行标准化与差异化相结合的免征额，不实行纳税申报，不实施税收精细化，个人所得税存在的深层次问题就无法得到解决。

从经济发达国家的税收改革实践看，20世纪80年代以来，发达国家曾以"简税制、低税率、宽税基"为导向进行税制改革，税收精细化是不是不符合世界潮流？改革针对体制的弊端以及结合当前形势的需要进行。我国个人所得税的突出表现是精细化不够而不是过于繁杂，不是边际税率过高而是要加强对高收入者的税收调节，与发达国家面临的问题不同，改革的方向应当有所不同。解决问题需要从实际出发，推进税收精细化是解决我国个人所得税问题的必要选择。

二、实施税收精细化的客观条件已经具备

按照世界银行关于经济体收入划分标准，我国属于中等偏上收入的国家，国民收入分配开始向个人收入、劳动收入倾斜，个人收入来源普遍多样化，国家提出了提高直接税比重、加强税收收入分配调节的政策目标，政策环境已经具备。从个人所得税税收潜力看，提高个人所得税在税种结构中的地位也具有可行性。2016 年，按全国居民五等份收入分组，低收入组、中等偏下收入组、中等收入组、中等偏上收入组、高收入组的年人均可支配收入分别为 5 529 元、12 899 元、20 924 元、31 990 元、59 259 元。[①] 按照就业人员负担人口平均数为 2 计算，中等偏上收入组和高收入组中就业人员的月可支配收入分别为 5 331.67 元和 9 876.5 元，按照当前工资薪金所得税测算，人均月纳税分别为 86.85 元和 900.38 元，两该组就业人员数均为 13 827.1 万人，占总人口的 20%，占就业人口的 40%，组年纳税分别为 1 041.09 亿元和 14 939.49 亿元，总计年纳税额为 15 980.58 亿元，将占税收收入的 12.26%，[②] 无论是潜在收入水平和合格纳税人数都为提升个人所得税地位和作用提供了基础。随着未来经济增长和居民收入提高，可以期望个人所得税在税种结构中的地位可以达到 OECD 中一些国家的水平。[③] 2015 年，全国城镇单位就业人员人均工资达到 62 029 元，[④] 超过工资薪金所得免征额，即使再扣除社会保险缴纳（按 20% 费率计算），总体上仍然达到纳税水平，奠定了税收规模扩大的基础，也是税收精细化的基础。

[①] 国家统计局：《2016 年国民经济和社会发展统计公报》，http：//www. stats. gov. cn/，2017 - 11 - 25。

[②] 组人均纳税额根据税后收入逆推得到，高收入组月税后收入为 9 876.5 元，应当适用 20% 边际税率，速算扣除数为 555 元，可以得到人均月纳税 900.38 亿元。低收入组、中等偏下收入组以及中等收入组不发生纳税。按照组均收入估计的纳税额应该偏低，但仍然超过实际纳税额（10 089 亿元），说明个人所得税税收潜力很大。

[③] 除了斯洛伐克的个人所得税占总税收比重为 10.2% 之外，捷克为 12.8%，韩国为 12.8%，希腊为 14%，卢森堡为 16.2%，法国为 17.3%。参见 Jeffery Owens（2006）。

[④] 国家统计局：国家数据网站，http：//data. stats. gov. cn/，2017 - 11 - 25。

三、税收精细化的重点

推进综合与分类相结合的个人所得税税制改革，应当按照税收精细化的要求，完善税收制度。

第一，明确应税所得，减少免税所得，拓宽税基，为扩大个人所得税规模打下基础。要强化税收普遍性，对不同来源的所得普遍课税，减少免税所得项目，规定除明确列举免征所得税项目外，一律课征。我国现行个人所得税将国债利息、保险理赔款、社会救济和社会福利列入免税所得是合理的，但是对个人养老金收入和公积金收入"一刀切"地免征个人所得税，并不符合税收普遍性原则。争议比较大的可能是养老金收入。老年人具有特殊性，应当予以照顾。现行税制实行平均化的免征额，没有对老年人给予考虑，将养老金收入作为免税所得的政策是一个替代性选择，但并不是必然的。在税收精细化条件下，对老年人的照顾可以通过增加老年人的免征额以及其他特许费用扣除实现，而不必采取免税政策。当税法能够区分对待纳税人及其负担人口的不同年龄时，可以用更合适的税收制度替代免税所得政策，这应当是个人所得税税制改革的重要内容之一，例如，对于老年人增加一定数量的附加免征额扣除，也可以使老年人的起征点提高和税负降低，从而实现对老年人的照顾。

第二，推行综合计征，保留少数特别收入分类征收，以更好地衡量纳税人纳税能力和形成税收累进性。综合与分类计征的核心是对个人所得综合计征，使综合所得能够衡量纳税人纳税能力，这需要对纳税人多数来源所得实行综合计征。实行分类计征的，仅适用于年度收入不确定性强或者具有特殊性质的所得，如资本利得、偶然所得。综合与分类的选择要着眼于前瞻性，使综合计征涵盖所有纳税人，有利于纳税人免征额扣除计算，避免对不同所得纳税人分别规定免征额。有财产性收入的居民增长、居民财产性增加将是未来趋势，确定性的财产性收入应当实行综合计征，不宜简单按照劳动（性质）所得和资本（性质）所得作为划分综合计征和分类计征的依据。当然，综合计征的划分并等于相应的各种收入完全同等对待，各种收入的经营性费用扣除应当是有差别的，综合计征需要与费用扣除等制度综合起来。

第三，区分经营性费用扣除和免征额扣除，完善经营性费用扣除制度，使应税所得额体现净所得。要改变当前税法费用扣除概念模糊的现状，明确区分免征额和经营性费用扣除，区分不同所得，分别规定可以扣除的经营性支出项目。工资薪金所得应当允许扣除交通费等费用支出，经营性和财产性所得应当允许扣除成本费用支出。减除经营性费用支出的所得，为净所得，应当是衡量纳税人纳税能力的核心指标，作为纳税人税收待遇的基础。

第四，改变参照城镇居民消费支出确定免征额的做法，按照标准化免征额与附加免征额相结合为主、据实申报的分项免征额为辅的原则，完善免征额制度。一是要改变参照城镇居民人均消费支出确定免征额的做法，科学确定居民基本生活支出项目和支出标准，作为确定免征额的依据，这是一项重要的国家课题，应当引起重视。二是要改变当前单一纳税人标准化免征额，充分考虑影响纳税人基本生活费用支出实际的年龄、健康、婚姻等因素以及实际负担人口数，设立三个层次的免征额。第一个层次是标准化个人基本免征额，为正常情况下个人的基本生活费用支出，纳税人负担人口每人一份，如每年个人基本免征额 20 000 元。第二个层次为附加标准化免征额，为符合一定年龄、健康状况等条件的纳税人负担人口的免征额，以体现对基本生活费用支出高于正常情况的照顾。第一个、第二个层次的免征额应当能够涵盖多数纳税人的基本生活费用支出。第三个层次为据实申报的分项免征额，对于基本生活费用支出项目范围内的重要支出项目（如医疗费用支出），如果纳税人个人基本免征额和附加标准化免征额仍不能涵盖之，可以对超过部分据实申报扣除。如可以规定纳税人医疗费用支出超过 10 000 元的可以对超过部分申报扣除。以一个三口之家为例，一个人发生纳税义务，纳税人个人基本免征额为 60 000 元，没有附加标准化免征额，医疗费用支出 20 000 元，可以额外申报扣除 10 000 元，纳税人免征额为 70 000 元。① 这种免征额由标准化免征额与差异化免征额构成，能够更好实现免征额价值。三是引入免征额缩减机制，解决累进税率结构与免征额之间冲突。对于净所得超过一定标准的纳税人，其免征额应当进行缩减，且使净所得达到某个水

① 纳税人免征额为纳税人负担人口免征额之和。

平后，免征额缩减到0。例如，对于当前适用工资薪金所得35%税率的纳税人，其年净所得达到702 000元，① 可以考虑开始实行免征额缩减。

第五，合理选择政策工具，更好利用个人所得税实施社会政策。个人所得税是实施社会政策的重要载体，应当加强。我国现有个人所得税税制中的慈善捐献、个人缴纳的社会保险和住房公积金的税前扣除制度可以继续执行，明确列入特许费用扣除项目，但在个人取得养老金、住房公积金收入的时候，应当计入综合所得纳税，使个人所得税养老保险、住房保障采取递延纳税的政策予以支持。引入税收抵免政策工具，支持学前教育、高等教育、就业促进，对符合条件的纳税人分别设立一定额度的税收抵免额。我国居民学前教育负担较重，而"幼有所育"是保障民生的重要方面，② 可以考虑为纳税人设立学前教育税收抵免额，每个学前儿童设立每年2 000元的税收抵免额，增强纳税人学前教育的支付能力和支付意愿。③

第六，适当引入据实申报扣除。任何费用扣除都有据实申报扣除、标准（定额）扣除和按比例（定比）扣除三种方法，标准扣除和比例扣除征收成本比较低，但无法照顾纳税人的一些实际情况。应当在经营性费用扣除、免征额扣除和特许费用扣除中，适当引入据实申报扣除，解决标准扣除和比例扣除导致的不公平问题。如上所述，经营性费用支出应当采取据实申报扣除方法，对于少数纳税人可以采取免征额据实申报的扣除方法，对于特许费用扣除主要采取据实申报扣除的方法。

第七，参照现行工资薪金所得税率表确定综合所得的税率结构。与世界经济发达国家相比，我国现行工资薪金所得税率表考虑了对低收入少课税的政策导向，也强调对高收入者的收入分配调节，边际税率递进较快，累进性

① 按照我国现行个人所得税，工资薪金所得的月应税所得额为55 000～80 000元的，适用35%的边际税率。由于每月费用扣除为3 500元，每月收入达到58 500元的（不考虑社保缴费扣除），年所得为702 000元，可以考虑作为免征额缩减的门槛值。

② 党的十九大报告提出，"在幼有所育、学有所教、劳有所得、病有所医、老有所养、住有所居、弱有所扶上不断取得新进展"。

③ 假定纳税人当前工资收入为每月8 000元，扣除社会保障缴纳1 600元和免征额3 500元，应税所得额3 900元，年应纳税额为3 420元，税收抵免使净纳税额为1 420元，纳税负担减少58.48%。对于高收入纳税人，税收抵免减少的税收负担将更少，从而使收入相对较低的家庭能够更好为学前教育支付。

较好,① 可以作为综合所得的税率表,以落实个人所得税调节收入分配的政策目标。

第八,实施税收指数化。我国社会保障制度改革、物价改革基本到位,居民个人负担的基本生活项目基本稳定,个人所得税税法中的免征额等名义收入也将相应稳定,除政策调整之外,免征额等名义收入调整将主要适应物价变化,采取税收指数化的条件已经具备。为此,应当改变过去集中性、大规模免征额调整方式,对免征额进行年度税收指数化调整。同时,除实行免征额调整指数化外,其他税法中的名义收入值也应当进行指数化调整。税法可以授权国家财税部门进行调整,而不必通过税法修正程序,使税收指数化常规化。

第九,建立精细化个人所得税征管制度。征管制度精细化都必然增加征管成本和纳税成本,这是提高个人所得税地位和作用的必然的、附带的效果,而不是人为地、不合理地增加征收成本。我们期望的结果是,提高个人所得税的地位和作用的社会收益大于征收成本,保证税制改革总体上是合理的,新的税制之下,国家的纳税环境、纳税服务显著增强,税收体现的国家与人民分配关系和征管关系更加符合国家治理体系和治理能力现代化的要求。一是要个人申报与源泉课征相结合,推行个人纳税申报,注重发挥源泉课征的作用。在综合与分类相结合的税制模式之下,必然实行个人纳税申报。但个人纳税申报不能完全替代源泉课征,要继续完善源泉课征制度,明确规定代扣代缴义务人及其义务,设计好源泉课征标准和方法,进行按月或者按次预缴。二是要加强纳税人征信建设,加强部门协调和税源管理。个人所得税将现代国家与个人紧密联系起来,而其良好实施的基础是税务机关充分了解必要的公民收入和支出的经济信息。必须加强个人征信制度建设,使个人所得税税收潜力摸得清,征收对象管得住,税收收得上来。三是重视纳税人权益和纳税服务,避免不必要的纳税人奉行成本,提高纳税遵从。提高个人所得税的地位和作用,需要更加注重维护纳税人合法权益,应当重视保

①　与美国相比,我国个人所得税税率表的累进性并不弱(万莹,2011)。此外,美国当前个人所得税最高边际税率为39.6%,但多数州都有地方个人所得税,总体税率与我国45%的最高边际税率差不多。

护纳税人有知情权、参与权、申辩权，税务机关应当为纳税人提供纳税便利，主动为纳税人提供纳税服务，改善纳税环境，促使国家税收制度健康运行。四是按照依法治税要求，严肃税收政策，加强税收违法惩戒。税法应该得到严格执行，地方政府为招商引资对个人所得税采取先征后返的优惠措施背离了个人所得税宗旨，放弃了对高收入者的税收调节，应当纠正。要加大对偷逃税管的惩戒力度，与纳税服务相配合，提高税收遵从，提高征收率。五是将个人所得税征管作为国家税务机关职责。个人所得税作为具有再分配性质的税收，我国已经由中央分享60%，由国家税务机关征收更加合理。如果个人所得税也由国家税务机关征收，就能形成国家统一的企业、单位和个人的完整征信体系，有利于减少地方在税收方面的不合理财政竞争，减少地方政府不规范行为，提高征收率。

第四章
我国个人所得税免征额制度的特征、弊端和改革方向[*]

免征额调整引起了对个人所得税税制的关注，提高免征额究竟能扩大个人所得税再分配调节能力还是弱化了个人所得税再分配效应？本章从制度分析入手，提出我国个人所得税免征额制度的标准免征额特征和累积性调整方式特征的认识，分析其运行机理，并以此为抓手，分析免征额调整对税收收入、税收再分配效应的影响的机理，尤其是分析其消极后果，进而提出改革我国个人所得税免征额制度的建议。

第一节　我国个人所得税免征额调整引起的思考

我国个人所得税制度始于 1980 年，但当时只对非住户居民开征，1986 年开始对国内居民征收个人收入调节税，1993 年颁布修改后的个人所得税法，不再区分国内居民和外国居民，所有中国居民和有来源于中国境内所得的非居民，均依法缴纳个人所得税，标志着我国个人所得税制度形成。免征额是

[*] 本章原文发表于 2016 年，由笔者与仇晓凤合作完成，是国家社会科学基金资助项目"完善再分配机制研究"（14BJY036）以及教育部人文社会科学规划资助项目"我国个人所得税收入分配调节作用的实证分析"（12YJA790004）的阶段性成果。原文见：曹桂全，仇晓凤. 论我国个人所得税免征额制度改革［J］. 天津大学学报（社会科学版），2016（3）：217–223.

个人所得税税制重要因素，1993 年修改后的税法规定了适用于工资薪金所得每月 800 元的免征额扣除方法，并从 1994 年一直适用到 2005 年。2005 年，全国人民代表大会常务委员会决定将工资薪金所得税的免征额从 800 元提高到 1 600 元，于 2006 年 1 月 1 日起施行，开始了个人所得税税制改革的新时期。2007 年，全国人民代表大会常务委员会决定将免征额自 2008 年 3 月 1 日起由 1 600 元提高到 2 000 元，这是工资薪金所得免征额的第二次调整。2011 年，全国人民代表大会常务委员会决定将个人所得税免征额从 2011 年 9 月 1 日起调整为 3 500 元，同时减少了工资薪金所得的税率累进级次，从九级超额累进税率减少为七级，将最低边际税率降低为 3%，将适用 45% 边际税率的应纳税所得额从 100 000 元降低到 80 000 元，这是工资薪金所得免征额的第三次调整。免征额调整是我国个人所得税税制改革的重心，引起社会广泛关注。

免征额数量调整是免征额制度的内在要求，核心是落实"生计收入不课税"的原则。可以肯定的是，免征额调整（提高）是合理的。随着经济发展，一方面物价水平上涨，满足原来居民基本生活需要的支出数额提高；另一方面满足居民基本生活需要支出的项目增加，原来的免征额不能对新形势下居民基本生活费用支出进行充分扣除，这就要求对免征额进行适应性调整，而免征额固定不变则是不合理的。尤其是，我国处于社会主义市场经济体制改革和完善时期，原来依靠国家、企事业单位提供的住房、医疗、养老福利逐步取消而货币化，免征额需要考虑经济体制改革带来的影响（魏明英，2005）。

但是，2005 年第一次免征额调整时，就存在不赞同免征额调整的观点，而对 2011 年 9 月的大规模调整则有更多的异议。刘汉屏（2005）认为，提高免征额不利于发挥个人所得税组织财政收入的作用，不利于提高个人所得税在税收中的地位和作用。再分配调节作用也是以税收规模大为基础的，提高免征额将减弱其调节功能。该做的不是提高免征额，降低个人所得税的收入比重，减弱其调节功能，而是相反。岳希明等（2011）认为，提高免征额与不提高相比，平均税率必然下降，由于平均税率是决定个人所得税再分配效应的主要因素，个人所得税再分配调节能力将减弱，再分配效应也可能下降。徐建炜等（2103）实证分析得出，2005 年税制改革之前个人所得税再分配效应攀升，而 2006 年税制改革之后再分配效应下降，即税制改革恶化了个人所得税再分配效应，其关键因素是免征额提高导致平均税率下降；

我国税收结构目标是建立所得税和流转税并重的双主体税种，提高免征额不利于提高个人所得税比重，减缓了增加所得税比重的税收结构优化进程。

目前我们面临的问题是，提高免征额作为税制的应有之义与追求扩大个人所得税再分配效应、提高个人所得税地位的目标形成冲突，从而使以个人所得税免征额调整为核心的税制改革处于尴尬境地。免征额是对居民基本生活费用的扣除，目的是实现"生计收入不纳税"，使个人所得税不侵蚀居民基本生活，使个人所得税成为良税，这是免征额的功能和作用所在，也是个人所得税受到欢迎的根本原因。那么，问题的实质就是，免征额的功能目标与个人所得税的功能目标之间必然存在冲突吗？我们认为，经济增长的过程中，居民收入也在增长，而居民基本生活费用支出也随着物价水平和居民生活水平提高而增长。但是，居民基本生活费用增长（如5%）必然只能是居民收入增长（如10%）的一部分而不可能是全部，那么，即使免征额增长（如5%），居民收入增长并没有完全被免征额增加而完全消除，应税所得必然增加。居民收入增长而带来的税收增加，可以称为"居民收入增长的税收增加效应"。同样，免征额提高而带来的税收减少，可以称为"免征额调整的税收减少效应"，经济增长过程中税收规模的变化取决于税收增加效应和税收减少效应的对比，如果免征额调整是正常的话，就不会超过居民收入增长，税收增加效应必然大于税收减少效应，总体上税收将随经济增长而增长。这种免征额调整方式可以称为"适应性调整方式"。因此，在适应性调整方式之下，税收规模并不会下降，免征额功能目标与个人所得税功能目标之间并不存在矛盾。

从实际情况看，我国个人所得税收入规模和相对规模（以个人所得税税收收入占 GDP 比重衡量）的变动并不完全符合预期的结果（见表4-1）。2006 年税收规模没有比 2005 年下降，但是相对税收规模仅仅维持了 2005 年的水平。2008 年税收规模没有比 2007 年下降，但是相对税收规模下降了 0.01 个百分点。2012 年不仅税收规模比 2011 年下降了 3.87%，而且相对规模下降了 0.16 个百分点。岳希明等（2012）认为，2011 年 9 月的免征额调整降低了再分配效应，而要扩大再分配效应和提高个人所得税比重，应当降低免征额，提高免征额与税制改革的目标是背道而驰的。这种认识是普遍存在的，但是值得怀疑。

表 4 - 1　2000 年以来我国个人所得税的免征额、居民收入与税收规模

年份	免征额（元/月）	月平均工资（元）	月平均工资增长率（%）	个人所得税税收（亿元）	GDP（亿元）	个人所得税占GDP 比重（%）
2000	800	778	—	659.64	99 776.3	0.66
2001	800	906	16.45	995.26	110 270.4	0.90
2002	800	1 035	14.23	1 211.78	121 002.0	1.00
2003	800	1 170	13.04	1 418.03	136 564.6	1.04
2004	800	1 335	14.10	1 737.06	160 714.4	1.08
2005	800	1 517	13.63	2 094.91	185 895.8	1.13
2006	1 600	1 738	14.57	2 453.71	217 656.6	1.13
2007	1 600	2 078	19.56	3 185.58	268 019.4	1.19
2008	2 000	2 408	15.88	3 722.31	316 751.7	1.18
2009	2 000	2 728	13.29	3 949.35	345 629.2	1.14
2010	2 000	3 045	11.62	4 837.27	408 903.0	1.18
2011	2 000	3 483	14.38	6 054.11	484 123.5	1.25
2012	3 500	3 897	11.89	5 820.28	534 123.0	1.09
2013	3 500	4 290	10.08	6 531.53	588 018.8	1.11
2014	3 500	4 695	9.44	7 376.57	636 138.7	1.16

注：① 2008 年 1 月和 2 月的免征额为 1 600 元，2011 年 9 月到 12 月的免征额为 3 500 元，表中分别统一写为 1 600 元和 2 000 元；②月平均工资为城镇单位就业人员平均工资；③工资等收入指标均为名义量。

资料来源：国家统计局，国家数据网站，http://data.stats.gov.cn/。

　　认为免征额提高降低了平均税率和再分配效应的一个论证方法是，对比同一收入分配使用原来免征额和调整后的免征额情况下的不同平均税率、再分配效应。这种方法过于简单了，免征额是应税所得额的减项，同一收入分配适用更高的免征额当然会降低税收规模、平均税率，如果说免征额提高不合理，无异于说免征额本身就不合理。岳希明和徐静（2012）甚至提出，为加大再分配调节力度，应该通过提高法定税率和降低免征额的办法来提高平均税率，这就将免征额调整推向了另一个极端，放弃保证居民基本生活费用支出有足额扣除的基本原则，这种论证方法难以得到认同。

随着经济发展而逐步提高免征额非但合理而且是税法的应有之义，只要免征额制度能够有利于实现其功能，调整方式合理，将有助于税制公平，也不会降低平均税率和再分配效应，实现免征额的充分扣除功能与提高再分配效应、优化税制结构并不必然存在矛盾，而是可以兼容的，但不能片面追求税收规模目标；现有免征额调整的确存在消极效果，但这些问题不能简单归结为免征额提高，关键是免征额制度，问题是免征额制度中的不合理因素导致的，如果不从免征额制度上找原因，囿于不合理的制度将会产生更加不合理的选择，就无法走出困境，甚至导致新的错误。

我们发现，我国个人所得税免征额有两个重要特征，一是采取完全标准化的免征额，对所有纳税人都适用相同的、统一费用扣除标准；二是采取免征额累积性调整方式，即若干年集中调整一次免征额数量，而没有采取适应性调整方式，这两个方面都存在显著的弊端。在标准化免征额扣除方法之下，即使免征额在宏观上（总体上）是合理的，也会导致纳税人个体之间税负不公平，存在垂直公平损失，收入差距得不到调节，弱化了个人所得税再分配调节能力。在免征额累积性调整方式之下，即使不同时期的免征额总体上（免征额固定时期）是合理的，但一些年份将会存在"过头税"，这在免征额调整前一年尤为突出。有时较高的税收规模、平均税率是以不合理税收为代价的。免征额调整年与前一年相比，税收规模、平均税率存在下降，应当理解为免征额累积性调整方式导致的不合理波动。解决问题的方式不在于不调整免征额，而在于改变免征额调整方式。

当前免征额标准和免征额调整方式的确存在消极效果，免征额累积性调整方式的确存在某些年份再分配效应比上年降低的可能，但这可以通过改革免征额调整方式而加以避免，而不能依此否认免征额调整的必要性，提高再分配效应和优化税收结构不能以免征额扣除不充分为代价。随着社会经济的发展而逐步提高免征额不仅是合理的而且是税法的应有之义。如果免征额扣除标准和方法是合理的，实现免征额的充分扣除功能与提高再分配效应、优化税制结构并不必然存在矛盾，即实现免征额功能目标与实现个人所得税功能目标之间并不冲突。因此，应当从免征额制度上找原因，并通过制度改革走出困境，更好地实现个人所得税改革目标。

第二节　标准化免征额与垂直公平损失、再分配效应弱化

一、标准化免征额与居民基本生活费用、负担人口平均化

免征额是税法规定的应税所得中允许减除的收入数额，应税所得减除免征额得到应税所得额，应税所得额适用税率表计算应纳税额。应税所得小于免征额的部分不予征税，当应税所得超过免征额时，仅对超过部分征税。一般地，免征额奉行"生计收入不课税"的原则，根据纳税人用于其个人及其家庭基本生活费用支出确定，使税收不侵蚀居民基本生活，使个人所得税成为"良税"，这是免征额制度功能。按照我国的个人所得税立法文件的解释，免征额标准是参照城镇居民人均消费支出确定的。

我国实行分类所得税制，工资薪金所得是城镇居民收入的主体。工资薪金所得实行标准免征额扣除方法，标准免征额的具体内涵是每一个工资薪金所得税纳税人都具有一个相同的免征额。标准免征额是按照城镇居民平均消费支出和负担人口平均数（平均赡养系数）确定的，这就存在两个平均化倾向，一是城镇居民消费支出平均化，二是城镇就业人员的赡养系数平均化。假定城镇居民人均基本生活费用支出是 2 000 元/月，城镇就业人员的平均赡养系数为 1.75，就可以确定标准免征额为 3 500 元/月。

二、标准化免征额的影响

标准免征额制度具有计算简单、征管便利的优点，但也存在严重弊端，

基本生活费用支出平均化和赡养系数平均化导致垂直公平损失①，不利于进行纵向调节，蕴藏着税收不公平和税收累进性弱化，对再分配效应是不利的。下面具体阐述其机理。

首先，观察个人基本生活支出费用平均化的影响（见表4－2）。假定两个纳税人 M、N 具有相同的税前收入水平（$X_M = X_N = X$），但家庭条件不同（如医疗费用支出不同），基本生活消费支出分别为 E_M、E_N，且 $E_M < E_N$。按照生计收入不纳税原则，免征额应该考虑每个纳税人实际基本生活费用支出情况，分别确定为 $A_M = E_M$ 和 $A_N = E_N$。相应地，应税所得额分别是（$X - E_M$）和（$X - E_N$），且 $X - E_M > X - E_N$，二者纳税能力不同，按此纳税，M 将多纳税而 N 少纳税，也就是说，纳税能力强的，税率高；纳税能力弱的，税率低，平均税率呈现累进性并具有垂直公平效应。但是，如果采取标准免征额 A_0，按照两人的平均生活费用支出确定免征额，$A_0 = (E_M + E_N)/2$，则 M 的免征额高于实际基本生活费用支出而 N 的免征额低于实际生活费用支出，免征额过高和过低并存。且两人的应税所得额相同，均为（$X - A_0$），纳税额也相同，平均税率相同，税收没有累进性，不能进行纵向调节。因此，考虑每个纳税人实际基本生活费用支出才能体现税收公平和进行再分配调节，不考虑纳税人实际生活费用支出的标准免征额必然造成垂直公平损失，不利于形成税收累进性，不利于发挥缩小收入差距的个人所得税功能。

表4－2　　基本生活费用支出平均化对税收累进性与税收公平的影响

纳税人		纳税人 M	纳税人 N	对比关系
税前收入（X）		X_M	X_N	$X_M = X_N = X$
基本生活费用实际支出（E）		E_M	E_N	$E_M < E_N$
实际扣除方法	免征额（A）	$A_M = E_M$	$A_N = E_N$	$A_M < A_N$
	应税所得额（TX）	$TX_M = X - E_M$	$TX_N = X - E_N$	$TX_M > TX_N$

---

① 税收公平有两个方面，一个是横向公平（水平公平），是指税收不应当改变生活境况相同的人的福利状况；另一个是垂直公平（纵向公平），是指纳税能力强的人多纳税，纳税能力弱的人少纳税，使税收缩小税前收入差距。

纳税人		纳税人 M	纳税人 N	对比关系
实际扣除方法	税收（T）	$T_M = s（TX_M）$	$T_N = s（TX_N）$	$T_M > T_N$
	税率（t）	$t_M = T_M/X$	$t_N = T_N/X$	$t_M > t_N$
标准化扣除方法	免征额（A）	$A_M = A_0 = （E_M + E_N）/2$	$A_N = A_0 = （E_M + E_N）/2$	$A_M = A_N$
	应税所得额（TX）	$TX_M = X - A$	$TX_N = X - A$	$TX_M = TX_N$
	税收（T）	$T_M = s（X - A）$	$T_M = s（X - A）$	$T_M = T_N$
	平均税率（t）	$t_M = T_M/X$	$t_N = T_N/X$	$t_M = t_N$

注：s（·）表示税率结构函数，根据应税所得额计算税收；A_0 表示标准免征额。
资料来源：笔者绘制。

其次，分析纳税人赡养系数平均化的影响（见表4-3）。仍以上述 M、N 为例，但假定按照基本生活费用支出确定的个人免征额为 a[①]，假设 M、N 的实际赡养系数分别为 1 和 3。在考虑每个纳税人实际赡养负担的条件下，免征额应当分别为 $A_M = a$ 和 $A_N = 3a$，应税所得额分别为 $X - a$ 和 $X - 3a$，M 赡养负担小，纳税能力强，将多纳税，平均税率高；而 N 赡养负担重，纳税能力弱，将少纳税，平均税率低，税收具有累进性。反之，如果实行标准化免征额并设定为 $A_0 = 2a$，M 的免征额高于实际基本生活费用支出而 N 的免征额低于实际生活费用支出，导致免征额过高和过低并存；且 M、N 的应税所得税额均为 $X - 2a$，纳税额也相同，税收不具有累进性，也没有再分配调节能力。因此，考虑每个纳税人的实际赡养负担才能体现税收公平和进行再分配调节，而实行标准化免征额必然弱化税收累进性，造成垂直公平损失，不能有效缩小收入差距。

① 个人免征额不同于我国个人所得税的免征额，不是每个纳税人一份，而是纳税人负担的人口每人一份。个人免征额也称基本免征额。我国个人所得税的免征额是纳税人免征额，不具体考虑纳税人负担人口数。

表4-3　　　　纳税人赡养负担平均化对税收累进性与税收公平的影响

纳税人		纳税人 M	纳税人 N	对比关系
税前收入（X）		X_M	X_N	$X_M = X_N = X$
基本生活费用实际支出（E）		$E_M = a$	$E_N = 3a$	$E_M < E_N$
实际扣除方法	免征额（A）	$A_M = E_M = a$	$A_N = E_N = 3a$	$A_M < A_N$
	应税所得额（TX）	$TX_M = X - a$	$TX_N = X - 3a$	$TX_M > TX_N$
	税收（T）	$T_M = s(X - a)$	$T_N = s(X - 3a)$	$T_M > T_N$
	税率（t）	$t_M = T_M/X$	$t_N = T_N/X$	$t_M > t_N$
标准化扣除方法	免征额（A）	$A_M = A_0 = 2a$	$A_N = A_0 = 2a$	$A_M = A_N$
	应税所得额（TX）	$TX_M = X - 2a$	$TX_N = X - 2a$	$TX_M = TX_N$
	税收（T）	$T_M = s(X - 2a)$	$T_M = s(X - 2a)$	$T_M = T_N$
	平均税率（t）	$t_M = T_M/X$	$t_N = T_N/X$	$t_M = t_N$

资料来源：笔者绘制。

　　我们可以将我国个人所得税免征额与美国联邦个人所得税免征额制度进行对比。美国联邦个人所得税免征额分为个人免征额和分项扣除额两个部分，其中个人免征额按照纳税人家庭人口配给，每人一份个人免征额，考虑了纳税人的家庭赡养负担，更加公平，而不是我国那样使用平均赡养系数确定。分项扣除则是设计一些法定扣除项目，例如，超过调整后毛所得7.5%的医疗费用、州和地方所得税和财产税、消费者债务的利息支付、符合条件教育贷款利息支付、符合条件的住房抵押贷款利息支付、符合条件的慈善捐款等。分项扣除可以据实申报，也可以选择采用标准扣除的方式。实际上，分项扣除据实申报的纳税人，一定是其分项支出额超过了标准扣除额度，这也就照顾了实际支出较高的纳税人，使其合乎条件的支出项目尽可能予以扣除（罗森和盖亚，2009）。美国联邦个人所得税的个人免征额加分项扣除构成的免征额制度，更能反映纳税人（家庭）基本生活费用支出实际，更符合税收公平原则，值得借鉴。

第三节　免征额累积调整方式与过头税、税收不合理波动

我国个人所得税 800 元的免征额从 1994 年开始实施，到 2006 年才开始调整，这种调整显然是一种累积性的集中调整，可以称之为累积性调整方式。累积性调整就是将若干年应当调整的免征额数量集中起来，通过一次调整完成，而不是逐年根据居民基本生活费用支出变化及时调整，而之后一段时间均适用该免征额。在这种调整方式之下，免征额调整前一年和免征额调整年，分别适用原免征额和调整后的免征额，但并不意味着调整前一年适用原免征额是合理的，免征额调整的数量也不代表从免征额调整前一年到调整年应当调整的数量，尽管实际发生在这两年。这种调整方式的问题表现在三个方面。

一、免征额经常不足不利于实现免征额基本功能

累积性调整方式使基本生活费用支出不能及时调整，免征额经常不足，不能充分实现免征额的功能。假定原来（第 0 年）免征额 1 000 元，居民收入每年增长 10%（名义增长，含通货膨胀），居民基本生活费用支出每年增长 5%，那么第 1 年、第 2 年、第 3 年、第 4 年、第 5 年的免征额应当按照居民基本生活费用支出增长分别适应性地调整为 1 050 元、1 102.5 元、1 157.63 元、1 215.51 元和 1 276.28 元（见表 4-4），这样才能保证居民基本生活费用支出每年都得到充分扣除。但是，累积性调整将 5 年应当调整的数量全部集中在第 5 年，第 1 年、第 2 年、第 3 年、第 4 年仍然适用 1 000 元免征额标准，免征额对基本生活费用扣除出现不足，而尤以第 4 年为甚；到第 5 年，一次性将免征额提高到 1 276.28 元，免征额才达到合理的水平。

表4-4　　　免征额累积性调整方式与适应性调整方式比较：一个例子

年份		第0年	第1年	第2年	第3年	第4年	第5年
居民收入增长（%）		n. a.	10	10	10	10	10
生计支出增长（%）		n. a.	5	5	5	5	5
免征额适应性调整方式	免征额（元）	1 000	1 050	1 102.5	1 157.63	1 215.51	1 276.28
	免征额扣除充分性	充分	充分	充分	充分	充分	充分
	税收规模比上年	n. a.	增加	增加	增加	增加	增加
	平均税率比上年	n. a.	上升	上升	上升	上升	上升
	再分配效应比上年	n. a.	扩大	扩大	扩大	扩大	扩大
免征额累积性调整方式	免征额（元）	1 000	1 000	1 000	1 000	1 000	1 276.28
	免征额扣除充分性	充分	不充分	不充分	不充分	不充分	充分
	税收规模比上一年	n. a.	增加，过头税	增加，过头税	增加，过头税	增加，过头税	可能降低
	平均税率比上一年	n. a.	增加	增加	增加	增加	可能降低
	再分配效应比上一年	n. a.	增加	增加	增加	增加	可能降低

资料来源：笔者绘制。

二、经常存在过头税

累积性调整方式导致经常性的过头税，尤以调整前一年的超额税收负担最为严重。免征额不充分必然导致过头税。在表4-4的例子中，免征额集中调整前，第1年、第2年、第3年、第4年的免征额应当调整而没有调整，免征额扣除不充分，应税所得额超过应有、合理水平，税收也就超过了应有规模，征收了过头税。假定第0年和第5年的免征额是合理的，则第1年、第2年、第3年、第4年都存在过头税，而由于第4年免征额没有及时调整的数量是4年累积的，过头税就更为严重。过头税的存在表明，免征额调整前的税收规模尽管增长快、平均税率高，但是已经包括不合理的部分，相应的再分配效应即使提高、所得税比重即使上升，也不是合理地提高和上升。当免征额背离给予居民基本生活费用充分扣除的基本要求时，个人所得税作为良税的基础条件受损，危害的是个人所得税税制本身。当免征额到调整年回到合理水平的时候，尽管税收规模、平均税率可能下降，但应当理解为合理的下降。

三、税收规模、平均税率和再分配效应出现不合理波动

累积性调整方式导致税收规模、平均税率、再分配效应的不合理波动。这是与适应性调整方式相比较而言的。适应性调整是对居民基本生活费用支出变化的及时调整，且免征额增长速度一般不会超过居民收入增加速度。基本生活费用支出是居民家庭支出的一部分，居民收入增长不可能全部用于满足基本生活支出需要，适应性调整方式下的免征额增长速度必然小于居民收入增长（如居民收入增长 10%，而基本生活费用支出增长 5%）。在适应性调整方式之下，假定其他税制因素不变，扣除免征额提高部分之后，居民收入增加中仍然有部分收入用于新增税收，且由于累进税率结构使税收比收入增长更快，纳税人将增加，原纳税人适用更高边际税率，税收规模扩大，平均税率稳步上升；按照再分配效应与税收累进性、平均税率的关系，平均税率增加将带动再分配效应扩大（Kakwani，1977）。因此，如表 4 - 4 所示，免征额适应性调整方式的结果是：税收规模持续增长，平均税率持续上升，再分配效应持续扩大。累积性调整方式则可能出现新问题，由于第 1、第 2、第 3、第 4 年仍适用 1 000 元的免征额，没有根据居民基本生活费用支出实际足额扣除，征收了"过头税"，税收在此期间持续增长且超过适应性调整方式下的增长数量，但这个人所得税收规模是不合理的。第 5 年将免征额集中调整为 1 276.28 元，尽管税收规模是合理的，但与上一年相比，由于免征额迅速上升 27.63%，超过了居民收入增长速度（10%），税收规模可能下降，平均税率更有可能下降，再分配也可能下降，从而导致税收规模、平均税率和再分配效应的波动。一些研究者测算我国免征额调整的平均税率、再分配效应的变动结果正是这种机制的反映。

四、我国免征额累积性调整的实际情况及其解释

我国个人所得税免征额调整的实际情况是，工资薪金所得800元的免征额从1994年开始适用到2005年，之后将从1995~2006年应当调整的数量都集中在了2006年，一次性提高了100%；将2007年、2008年应当调整的数量集中在2008年，一次性提高了25%；将2009年、2010年、2011年应当进行的调整集中在2011年9月，一次性提高了75%。如表4-1所示，比较而言，2005~2006年城镇就业人员月平均工资增长了14.57%，2007~2008年城镇就业人员月平均工资增长了15.88%，2011~2012年城镇就业人员月平均工资增长了11.89%，免征额增长超过了居民收入增长，不符合适应性调整方式的要求，出现税收规模和平均税率下降是可能的。实际上，2006年税收规模没有比2005年下降，但税收占GDP的比重仅维持了原来水平（1.13%）；2008年税收规模有所增长，但是占GDP比重比上一年下降；2012年税收规模和税收占GDP比重均比2011年较大幅度下降。如果采取适应性调整方式，1994~2006年免征额平均每年名义增长5.95%，低于城镇就业人员工资增长率，税收规模、平均税率、再分配效应将不断提高；2006~2008年，免征额增长率低于城镇就业人员工资增长速度，如果按照适应性调整方式逐年调整，也将避免2007年税收占GDP比重较高而2008年下降的波动；2008~2012年，如果免征额按照平均每年增长15.02%逐年进行调整，2011年免征额就会超过2 000元，税收比重不会像实际那么高，税收规模也就不会出现2011~2012年的大规模波动。因此，我国个人所得税免征额采取累积性调整方式是导致税收规模、平均税率不合理波动的原因，但不能说明免征额调整一定导致税收规模、平均税率下降。如果进行适应性调整方式，这些波动是可以避免的。

另外的一个问题是，2008~2012年免征额增长幅度（75%）超过了城镇就业人员工资的增长幅度（65.57%），总体上不符合一般意义上的适应性调整方式；在此条件下，即使免征额逐年增长15.02%，也难以保证期间逐年平均税率上升而不下降。实际上，同样是免征额调整年，2012年的税收占GDP比重1.09%相比于2008年的1.18%是下降的，这就是说，2008~

2012 年（2011 年 9 月）的免征额调整幅度的确存在过大的倾向。2011 年 9
月免征额调整不仅没有采取逐年调整的方式，而且期间调整规模超过居民收
入增长。可以有两个方面的解释，一方面，累积性调整方式不仅包括后向累
积即弥补过去，也包括前向累积即具有前瞻性，2011 年 9 月将免征额调整
到 3 500 元是为了 2012 年及之后持续适用，而实际上适用到了 2018 年 9 月，
从这个期间看，免征额调整总体上就是适应性的；另一方面，经济增长和居
民收入速度的变化也有影响，2012 年的经济增长发生了急剧下降，名义
GDP 的增长速度从 2011 年的 18.4% 迅速下降到 2012 年的 10.3%，这也肯
定是 2012 年税收规模比 2011 年下降的重要原因。

五、对免征额调整与个人所得税功能关系的不合理解读

对我国个人所得税免征额累积性调整方式的特征及其影响认识不清、对
免征额的内涵和功能认识不清，将会导致对免征额调整效果的不合理判断。
我们就此对免征额调整的两个问题进行进一步讨论。

第一，能否简单地以免征额调整年与前一年相比的平均税率和再分配效
应下降为由而判断税制改革失败？如前所述，在免征额累积性调整方式之
下，调整前一年的免征额已经肯定是不合理的了，而且是积累了一段时间的
不合理，存在严重的"过头税"，不适合作为比较的基础，不能简单地用调
整年的平均税率、个人所得税再分配效应简单地与前一年相比较来说明再分
配效应弱化，并进而推断税制改革失败。根据前面分析，免征额调整年的确
存在平均税率、再分配效应比上一年下降的可能，但这说明的是累积性调整
方式不合理，导致平均税率、再分配效应的不合理波动。如果要考察免征额
调整的再分配效应，免征额调整年之间的比较将更加合适。假定免征额 800
元对 2000 年、1 600 元对 2006 年、2 000 元对 2008 年、3 500 元对 2012 年
是合理的，各年税收占 GDP 的比重分别为 0.66%、1.13%、1.18% 和
1.09%，则前两次免征额调整并没有导致平均税率下降，只有第三次调整使
平均税率下降。按照这个评价标准，不能说税制改革时期平均税率都是下
降的。

第二，能否以追求税收规模和平均税率为由拒绝免征额调整？认为提高

个人所得税免征额恶化再分配效应的一种论证方法，就是比较免征额调整与不调整的平均税率和再分配效应，调整后平均税率降低，而平均税率又是再分配效应的决定因素，所以提高免征额降低了再分配效应，不利于扩大个人所得税再分配调节功能。有研究者指出，在给定收入分配的条件下，存在一个使税收累进性、再分配效应最大的最优免征额，免征额应当按照最优免征额进行设计（岳树民等，2011）。岳希明和徐静（2012）还指出，2011年9月调整后的免征额已经在使再分配效应降低的同时，已经使税收累进性最大化，继续提高免征额已经没有任何价值了。我们认为，这种对免征额的理解已经脱离了免征额功能，其实质是忽视免征额功能（保障居民基本生活费用扣除）而追求个人所得税功能（再分配调节），这是不合适的。居民基本生活费用充分扣除是免征额的基本功能，也是个人所得税作为"良税"的基础，免征额制度存在的价值在于此，免征额适应性调整的价值也在于此，如果以增加税收规模、平均税率为由而确定免征额，当然以不设立免征额或者不提高乃至降低免征额更合适，但这是与个人所得税自身的功能背道而驰的。与个人所得税功能相比，使个人所得税成为良税的个人所得税免征额功能目标是基础性的、优先性的，如果破坏了个人所得税的基础而简单追求个人所得税税收规模、再分配效应，个人所得税已经不是个人所得税，也就是谈不上提高个人所得税的地位和作用，也就谈不上优化税收结构。尤其是，尽管免征额适应性调整与不调整相比，税收规模增长将相对变慢，但税收规模、平均税率将持续上升，不会形成免征额功能与个人所得税功能之间的冲突矛盾。我们追求的目标，应当是在充分实现个人所得税免征额功能的基础上，更好地实现扩大税收规模和再分配效应的个人所得税功能。当应当注意，个人所得税发挥较大的再分配调节作用和税收结构优化是长期任务，需要以国家经济增长和居民收入水平提高作为支撑（黄凤羽，2010；曹桂全和任国强，2014），追求短期迅速扩大税收规模和提高再分配效应是不可能的。

综上所述，我国个人所得税免征额制度有两个重要特点，一是实行标准化免征额，二是实行累积性调整方式。这两个特点的好处是明显便于税收征管，而其弊端在于存在严重税制不公平，不利于发挥个人所得税再分配调节功能，且导致税收规模不合理波动。

第四节　积极推进免征额制度改革

我国个人所得税改革已经列入议事日程，2006 年以来免征额调整是必要的，但也要深刻认识我国免征额制度存在的不合理性，推动免征额制度改革。

一、准确把握免征额的内涵和价值

要正确认识个人所得税免征额的内涵和价值，并将完善个人所得税免征额功能作为优先目标。免征额是纳税人负担人口的基本生活费用扣除，要按照这个标准确定免征额、调整免征额。个人所得税免征额是保证个人所得税作为良税的基础制度，免征额调整也具有必然性。不能为了追求税收规模和平均税率而放弃调整免征额，更不能降低免征额。当然，如果免征额超过了法定的居民基本生活费用支出标准，免征额可以降低，但是其目的仍然是更好实现免征额功能。免征额充分、及时、准确扣除是免征额制度的要求，也是个人所得税税制的优先目标。不能将个人所得税免征额功能与个人所得税功能对立起来。

二、考虑纳税人负担实际，改革免征额扣除方法

要改革标准免征额扣除方法，尽可能避免平均化，充分考虑纳税人基本生活费用支出和赡养负担的实际。我国实行简单易行的标准免征额制度，实际上忽略了很多事关公平的因素，不利于再分配调节功能的发挥，也不利于实现免征额制度的应有目标。改革的基本方向是，按照纳税人实际基本生活支出费用和赡养负担计算免征额。我国每个家庭基本生活支出费用是有很大区别的，有宏观上地区之间物价和生活水平的差别因素，也有实际医疗、教育、住房支出差别因素，免征额应当尽可能体现这些差别。个人所得税免征额并不能面面俱到考虑所有因素，但赡养负担可实际考虑而不必平均化。美

国联邦个人所得税的免征额构成可以借鉴，这就是首先按照纳税人的负担人口分配个人免征额，个人免征额是标准化的，可以避免了负担人口数平均化；其次，增列一些标准的分项扣除，同时为照顾分项扣除项目支出较高的纳税人，允许其据实申报，在一定程度上避免基本生活费用平均化，增加公平性。

三、改革免征额调整方式，实行适应性调整

改革免征额累积性调整方式，实行适应性调整方式，建立税收、平均税率和再分配效应持续稳定增长机制。免征额累积性调整方式不能使居民基本生活费用支出及时扣除，导致"过头税"经常性存在，税收增长、平均税率和再分配效应不合理波动。解决这个问题的出路在于将免征额累积性调整方式改革为适应性调整方式。适应性调整方式包括以下方面：第一，对于通货膨胀引起名义值变化的部分通过指数化方式，实现逐年调整。第二，对社会经济发展导致的基本生活费用实际增长，通过社会居民基本生活费用调查（居民生计调查），及时进行调整。第三，对于经济体制改革引起居民基本生活费用支出增加，进行充分研究，纳入免征额调整以消化改革带来的居民基本生活费用支出增加。

四、科学确定免征额标准

免征额标准和免征额调整幅度应当有科学标准，并严格执行。2008 ~ 2012 年的免征额增长幅度超过了同期城镇就业人员工资增长，除非对经济体制改革引起的居民消费支出增加有所考虑，否则已经不符合免征额适应性调整方式下免征额调整的应有幅度，不仅在理论上，而且在实际上出现税收相对规模即平均税率下降。

免征额制度弊端日益凸显，改革势在必行，应该作为我国个人所得税税制改革的重要内容。充分而公平的免征额扣除方法和免征额适应性调整方式之下，我们就能够期望随着居民收入水平的提高，个人所得税规模、平均税率和再分配效应都将有所提高，个人所得税收入再分配调节机制更加完善，国家税收结构逐步优化，更好地发挥个人所得税功能。

第五章
美国个人所得税免征额制度的
比较研究[*]

美国联邦个人所得税设计了精细化的免征额及相关制度。纳税人免征额由标准化的个人免税额和差异化的分项扣除额构成，纳税人可以选择标准化扣除以代替分项扣除，并设立附加标准化扣除额；调整后毛所得超过一定水平的纳税人，实行纳税人个人免税额递减机制，分项扣除数虽然据实申报但也有数量限制；免征额与免税所得、特定费用支出扣除、税收抵免相互协调，免征额等其他名义收入值实行税收指数化。美国个人所得税免征额制度有利于持续实现免征额价值和个人所得税功能，为我国改革免征额制度、健全免征额规则、改善免征额调整方式等提供了有益的启示。

第一节　美国联邦个人所得税制度概况

一、美国联邦个人所得税制构成要素

美国联邦个人所得税发挥了主体税种的作用，税制复杂，免征额及相关

　　[*] 本章原文于 2017 年发表，是国家社会科学基金项目"完善再分配调节机制研究"（项目编号：14BJY036）的阶段性成果。本章内容来自该论文，略作调整，原文见：曹桂全. 美国个税免征额制度及其对我国的启示 [J]. 经济社会体制比较，2017（4）：84－96。

制度精细化，税负比较公平，认可程度较高，具有较高的比较研究和借鉴价值。国内已经有不少关于美国个人所得税及免征额制度的文献，但难窥全豹。我国正值个人所得税税制改革关键时期，全面、准确认识和评价美国个人所得税尤其是免征额制度，避免片面性，意义重大。

美国联邦个人所得税包括多个环节，体现了个人所得税设计理念和税制精细化特征，如图 5-1 所示。

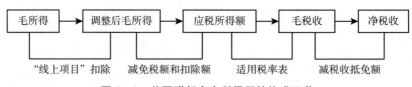

图 5-1　美国联邦个人所得税的构成环节

资料来源：笔者绘制。

第一，确定毛所得（gross income）。毛所得是个人所得税的课征对象。不课税的收入属于非应税收入（免税收入），不计入毛所得。美国实行综合型税制模式，各类应税所得加总计算。除法律规定的非应税收入，毛所得原则上涵盖任何增加居民消费潜力的货币收入、财富增加、不通过支付对价的实物消费等（罗森和盖亚，2009）。

第二，计算调整后毛所得（adjusted gross income，AGI）。调整后毛所得由毛所得减除为取得收入而发生的特定支出（specific expenditures）得到，特定支出原则上是与工作有关的支出，美国税法称之为"线上项目"扣除。

第三，计算应税所得额。AGI 减除纳税人免征额（包括免税额和扣除额，下面详细介绍），得到应税所得额，是直接适用税率表计算纳税额的税基。

第四，计算毛税收（gross taxes）。应税所得额适用税率表，得到毛税收。

第五，计算净纳税额（net taxes）。税法设立多项税收抵免（税收豁免，tax credits）项目，分为可退还的（refundable）和不可退还的（non-refundable）税收抵免项目，毛税收减税收抵免后得到纳税人应纳净税收，即实际税收负担。如果可退还的税收抵免超过了毛税收，纳税人可以从政府获得转移支付。

二、美国个人所得税免征额构成

纳税人免征额由纳税人个人免税额（personal exemptions）和分项（类）扣除额（itemized deductions）构成（见图 5 - 2）。纳税人个人免税额包括纳税人及其配偶、亲属的每人一份的个人免税额，个人免税额是标准化的。调整后毛所得超过一定标准的，纳税人个人免税额将递减，这就是免税额缩减制度（personal exemption phase-out，PEP）。分项扣除额允许纳税人在法定项目上的支出据实申报扣除，但分项扣除额也有数量限制，调整后毛所得超过一定水平的纳税人，其分项扣除额不能完全据实扣除。纳税人可以选择标准化扣除额（standard deduction）代替分项扣除，标准化扣除额按照不同纳税申报类型规定法定标准，还规定附加非独立亲属标准扣除额，以及老年人和盲人的附加标准化扣除额（additional standard deduction）。

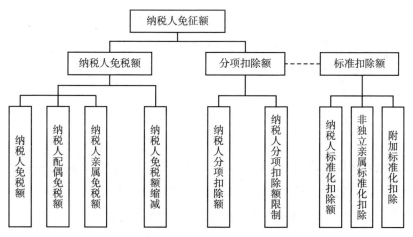

图 5 - 2　美国联邦个人所得税纳税人免征额的构成

资料来源：笔者绘制。

免征额是个人所得税税制的重要税制要素，其功能和价值是实现居民基本生活费用支出不纳税，这个理念在我国是得到认可的①②。个人所得税免征额制度与其他税制要素密切关联，包括确定毛所得时的非应税所得（免税收入）、确定调整后毛所得时的特定支出扣除，以及计算净纳税额时的税收抵免。非应税收入、特定项目支出扣除和税收抵免不属于免征额，但有相关性，应当统筹考虑，如图5-3所示，我们将一并分析。

图5-3　美国个人所得税免征额及相关制度

资料来源：笔者绘制。

免征额的功能和价值实现应当持续实现，但法定的个人免税额、标准化扣除额和税收等级阈值都是名义值，需要根据通货膨胀进行调整。1986年开始，美国联邦个人所得税实行税收指数化，个人免税额、标准化扣除额、纳税等级阈值、个人免税额缩减阈值、分项扣除额限制阈值、税收抵免额等均进行年度动态通货膨胀调整。税收指数化持续实现对居民基本生活费用的充分，持续实现免征额的价值。

三、美国个人所得税规模和经济增长弹性

从税收规模来看，图5-4显示，1985年以来，美国个人所得税收入总体上呈现上升趋势，但存在明显向下波动的期间。图5-5显示，个人所得税收入占GDP比重为8%左右，但在6%～10%波动，1997年以来波动较

---

①　资料来源：金人庆. 关于《中华人民共和国个人所得税法修正案（草案）》的说明——2005年8月23日在第十届全国人民代表大会常务委员会第十七次会议上［R］. 全国人民代表大会常务委员会公报，2005（7）：627-628.

②　资料来源：谢旭人. 关于《中华人民共和国个人所得税法修正案（草案）》的说明——在2007年12月23日在第十届全国人民代表大会常务委员会第三十一次会议上［R］. 全国人民代表大会常务委员会公报，2008（1）：89.

大。图 5 - 6 显示，个人所得税受经济增长影响明显，个人所得税收入与经济增长率同向变动，但个人所得税增长波动幅度更大，在经济衰退的时候，个人所得税收入下降更加明显。

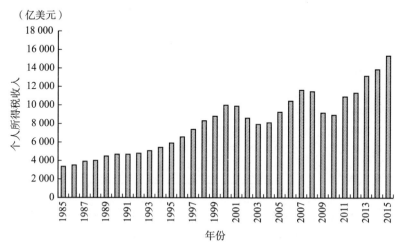

图 5 - 4　美国 1985 ~ 2015 年个人所得税收入

资料来源：前瞻数据库，http://d. qianzhan. com/xdata/details/a0b6e881177eb692. html，2017 - 1 - 18。

图 5 - 5　美国 1985 ~ 2015 年个人所得税收入占 GDP 比重

资料来源：前瞻数据库，http://d. qianzhan. com/xdata/details/b2556d84a69c4258. html，2017 - 1 - 18。

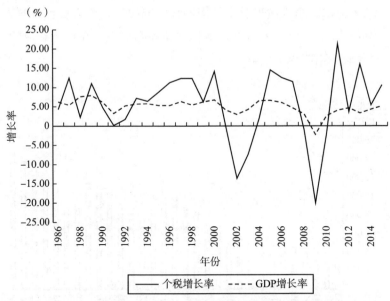

图5-6　美国1986~2014年个人所得税收入和GDP增长率比较

资料来源：前瞻数据库，http：//d. qianzhan. com/xdata/details/b2556d84a69c4258. html，2017 - 1 - 18。

下面将围绕个人所得税免征额标准构成的标准化和差异化相结合特征、免征额与其他制度的配合关系、税收指数化三个方面，分析和阐述美国个人所得税免征额制度，之后比较分析我国个人所得税免征额制度特征。在此基础上，提出关于改革和完善我国个人所得税免征额制度的启示和建议。

第二节　美国个人所得税标准化与差异化相结合的免征额构成

一、概况

美国联邦个人所得税中的纳税人免征额是纳税人个人免税额（允许纳税人扣除的个人免税额总和）和纳税人选择的分项扣除额或者标准化扣除

额之一的总和，较好地处理免征额的标准化和差异化的关系。标准化免征额考虑了一个国家居民基本生活存在平等需要的价值观，符合横向公平的要求，也利于降低征管成本。美国联邦个人所得税免征额标准化部分中，以标准化的个人免税额和标准化扣除额为典型，但不同纳税人之间的个人免税额实际又不完全相同，当调整后毛所得超过一定水平时，纳税人个人免税额将受到缩减，甚至缩减到 0；标准化扣除额是标准化的，但是不同纳税申报类型①的标准化扣除额又有一定差别，而且还设立了考虑非独立亲属数量的亲属标准化扣除额以及按照年龄、视力残疾的情况确定的附加标准化扣除额。所以，标准化之中也有差异化。差异化免征额符合纵向公平的要求，可以更好地考虑纳税人收入、非独立亲属（负担人口）数量、年龄和健康状况等居民基本生活费用支出等实际差异，使免征额能够更好地体现纳税人基本生活费用的实际支出。除了在标准化免征额中存在的差异化项目外，美国联邦个人所得税分项扣除额是差异化免征额的典型。分项扣除额允许纳税人根据在法定项目上的实际支出据实申报扣除。但是，分项扣除额也不是完全按照纳税人在法定扣除项目上的实际支出进行扣除，当纳税人调整后毛所得超过一定水平时，其允许的扣除额将受到限制。

二、纳税人个人免税额及其缩减制度

美国联邦个人所得税的个人免税额有三项规则，即个人免税额标准、纳税人个人免税额、纳税人个人免税额缩减。

个人免税额是标准化的，纳税人个人免税额是作为一个纳税单位的所有成员的个人免税额之和，纳税人个人免税额缩减则是对高收入纳税人个人免税额的削减。2015 年，美国联邦个人所得税个人免税额为 4 000 美元。② 纳税人可以为自己及其配偶（如有）各申请一份个人免征额。一个夫妻组成的家庭，丈夫可以在纳税申报中扣除自己和妻子一共两份个人免征额，但是

---

① 美国联邦个人所得税申报纳税人的申报类型包括单身报税、夫妻分别报税、夫妻联合报税、户主报税、鳏寡家庭报税。

② 本章关于美国联邦个人所得税 2015 年税制的内容和数据来自美国国内收入署网站（www. irs. com）。

妻子就不能在自己的纳税申报（如果夫妻分别报税）中再行扣除，纳税人其他家庭成员（非独立亲属）也类似，可以由父母之一在纳税申报时申请一份个人免税额，但不允许夫妻分别作为纳税人都为同一亲属申请个人免税额。总之，每个纳税人自己及其配偶、亲属都可以取得一份个人免税额，但不能重复取得。

纳税人自己及其配偶、亲属的个人免税额之和，构成纳税人个人免税额。例如，一个4口之家采取夫妻联合报税，可以扣除4个个人免税额，按照2015年的标准，纳税人个人免税额为16 000美元。纳税人家庭构成不一样，那么纳税人个人免税额也不一样。

所谓纳税人个人免税额缩减，即在收入（用AGI衡量）达到一定水平时，免税额将缩减，并且可以缩减到0。2015年，单身报税的AGI从258 250美元（起点阈值）开始起算，到380 750美元（终点阈值）终止，每增加1 250美元，纳税人个人免税额被减少2个百分点，最多将减少100%。也就是说，AGI达到258 250美元后，纳税人个人免税额将开始减少，AGI达到380 750美元及以上的，该纳税人将不享受个人免税额扣除。夫妻联合报税、夫妻分别报税和户主报税也设计相应的纳税人个人免税额缩减区间。设立纳税人个人免税额缩减制度，避免了免税额提高时，高收入者获得较多的免税额利益，也体现了对高收入者进行收入分配调节的个人所得税目标和功能要求。

三、分项扣除额和分项扣除额限制

分项扣除制度是指对于法定基本生活项目支出，准许纳税人就实际支出据实申报扣除。分项扣除制度使该部分免征额能够按照纳税人的基本生活费用支出实际进行扣除，分项扣除额差异体现纳税人之间基本生活费用支出的实际差异。对应于分项扣除，纳税人可以选择标准化扣除而避免据实申报。实际上，对很多纳税人来说，标准化扣除额的数量已经足以覆盖按照分项扣除计算的扣除额，因此会选择标准化扣除。就此而言，分项扣除实际上是对在法定支出项目上支出数量较多的纳税人的照顾。

2015年，美国联邦国内收入署（IRS）列出了5类重要分项扣除。第一类是州和地方税扣除。纳税人可以申请扣除在工资单上扣除的州和地方所得税，也可以扣除销售税，但不允许同时申请扣除州和地方所得税、销售税。第二类是慈善捐款扣除。纳税人将金钱或者财产捐赠给符合条件的慈善组织，该捐款可以在纳税申报中扣除，但捐献以 AGI 的 50% 为限，捐献超过 250 美元的需要慈善组织提供证据。慈善捐献发生的相关费用如煤气、厨房原料、邮费等也允许申报扣除。第三类是相关利息支出扣除。如学生贷款利息、住房抵押贷款利息。住房抵押贷款利息支出必须通过分项扣除进行申请，而学生贷款利息也可以通过"线上项目"扣除。第四类是寻找工作的费用扣除（job hunting expenses）。寻找工作的费用支出，如编写求职信、交通、住宿、职业咨询机构费用甚至用餐的费用，允许申请扣除，但如果是第一次找工作，上述费用不允许申报扣除。第五类是个人退休计划缴款（individual retirement arrangements，IRA）扣除。投入个人退休计划的金额可以申请扣除，申请扣除也有一些年龄、婚姻、雇主是否提供退休计划等资格条件要求，2015 年，50 岁以上的纳税人允许最多扣除 6 500 美元。此外，未保险的灾害或者被盗损失（uninsured casualty or theft losses）可以申报扣除。

分项扣除允许纳税人根据法定支出项目上的支出据实申报，但分项扣除额是有限制的。如果调整后毛所得超过一定水平，分项扣除数将缩减。在美国联邦个人所得税中，分项扣除额缩减区间的收入阈值与纳税人个人免税额缩减区间的收入阈值相同。税法还规定，最后准许的分项扣除额不低于据实申报的分项扣除额的 80%，与纳税人个人免税额可以缩减到 0 不同。

四、标准化扣除和附加标准化扣除

与个人免税额采取相同标准不同，标准化扣除额根据纳税申报类型而有不同标准。2015 年，单身报税或者夫妻分别报税类型的标准化扣除额为 6 300 美元，夫妻联合报税为 12 600 美元，户主报税为 9 250 美元，鳏寡家庭（qualifying widow or widower）为 12 600 美元。

选择标准化扣除的纳税人，还可以申报一些附加标准化扣除。例如，非独立亲属标准化扣除额，在纳税人纳税申报中申请标准化扣除，2015 年非独立亲属标准化扣除额为 1 050 美元；再如，老年人和失明人士的附加标准化扣除。在一个纳税年度至少最后一天达到 65 岁的老年人，或者在一个纳税年度的最后一天之前发生完全失明（如果不是完全失明，需要眼科医生证明需要特定医疗设备），就有资格获得附加标准化扣除。如果一个纳税人既符合老年人资格，也符合失明资格，则可以同时申请两项附加标准化扣除。2015 年，已婚 65 岁以上或者失明的纳税人的附加标准化扣除额为 1 250 美元，未婚的为 1 550 美元。与纳税人个人免税额不同，标准化扣除额、附加标准化扣除不需要进行缩减，也没有限制。

五、纳税人免征额的构成

纳税人免征额由纳税人个人免税额和分项扣除额（或者标准扣除额）构成。[①] 应当强调的是，美国个人免税额标准不是个人所得税起征点，[②] 例如，不能认为 2015 年超过 4 000 美元的个人所得就进入纳税收入等级。首先，允许纳税人扣除的免征额不仅包括纳税人自己的个人免税额，还包括纳税人配偶、非独立亲属的个人免税额，不能混淆个人免税额标准和纳税人个人免征额，后者是纳税人自己的个人免税额、配偶的个人免税额和非独立亲属个人免税额之和。其次，美国个人所得税纳税人免征额不仅包括纳税人个人免税额，还有分项扣除额或者标准化扣除额，只有纳税人调整后毛所得超过了纳税人免征额，才发生纳税义务。因此，纳税人个人免税额和分项扣除额（或者标准化扣除额）之和才有类似于起征点的意义，是纳税人免征额。以 2015 年单身报税为例，个人免税额为 4 000 美元，标准化扣除额为 6 300 美元，如果选择标准化扣除，纳税人免征额为 10 300 美元，则超过 10 300 美元调整后毛所得的单身纳税人才发生纳税义务。

另外，税法允许纳税人选择分项扣除，并不是所有单身报税纳税人的起征点必然都是 10 300 美元。一个由父母和两个未成年子女构成的 4 口之家，

---

① 岳树民和卢艺（2009）也称，美国个人所得税免税额是个人宽免额（即免征额）和标准扣除（可以选择分项扣除）之和，与本章所指内容一致。

② 严格意义上的个人所得税起征点是指纳税人收入超过该数额，将对全部收入课税，否则不课税。免征额则不同，即使收入超过免征额，也仅对全部收入中超过免征额的部分课税。但就纳税义务是否发生来说，免征额具有与起征点类似的意义。

按照夫妻联合报税考虑，纳税人个人免征额为 16 000 美元，如果选择标准扣除，扣除额为 12 600 美元，亲属标准化扣除额 2 010 美元，纳税人免征额为 30 700 美元；如果选择分项扣除，免征额可能还会更高一些。将美国联邦个人所得税中个人免税额标准理解为起征点存在着严重的误解，可以说美国联邦个人所得税也没有统一的起征点标准。

第三节　免征额与非应税所得及相关税制项目协调配合

除了上述的个人免税额、分项扣除（或标准化扣除）制度之外，美国联邦个人所得税税制中还有其他类似的免税或者扣除制度，即非应税所得项目、特定费用支出扣除（"线上项目"扣除）和税收抵免制度，其作用有时与免征额类似，并且相互协调，通过个人所得税制度更好地执行社会政策。

一、非应税所得

按照美国联邦个人所得税法，非应税所得包括州和地方政府债券利息、雇主向福利计划的缴款、个人退休账户缴款、教育储蓄账户缴款、接受赠与和遗产等。按照黑格—西蒙斯（H-S）关于所得的定义，任何居民消费潜力增加都属于所得，应当计入毛所得，但是考虑各种不同因素，税法将某些所得排除在应税所得之外。例如，对州和地方政府债券利息不课征联邦个人所得税，目的之一在于为州和地方政府债务融资提供便利；退休账户等缴款虽然增加了消费潜力，但毕竟还没有实现，且属于政府支持的社会政策；对接受赠与和遗产不课税，但存在赠与税和遗产税，体现了不同税种之间的协调（罗森和盖亚，2009）。非应税所得项目使一些所得排除在应税所得之外，减轻了纳税人税收负担，与免征额有类似之处。

二、"线上项目"扣除

按照黑格—西蒙斯关于所得的定义，消费潜力的减少应当从所得中排除。为此，为工作而发生的支出应当在毛所得中扣除，这在美国联邦个人所得税税制中体现为"线上项目"扣除，实质是一种成本费用扣除。这些特定费用支出项目包括贸易或者经营支出、搬家费、教育费、个体户健康保险费、学生贷款偿还支出、学杂费等。"线上项目"扣除与分项扣除是有联系的，例如，学生贷款利息支出可以通过分项扣除，也可以通过"线上项目"扣除。"线上项目"扣除与免征额性质不同，前者是为了计算调整后毛所得，而后者是计算应税所得额，但在减轻了纳税人税收负担方面有类似的效果。特定费用支出扣除显然是必要的，进行特定费用支出扣除之后才能确定纳税人净所得，才能衡量纳税人的真实纳税能力。美国联邦个人所得税中的"线上项目"扣除实行据实申报扣除方法。

三、税收抵免项目

税收抵免，就是对于纳税人符合条件的事项规定税收抵免额，在计算净应纳税额时从毛应纳税额中减除。例如，假定按照某项规定某纳税人享有200元的税收抵免额，纳税人毛应纳税额为 1 000 元，则纳税人的净应纳税额为800 元。美国联邦个人所得税中的税收抵免分为不可退还的和可退还的两类。不可退还的税收抵免是指，其税收抵免可以减少纳税额但不会使税负降低到 0 以下，不会导致政府向纳税人收入转移，其主要项目有：国外税收抵免、儿童和亲属照料税收抵免、教育税收抵免、退休储蓄税收抵免（retirement savings credit）、儿童税收抵免、节能税收抵免（energy savings tax credits）等。可退还的税收抵免不仅可以减少纳税人纳税额，而且可以将税负降到 0 以下，也就是导致政府向纳税人进行转移支付。可退还的税收抵免主要有三种：第一种是劳动所得税收抵免（earned income tax credit, EITC）。EITC 是 1975 年设立的，目的是为低收入劳动家庭提供补贴，正常情况下不需要纳税申报的人可以通过劳动就业获得 EITC 的好处，从而为低收入者提供一种积极工作的激励，而政府也可以减轻相应的社会救助负担。第二种是附加儿童税收抵免。这是为较低收入家庭设计的，他们由于收入低、应纳税额少而得不到完全的儿童税收抵免。第三种是美国机会税收抵免（American opportunity tax credit，AOTC）。AOTC 为合格纳税人抵消接受较高教育费用支出。2015 年该项抵免额为 2 500 美元，如果纳税人的应纳税额为 2 000 美元，并且具有 AOTC 资格，则可以从美国政府获得 500 美元的教育资助。可以看到，税收抵免制度是美国联邦政府通过个人所得税制度执行社会政策的重要工具。

部分税收抵免项目实际上具有与免征额类似的功能，例如儿童税收抵免，因为儿童基本生活费用支出更高，个人免税额可能不足，儿童税收抵免具有补充作用。与免征额不同的是，税收抵免并不改变纳税人应税所得额，也不改变纳税人适用税率，而是直接降低纳税人税收负担。税收抵免先计算税收再进行税收退还，能够灵活处理一些纳税人面临的实际情况，取得与免征额类似的效果。

美国联邦个人所得税的非应税所得项目、"线上项目"扣除、税收抵免制度和免征额相互联系和补充，更好地衡量纳税人的纳税能力，并且通过免征额与社会政策工具相结合，在个人所得税制度中执行社会政策。

第四节　税收指数化与免征额价值持续实现

通货膨胀使固定收入的实际购买力下降，固定的免征额也一样，如果没有税收指数化政策，政府将从通货膨胀中获得更多的税收，即通货膨胀税。假定居民收入与物价水平同步增长，则个人实际所得（real income）没有增长。如果实行比例税率且没有免征额设计，物价上涨一倍，个人所得上涨一倍，税收也增加一倍，物价水平上涨并不带来税收扭曲。但是，个人所得税存在免征额，即使采取比例税率，也具有税收累进性，① 如果没有对免征额进行指数化调整，免征额实际偏低，必然导致纳税人税负上升。实际上，个人所得税还采取累进税率结构。税法关于税率等级收入阈值是按照名义所得（nominal income）确定的，如果没有税收指数化，即使纳税人实际所得没有上升，但其适用税率等级也将因为通货膨胀而爬升（bracket creep），导致适用税率提高，居民税负将加重。如果没有指数化，物价上升将导致固定免征额偏低、适用税率提高和税收增加，扭曲税法预期的国家和个人之间的分配关系，免征额以及诸如税率等级收入阈值等名义量客观上都需要进行指数化调整。

20 世纪 60 年代，美国通货膨胀上升，最初的办法是下调法定税率，1969～1981 年又实施了三次减税，以抵消通货膨胀的影响。1981 年，美国通过立法，对个人所得税中特定部分实行指数化，直至 1986 年确定了较完整的税收指数化制度，对税法中涉及的各种名义收入值进行指数化调整。税收指数化有三个方面的好处：第一，税收指数化排除了不经立法的实际免征额降低、适用税率上升和税负加重，保持税制稳定；第二，指数化的规定使指数化调整不必经过立法机关修改税法，立法机关授权财政税收部门依据规定和实际情况进行调整即可。因为税收指数化并不意味着税法修正；第三，通货膨胀导致实际免征额下降，对低收入家庭损害更大。税收指数化有益于减少低收入家庭不合理的税收负担，与个人所得税立法宗旨一致。当然，税收指数化将弱化个人所得税的"财政自动稳定器"功能，可能失掉这个宏观经济自动调整的工具。②

美国联邦个人所得税的税收指数化包括很多方面，并不限于免征额（个人免税额标准和标准化扣除额等）的指数化。第一，税率等级收入阈值指数化。美国联邦个人所得税税率表逐年进行调整，当然不是调整税率，而是调整税率等级的收入阈值。以单身报税纳税人 2015 年相对于 2014 年为

---

① 如果实行比例税率，但是设立了标准化免征额，免征额占低收入者的收入比例大而占高收入者的收入比例低，平均税率随收入增加而提高，税收具有累进性。这是税收文献分析具有累进性个人所得税常见的情形。

② 如果仅仅是免征额指数化，而不是全部名义收入都指数化，个人所得税财政自动稳定器功能不会全部丧失。

例，适用 10% 税率的最高应税所得额从 9 075 美元提高到 9 225 美元，提高了 1.65%；适用 39.6% 的最低应税所得从 406 751 美元提高到 413 201 美元，提高了 1.59%。第二，个人免税额标准指数化。例如，2014 年的个人免税额为 3 950 美元，2015 年为 4 000 美元，提高了 1.01%。个人免税额标准的税收指数化使免税额保持一定的实际购买力，避免纳税人因通货膨胀而承担过重的税收负担。第三，纳税人个人免税额缩减区间阈值指数化。例如，单身报税纳税人缩减区间起点阈值，2015 年比 2014 年提高了 4 050 美元，提高了 1.59%。纳税人个人免税额缩减阈值的指数化保证不必要缩减的纳税人个人免税额被缩减。第四，标准化扣除额指数化。例如，2014～2015 年，单身报税标准化扣除额从 6 200 美元提高到 6 300 美元，提高了 1.61%，以保证标准化扣除额保持固定的购买力。第五，分项扣除额限制的收入区间阈值指数化。与纳税人个人免税额缩减收入区间阈值指数化相同。第六，其他收入指标的指数化。美国联邦个人所得税中的其他指标，例如 EITC 的税收抵免额和相关收入指标也都是指数化的。

第五节　对我国个人所得税免征额制度改革的启示

美国联邦个人所得税免征额与相关制度可以为我国个人所得税免征额制度改革和完善提供有益的借鉴，主要体现在标准化和差异化相结合的免征额标准构成、税收指数化的免征额调整制度、免征额与相关制度相协调，以及个人所得税的重要性与个人所得税免征额及相关制度精细化相联系。

一、我国与美国个人所得税免征额制度的总体比较

我国当前的个人所得税免征额制度过于简化，免征额标准没有充分考虑纳税人及其家庭基本生活费用的支出实际，免征额调整方式也存在较大不合理性（曹桂全和仇晓凤，2016）。

第一，我国个人所得税税法规定了单一的纳税人标准化免征额。工资薪

金所得免征额就是税法规定的纳税人费用减除标准。也就是说，税法直接确定了纳税人免征额，而且是完全标准化的，任何纳税人免征额标准的确定不需要进行任何计算。与美国联邦个人所得税精细化、复杂化的免征额制度相比，单一标准化免征额显然有利于降低征管成本，在个人所得税地位和作用不大的条件下，也存在一定的合理性。

第二，我国个人所得税采取完全平均化的个人所得税免征额。根据2018 年的关于《中华人民共和国个人所得税法修正案（草案）》的说明"①，我国工资薪金所得税免征额不是没有考虑纳税人的负担人口，也不是完全将个人作为纳税单位，而是对所有纳税人（及其家庭）基本生活费用支出进行了一个综合的、平均的考虑。在假定所有居民基本生活费用支出完全一样、所有纳税人负担人口数完全一样的基础上确定免征额，而没有考虑纳税人之间负担人口数、基本生活费用支出的实际差异。我国也没有在标准化免征额的基础上设立像美国联邦个人所得税中的非独立亲属标准化扣除额、老年人和盲人附加标准化扣除额，与美国联邦个人所得税采取的标准化与差异化相结合的免征额构成制度有很大差距。

第三，我国个人所得税免征额采取集中性、累积性调整方式。2006 年之前，免征额处于长期不调整的状态。2006 年之后，免征额分别在 2006 年1 月、2008 年 3 月、2011 年 9 月实行了三次调整，这种调整综合考虑了物价、经济体制改革导致居民基本生活费用支出上升等因素。但是，物价每年都在变化，这种调整方式难以保证免征额标准逐年都是适当的，而必然导致免征额标准偏高与偏低并存，税收不足和过度交替，进而导致税收规模的不合理波动。我国个人所得税免征额调整的时候，都是问题积累到很严重的时候，是一种消极应对的方法，与 1986 年以来美国联邦个人所得税免征额逐年指数化调整有很大差距。而且，物价变化不仅影响免征额，也通过影响税率等级收入阈值而影响适用税率和税负。在通货膨胀的条件下，如果仅调整免征额，通货膨胀导致的税收等级爬升仍然存在，并导致过度税收，这就需

---

① 资料来源：刘昆．关于《中华人民共和国个人所得税法修正案（草案）》的说明——2018 年 6 月 19 日在第十三届全国人民代表大会常务委员会第三次会议上［R］. 全国人民代表大会常务委员会公报，2018（5）：63 – 65.

要将免征额调整扩大到税收指数化。我国 2011 年 9 月修正了个人所得税税率表，但税率表修正并不是税收指数化，而是为了加强降低中低收入者税负、加强对高收入者的再分配调节。

第四，个人所得税相关制度与免征额衔接不密切，精细化不够。我国个人所得税关于非应税所得（免税所得）规定过于宽泛，来自政府对个人的收入转移几乎全部免税，而工资薪金所得额又缺乏类似于美国的"线上项目"扣除的特定费用支出扣除。[①] 个人所得税免征额没有对高收入者的免征额缩减制度，使免征额调整时的高收入者获益偏高，导致新的不公平，不利于发挥个人所得税的收入分配调节功能。[②] 我国个人所得税税收抵免主要是为避免国际双重纳税，而没有像美国那样用来执行社会政策。我国个人所得税规定了遭受自然灾害等不利条件的纳税人可以申请减免纳税，但是在代扣代缴征税模式下很难实施。

第五，我国个人所得税收入呈现扩大趋势，但受免征额调整影响而有所波动。我国个人所得税税收收入增长较快，从 2000 年的 659.64 亿元增加到 2016 年的 10 089 亿元，年均增长率为 18.58%，仅 2012 年比 2011 年小幅下降了 3.68%。同期，个人所得税占 GDP 比重明显上升，从 0.66% 上升到 1.36%，上升了 0.7 个百分点，但 2007 年后出现波动，从 2007～2016 年仅上升了 0.18 个百分点，而 2012 年比 2011 年显著下降了 0.16 个百分点。与美国相比，我国个人所得税税收占 GDP 比重低很多，个人所得税筹集财政收入的作用相对弱，具有很大的未来增长空间。从个人所得税税收与经济增长的关系看，我国个人所得税税收受经济增长波动的影响较小，税收波动也比美国小，尤其是 2012 年之后，我国经济增长放缓，但个人所得税税收持续增长，与经济增长率变动背离，与美国联邦个人所得税税收在经济增长下降时明显下降形成明显对比。个人所得税税收的经济增长弹性大，在经济增长率下降的时候降低是正常的。我国个人所得税免征额于 2006 年 1 月、2008 年 3 月和 2011 年 9 月进行了三次调整，与税收收入占 GDP 比重在 2008

---

① 一种解释是，我国个人所得税的费用减除中包括了特定费用支出扣除，但税法并没有明确。
② 华生（2011）、贾康和梁季（2016）等有所阐述，但他们提出因此不应当调整免征额的观点值得商榷。

年开始下降、2012 年显著下降密切相关，① 而 2012 年之后免征额固定不变，个人所得税税收占 GDP 比重持续增长，2016 年比 2012 年迅速上升了 0.28 个百分点。我国个人所得税税收增长与经济增长关系不密切，显示了个人所得税免征额调整方式存在的问题。②

二、标准化和差异化相结合的免征额构成值得借鉴

美国联邦个人所得税免征额的确定方法复杂，标准化与差异化相结合，标准化扣除与据实扣除相结合，以使免征额适应不同纳税人基本生活费用支出实际，更好实现免征额价值，体现税制公平。与美国对比，我国个人所得税免征额标准制度有四个方面的差距。

第一，美国个人所得税按照一人一份的原则准许扣除个人免税额，更好地考虑每个纳税人的负担人口，而我国个人所得税免征额平均考虑纳税人的负担人口数。

第二，美国个人所得税设立分项扣除，以对于存在超过标准化扣除额的纳税人予以照顾，使其在一些重要的基本生活费用支出项目能获得更多的据实扣除，而我国个人所得税没有分项扣除和据实扣除制度。

第三，在美国联邦个人所得税免征额制度中，即使是标准化扣除也存在一些差异化设计，如非独立亲属标准化扣除额、老年人和失明人士的附加标准化扣除，而我国没有相应的附加制度，只是规定特殊情况纳税人可以申请税收减免。

第四，美国个人所得税设立纳税人个人免税额缩减制度和分项扣除额限制制度，能够避免高收入者因为免征额提高而获得更多的利益，保持税收累进性。我国个人所得税没有这些制度，提高个人所得税免征额在使一些收入

---

① 2006 年免征额调整没有导致个人所得税税收占 GDP 比重下降，与 2006 年之前很多地方实际上已经提高个人所得税免征额有关。

② 通常，免征额是适应物价变化而调整的，只是维持原有免征额的购买力不变，并不会导致税收下降或者上升。我国个人所得税免征额调整年税收下降，可能是因为集中性调整过大所致；免征额固定期间税收持续上，则可能因为免征额应当调整而没有调整从而存在过度税收。限于篇幅，这里不再展开解释。

较低的纳税人获益的同时，也使部分高收入者获益更多，① 提高免征额导致的不公平问题更加突出。国内有文献提出提高免征额会使高收入者获益更多而导致不公平（华生，2011；贾康和梁季，2016），这个观点是正确的，但没注意到应当通过设立免征额缩减制度来抑制这种局限性。如果据此拒绝调整免征额，无论在认识上还是在实践中都是有害的。免征额调整的局限性是客观存在的，而且只要设立免征额，这种局限性就存在。② 比较好的办法应当是设立免征额缩减制度，以对免征额局限性加以抑制，而不是采取放弃免征额调整这种顾此失彼的办法。

我国个人所得税免征额标准构成过于简单，不利于充分实现免征额价值。为使免征额能够更多地考虑纳税人及其家庭基本生活费用的支出实际，可以借鉴美国联邦个人所得税免征额标准构成中的标准化与差异化相结合的方法，尤其可以借鉴考虑纳税人实际人口负担的每人一份的个人免税额制度、分项扣除制度、附加标准化扣除制度、免征额缩减制度。当然，借鉴不是照搬，具体怎么做应当结合中国的实际情况进行统筹安排。例如，就分项扣除而言，如果引入这种制度，就需要设立类似美国个人免税额这样的基本免征额，这将是很复杂的工作；分项扣除应当选择对居民基本生活重要而且纳税人之间实际支出差异可能很大的项目，以使重要的居民基本生活费用支出项目通过据实扣除而实现充分扣除；增加分项扣除必须增加对应的标准化扣除以供纳税人选择，否则将导致税负不公平。例如，可以选择住房抵押贷款利息支出作为分项扣除项，但只允许有住房抵押贷款的纳税人获得分项扣除而租房的人不能扣除显然是不公平的，当然标准化扣除额是对应各分项扣除总和的，不是每个分项扣除都需要设立一个对应的标准化扣除额。如果美国个人所得税免征额制度中的每一项都采纳，将是极其复杂的税制改革，而

---

①　如对于应税所得额为 2 200 元和 4 000 元的月工资薪金所得，经过 2011 年 9 月税制改革，免征额从 2 000 元提高到 3 500 元，前者减少纳税 10 元，平均税率降低了 0.45%，后者减少纳税 180 元，平均税率降低了 4.5%。

②　设想一个没有收入的居民和一个有收入的居民，即使不设立免征额，前者的纳税额也是 0，设立免征额并不会给没有收入的居民带来利益，而有收入的居民将获得利益，没有收入的居民是真正的低收入者，但免征额并没有照顾到他们。免征额的局限性自设立时就存在，免征额调整时也存在，不能因为免征额存在局限性就予以否认，提高免征额也有局限性，也不能因为存在局限性就不提高。没有收入的低收入者，可以通过社会保障制度获得帮助。

如果在我国个人所得税免征额标准的基础上适当增加一些附加标准化扣除（如超过平均负担人口数的附加亲属扣除、学前教育扣除等），可能更加简便易行。

三、免征额标准应当进行适应性调整，推进税收指数化

税收指数化从 1986 年开始就成为美国联邦个人所得税中免征额等名义值年度调整的方法，而我国关于个人所得税免征额是否应当调整还存在争议。免征额不能随通货膨胀和居民基本生活费用支出实际增长而及时、适当调整，就不能持续实现免征额价值，破坏税法规定的个人与国家之间的分配关系，即使税收增加，也是不合理的增加，不应当成为国家财政追求的目标，也不是提高直接税比重的积极措施。国内文献中存在的所谓为扩大个人所得税规模而不仅不应当提高免征额甚至要降低免征额的观点（岳希明和徐静，2012），表面上与国家提出的提高直接税比重的目标一致，但违反个人所得税基本原则和价值。适应物价变化的免征额调整不能等同于免征额提高，更不等同于减税，除非能够证明当前免征额能够给予居民基本生活费用充分扣除，否则任何拒绝免征额调整的观点都是值得怀疑的。个人所得税免征额调整本身不应当成为问题，问题是如何认识和改革我国个人所得税免征额调整方式。我国个人所得税免征额采取较大规模的集中性、累积性调整方式，免征额调整不及时等问题积累到一定程度再调整，并且具有较大的"前瞻性"（以适应未来若干年的需要），结果必然是免征额偏高和偏低并存，税收规模不足和过度并存，不利于实现免征额价值，也不利于国家税收持续稳定，是应当改革的。同时，我国个人所得税仅进行免征额调整，而税率等级收入阈值不调整，也是不合理的。

美国联邦个人所得税的税收指数化方法是可取的。我国涉及个人与国家、单位之间负担的教育、住房、医疗、社会保障等制度已经基本确定，经济体制改革不再会导致个人和家庭基本生活费用支出较大规模增加，免征额将主要是适应物价变化而进行调整，税收指数化的免征额调整条件已经基本成熟。如果全面实施税收指数化存在困难，适应消费物价指数逐年变化的免征额调整并不存在较大的困难，应当尽快实施。按照我国工

资薪金所得免征额确定方法,① 3 500 元的免征额在 2015 年基本是适当的,2016 年稍低,而 2017 年已经明显不足,② 应当进行免征额调整。如果继续维持累积性调整方式,不及时调整免征额,可能将重复 2012 年那样的税收波动。

四、处理好免征额与相关税制要素的协调配套关系

美国联邦个人所得税税制较好地协调了免征额与免税所得(非应税所得)、"线上项目"扣除、税收抵免等税制的关系,也值得借鉴。我国个人所得税对养老收入等转移性收入免税,有其历史合理性,但现实不合理性日益增加,依靠转移性收入获得的高收入脱离个人所得税调节,既不利于增加税收,也不利于税收公平。借鉴美国个人所得税免征额及相关制度,不同人群的特殊情况可以通过分项扣除、附加标准化扣除、税收抵免等制度加以考虑,而不应当一律免税。我国工资薪金所得并没有具体考虑因为工作而发生支出的特定费用支出扣除,无法确定纳税人净应税所得(类似于美国联邦个人所得税中的调整后毛所得),应当引入特定费用支出扣除制度(类似于美国联邦个人所得税中的"线上项目"扣除)加以完善。劳动所得税收抵免(EITC)有利于激励低收入劳动者就业,既能提高居民收入,也能减轻财政的社会救济支出压力,可以借鉴。其他的税收抵免有助于处理很多社会发展问题,执行社会政策,也可以借鉴。例如,当前我国学前教育费用较高并且主要由家庭承担,对人口增长带来较大压力,可以考虑设立相应的税收抵免额,支持学前教育,降低生育压力。

从免征额及相关制度所依赖的整体税制看,美国联邦个人所得税的免征额制度依赖于综合型税制模式和纳税人纳税申报。我国当前个人所得税实行

---

① 工资薪金所得免征额根据城镇职工平均负担的消费支出确定,等于城镇居民人均消费支出乘以城镇职工平均负担人口数。

② 2015 年,我国城镇居民每月消费支出 1 783 元,城镇职工负担系数为 1.9,城镇职工负担的居民消费支出 3 388 元,已经接近于 3 500 元的免征额。2016 年城镇居民每月消费支出为 1 923 元,按照城镇职工负担系数不变计算,城镇职工负担的消费支出将为 3 654 元,超过 3 500 元的免征额。按照 2016 年相对 2015 年的增长速度估计,2017 年城镇职工负担的居民消费支出将为 3 941 元,明显高于 3 500 元的免征额。

分类税制模式，不同来源所得的纳税人适用不同的税率表，免征额标准也不一致，一个纳税人的不同来源所得可以分别获得免征额待遇，而一些所得又没有免征额待遇，存在很大的不公平性。我国个人所得税主要采取源泉课征方法，无法汇总纳税人的各种来源所得和衡量纳税人的总体纳税能力，如美国个人所得税免征额制度中的分项扣除等据实申报扣除、免征额缩减等制度无法实施。要推进个人所得税免征额制度改革，很大程度上需要进行个人所得税税制模式和征管方式的改革。在这个意义上，我国当前提出的建立综合与分类相结合的个人所得税制是非常必要的，也是与免征额制度改革相配套的。

免征额及相关制度是个人所得税制度的重心。免征额是围绕居民基本生活费用支出不纳税的要求展开的，是决定个人所得税性质的关键问题。免征额标准的合理构成和免征额适应性调整（税收指数化）是持续实现免征额价值的要求，是体现个人所得税良税性质的要求。美国个人所得税税收占GDP的8%左右，个人所得税税收占联邦税收的40%以上，是主体税种，免征额制度精细化是与之相呼应的。重要的税收制度就需要更公平合理的制度设计。在过去很长一段时间内，我国个人所得税规模不大，在税收结构中的作用不大，平均税率不高，简单化的免征额及其调整方式简便易行，而且也不会带来较严重的公平问题。但是，这种情况已经发生了变化。2016年，我国个人所得税税收突破1万亿元，个人所得税税收占总税收比重达到7.74%，占GDP的比重达到1.36%，我国还提出了提高直接税比重、加强个人所得税再分配调节作用的政策方向。在这种条件下，完全平均化的单一免征额标准、其他税制要素设计不完善、偏离应有免征额标准的免征额累积性调整方式、不能全面实行税收指数化的危害将越来越突出，税制精细化要求越来越强烈。改变我国个人所得税免征额制度过于简化的局面，改革和完善个人所得税免征额标准和免征额调整方式，处理好免征额与其他税制要素的关系，推进免征额制度精细化，增强个人所得税公平性，已经势在必行。

第六章
个人所得税免征额规则的理论探讨[*]

免征额是个人所得中用于基本生活费支出而免于征税的部分。免征额具有属人性，为纳税人及其负担人口设立，所有纳税人均得享有。免征额标准依据居民基本生活费水平确定，需要进行科学测算。免征额应当由基本免征额和附加免征额构成，并对过高收入者实行免征额缩减，体现税收效率与公平的统一。免征额与社会政策扣除、税收抵免具有一定的替代关系，可以用社会政策扣除、税收抵免替代部分附加免征额。法定免征额是一个名义量，应当适应物价水平变化进行适应性调整，但免征额标准一般不作为宏观经济政策的工具。应当设立关于免征额的专门条款，而不是直接规定一个费用减除标准。我国2018年税法对免征额做出了一些改进，但仍存在较多不足。

第 一 节 引 言

免征额是个人所得税制的基础要素，也是我国个人所得税法修正的重要内容。2018年我国个人所得税税法进行了第七次修正，税制模式从分类计征转变为综合与分类相结合计征，同时对免征额规则也作了较大的修正和调整。免征额规则变化体现在三个方面。第一，提高了免征额标准。将工资薪金所得纳税人免征额标准从每月3 500元提高到5 000元。第二，扩大免征

---

 * 本章原文发表于2021年，原文见：曹桂全. 个人所得税免征额规则的理论探讨——兼论我国个人所得税免征额规则存在的不足［J］. 经济研究参考，2021（5）：36 – 52.

额适用范围。2018 年税法中，对工资薪金所得、劳务报酬所得、稿酬所得和特许权使用费所得综合计征，并规定综合所得纳税人免征额为每年 6 万元，使 2011 年税法之下没有工资薪金所得的劳务所得纳税人、稿酬所得纳税人、特许权使用费所得纳税人也能获得与工资薪金所得纳税人一样的免征额减除，扩大了免征额适用范围。第三，增加了专项附加扣除，对免征额具有补充作用。2018 年税法将 2011 年税法中的个人缴纳的基本养老保险费、基本医疗保险费、失业保险费和住房公积金（即通常所说的"三险一金"）明确为"专项扣除"，增加了由子女教育支出、教育培训支出、大病医疗支出、住房抵押贷款利息支出、住房租金支出和赡养老人支出扣除构成的专项附加扣除，专项附加扣除涉及的纳税人支出范围与居民基本生活有关系，对免征额具有一定的补充作用。提高免征额标准、扩大适用免征额的纳税人范围和增加专项附加扣除，降低了个人纳税负担，有利于发挥免征额的积极作用。

但 2018 年税法修正也有局限性。财政部部长刘昆于 2018 年 6 月 19 日在第十三届全国人民代表大会常务委员会第三次会议上作的报告"关于《中华人民共和国个人所得税法修正案（草案）》的说明"中指出："修改工作坚持突出重点，对现行个人所得税法不适应改革需要的内容进行修改，补充、完善保障改革实施所需内容。对其他内容，原则上不作修改"。也就是说，2018 年税法修正不是全面修订。就免征额规则来说，还有一些方面的问题并没有解决或者没有彻底解决。第一，缺乏独立免征额条款，不利于明确区分免征额与成本费用减除项目。2018 年《中华人民共和国个人所得税法实施条例（修订草案征求意见稿)》中，将 2011 年税法中的劳务报酬所得、稿酬所得、特许权使用费所得的成本费用减除一并删除，后来不得不在正式通过的税法中加以补充，存在明显的失误，有将 2011 年税法中劳务报酬所得、稿酬所得、特许权使用费所得的成本费用减除误解为免征额之嫌。第二，基于对免征额性质认识不足，导致不是所有纳税人均能减除免征额。《中华人民共和国个人所得税法》（2018）仅规定了综合所得的免征额减除，并通过《中华人民共和国个人所得税法实施条例》（2018）规定经营所得在计算应税所得额时"减除 6 万元"，[①] 补充了经营所得免征额，但突破了税法甚至

---

① 引自《中华人民共和国个人所得税法实施条例》（2018）第十五条。

违反了上位法，表明关于免征额的理论认识存在不足。第三，免征额与附加专项扣除关系不明。2018 年税法增加了专项附加扣除，对原税法单一标准化免征额起到了补充作用，但专项附加扣除究竟是社会政策扣除项目还是附加免征额并不明确。尤其是，2018 年税法并没有增加其他国家个人所得税中普遍存在的针对纳税人及其负担人口的负担人口数、年龄、身体健康状况等方面的附加免征额，没有改变单一标准化免征额。第四，2018 年税法仍然没有对免征额调整的依据作出科学说明，没有改变原有的累积性、前瞻性调整方式。2018 年税法进一步提高了免征额标准，调整的理由是"考虑了人民群众消费支出水平增长等各方面因素，并体现了一定前瞻性"[①]，但是没有明确免征额标准调整的依据，也没有对免征额标准调整的方式方法做出规定，从而没有改变这种前瞻性、累积性调整方式，不可避免地将出现税收波动（曹桂全和仇晓凤，2016）。[②] 实际上，2018 年税法全面实施后，2019年个人所得税收入为 10 388.48 亿元，比 2018 年的 13 871.97 亿元下降了 25.11%，占总税收的比重从 8.87% 下降到 6.58%，[③] 国家税收大幅度下降不利于财政收入稳定，暴露了前瞻性、累积性调整方式存在严重不足。

《中共中央关于制定国民经济和社会发展第十四个五年规划和二〇三五年远景目标的建议》（以下简称《建议》）对个人所得税制改革和完善提出了新要求。一方面，《建议》提出，"完善现代税收制度，健全直接税体系""适当提高直接税比重"，个人所得税扮演重要角色，需要提高个人所得税在总税收中的比重；另一方面，《建议》还提出"完善再分配机制，加大税收、社保、转移支付等调节力度和精准性，合理调节过高收入"，需要进一步改善综合与分类相结合的税制模式，建立更加公平和利于收入再分配调节的税制。刘昆（2020）就"十四五"时期建立现代税收制度的任务中提出，"进一步完善综合与分类相结合的个人所得税制度。适时推进个人所得税改

---

① 资料来源：刘昆. 关于《中华人民共和国个人所得税法修正案（草案）》的说明——2018年6月19日在第十三届全国人民代表大会常务委员会第三次会议上 [R]. 全国人民代表大会常务委员会公报，2018（5）：63–65.

② 累积性调整方式指我国个人所得税免征额经过若干年调整一次，并不是法定免征与应有免征额不一致就马上调整，而是法定免征额比较严重偏离应有免征额时才调整，所以调整的幅度也比较大。具体阐述见曹桂全和仇晓凤（2016）。

③ 资料来源：国家统计局. 国家数据网站，https：//data. stats. gov. cn/。

革修法，合理扩大纳入综合征税的所得范围，完善专项附加扣除项目，完善吸引境外高端人才政策体系"。因此，应当按照提高个人所得税在税收结构中的地位、合理调节过高收入、加大个人所得税再分配调节精准性的要求，进一步完善包括免征额规则在内的税制，以精细化税制推进税收精准性调节。

免征额并非一个简单的免予课税的收入或者费用金额，而是由一套规则构成的制度体系。黄桦（2014）就个人所得税计税依据阐述了相当于免征额的"生计费扣除"，认为生计费是纳税人本人及其家庭成员的最低生活费用，在免征额设计上需要考虑纳税人家庭成员数量、年龄状况、被抚养者的数量、身体健康状况，并规定个人基本宽免，再针对家庭成员及其年龄、健康状况规定补充宽免额，从而形成基础扣除、配偶扣除、抚养扣除、老年人加计扣除、残疾者加计扣除等构成的免征额体系。但是，除此之外，国内教科书和著作缺乏关于个人所得税免征额规则体系全面的理论阐述，不适应全面修法的需要，不利于认识和解决现行税法中免征额规则中存在的问题。

为此，本章基于个人所得税原理和一些国家的税收法律经验，对免征额规则的内容及其基本原理进行阐述，力图形成一个关于个人所得税免征额规则体系的理论框架。本章以下部分将就免征额及其在税法中的地位、免征额的属人性、免征额标准的确定依据、免征额构成体系、免征额缩减机制、免征额与社会政策扣除项目的关系、免征额标准调整方式进行阐述，最后就我国个人所得税免征额规则体系存在问题进行分析，并提出改进建议。

第二节　免征额规则体系的内容及其原理

一、免征额是实现居民基本生活费用不纳税的税制要素

免征额是个人所得税制基础要素之一。现代个人所得税制度中，有诸如成本费用减除项目，目的是保证对净所得课税，与企业所得税中的成本费用减除以对毛利润课税类似；也有各种社会政策扣除项目，用以执行社会经济政策，如慈善捐款支出扣除、缴纳社会保障费的支出扣除、教育支出扣除、

亲属间赠与支出扣除等；也有一些免予征税的所得，如国债利息所得、商业保险赔款、一定水平的养老金收入等。如果税法中不明确适用免征额概念（或者基本生活费用减除），仅规定费用减除、扣除额并不能明确该等减除额、扣除额属于何种性质和类型。

免征额，或者称为基本生活费用减除额，是考虑纳税人需要负担纳税人及其负担人口的基本生活费用支出而免于纳税的所得金额，在应税所得额计算中体现为应税所得的减除项目。基本生活费用不纳税，或者说，纳税人用于满足基本生活需要的支出不纳税，是现代个人所得税制度的基本原则，设立免征额的直接目的就在于此。同时，免征额也产生低收入者不纳税、促进税收累进性等间接效应，利于发挥个人所得税的再分配调节作用。与成本费用减除相比，免征额不必以费用支出实际发生为前提，而是依法确定的一个居民基本生活费用支出标准，按此标准，纳税人相应部分所得免予课税。如果税法不规定免征额条款而仅在计算应税所得时直接规定一个费用减除额，并不能表明该费用减除的性质和类别。所以，税法应当明确规定免征额或者类似基本生活费用减除等概念。例如，日本个人所得税法第八十六条规定：居住者从其本人该年度总所得金额、退职所得金额及山林所得金额中，扣除29万日元，该扣除为基本生活费用扣除。[①]

应当看到，居民基本生活费用不征税是个人所得税的重要原则，但是并不是说所有国家都通过免征额来实现。加拿大个人所得税通过设立税收抵免体系（包括个人基本抵免额、配偶抵免额、非独立亲属抵免额、抚养抵免额、残疾抵免额等），实现基本生活费用不纳税的目标，但没有免征额项目（胡建怡等，2017）。实现居民基本生活费用不纳税是税法的根本要求，而通过免征额是实现这个根本要求的方式之一，而且较多国家采取设立免征额条款的方式，但不排除采取其他方式。

二、免征额具有属人性

免征额考虑的是纳税人维持家庭基本生活所需收入，并非取得收入所发

---

① 日本国所得税法［M］.陈汝议，武梦佐，译.北京：中国展望出版社，1984：71.

生的成本费用；免征额是赋予纳税人及其负担人口的，不是赋予应税所得的，即免征额具有属人性。尽管免征额在应税所得计算中体现为从应税所得中减除，但是免征额应当针对纳税人及其负担人口设计相应规则。

美国个人所得税中，规定了个人免征额（personal exemption），纳税人及其配偶、未独立子女每人各减除一份；还规定了纳税人不同申报类型下的标准扣除额（standard deduction）或者选择分项扣除（itemized deduction）方法，在标准扣除之下，还规定了针对非独立亲属、老年人、盲人的附加标准扣除额（additional standard deduction），都针对个人或者家庭而非针对所得（曹桂全，2017）。① 英国个人所得税中，规定了个人免征额（personal allowance）和婚姻免征额（marriage allowance）、已婚夫妇免征额（married couple's allowance）、盲人免征额（blind person's allowance），也都针对个人。应当注意的是，英国实行分类与综合混合税制，个人免征额针对非储蓄所得、股息所得纳税人，而储蓄所得纳税人、股息所得纳税人另有免征额（何杨和王文静，2018）。

日本 1978 年所得税法中，对于给予所得（包括俸禄、薪金、工资、年薪、年金、互助年金、奖金及此类性质的给予有关的所得），首先规定了成本费用减除项目，即从收入额中减除收入额一定比例的给予所得扣除额，比例随着收入额提高而降低，例如，收入额在 150 万元以下的为 40%，收入额在 150 万 ~300 万元的为 30%，等等。日本所得税还规定了所得扣除，包括杂项损失扣除、医疗费扣除、社会保险费扣除、小规模企业互助分期付款扣除、人寿保险费扣除、损失保险费扣除、捐助款扣除、残疾者扣除、老年人扣除、寡妇扣除、工读学生扣除、配偶扣除、抚养扣除和基本生活费扣除。② 其中基本生活费扣除标准为 29 万元，是纳税人自己的基本生活费用减除，类似英国的个人免征额；配偶扣除、抚养扣除标准与基本生活费扣除额相同，是纳税人之外负担人口的免征额；残疾者扣除、老年人扣除、寡妇扣除、工读学生扣除则是纳税人及其负担人口针对个人不同情况的附加免征

---

① 这里指美国 2015 年个人所得税，具体内容可参见曹桂全（2017）。

② 日本国所得税法 [M]. 陈汝议，武梦佐，译. 北京：中国展望出版社，1984：29 - 30，61 - 71。

额；杂项损失扣除、医疗费扣除、社会保险费扣除、小规模企业互助分期付款扣除、人寿保险费扣除、损失保险费扣除、捐助款扣除并不直接针对个人，属于社会政策扣除。属于免征额的所得扣除是针对个人的，与成本费用减除针对所得明显不同，与社会政策为执行相应社会政策也有所不同。

从免征额的属人性可以推论，任何纳税人及其负担人口都应当享有免征额减除的待遇，而无论其收入来源形式如何，无论其个人身份如何。任何不能使纳税人不能享有减除免征额的规定，都违背个人所得税基本原则，与免征额属人性相背离。

三、免征额标准以基本生活费用支出水平为依据

免征额是个人所得中用于居民基本生活费用（也称生计费用）支出而免于征税的部分，这是国内文献（魏明英，2005；岳树民和卢艺，2009；黄桦，2014）的主流观点。2011 年的《关于〈中华人民共和国个人所得税法修正案（草案）〉的说明》[①] 明确阐明，规定工薪所得减除费用的目的是体现居民基本生活费用不纳税的原则。

免征额标准应当以当前居民基本生活费用水平为依据，这是基本逻辑。基本生活费用如何确定呢？A. 马斯格雷夫和 B. 马斯格雷夫（2003）年指出，美国纳税人的免征额（包括个人免征额与标准扣除额）至少相当于贫困线。斯蒂格利茨和罗森加德（2020）就美国个人所得税指出，"实行免征额的目的在于，与标准扣除额相结合，确保对非常穷的人不征税。从历史上看，不予征税的最低收入大致就是贫困线收入"。当然，基本生活的范畴与费用支出水平与各国各地居民的生活习惯、历史文化、社会经济体制以及社会保障制度有关，并非一成不变。我国计划体制时期，城镇职工的住房、就业、医疗、教育等方面的支出由国家和单位负担，居民个人和家庭负担部分相对少，免征额可以相对低。改革开放后，住房商品化、就业市场化、义务

---

① 资料来源：谢旭人. 关于《中华人民共和国个人所得税法修正案（草案）》的说明——2011 年 4 月 20 日在第十一届全国人民代表大会常务委员会第二十次会议上 [R]. 全国人民代表大会常务委员会公报，2011（5）：464 - 465.

教育之外普遍实行缴费上学的条件下，免征额应当相对高。如果一个国家社会保障制度提供的普遍福利水平高，免征额标准可以相对少。研究确定本国的基本生活费用支出水平是确定合适免征额标准的关键。

根据免征额标准的逻辑，在一国一定时期内，免征额标准既然依据居民基本生活费用支出水平确定，就应当是一个确定量，政策调节空间很小。有文献认为，可以按照税收累进性最大化确定免征额标准（岳树民等，2011）；或者认为，免征额属于税收优惠的范畴，是以减轻纳税人的负担或者鼓励纳税人从事某种产品生产或产业发展为目的的税收优惠（高亚军和周曼，2011）；或者确定不同地区与最优税率相适应的免征额（周伟和武康平，2011），都脱离了免征额标准的应有依据。免征额标准是否适当、是否需要调整应当主要考虑免征额标准与居民基本生活费用支出水平是否一致、是否保证居民基本生活费用支出不纳税，脱离这个准则讨论免征额标准的高低，也就脱离了免征额的内涵、价值和应有功能。

四、由基本免征额与附加免征额构成免征额体系

从英国、美国、日本等国的个人所得税法实践看，免征额并非单一免予征税的所得额度，而是存在基本免征额和附加免征额、免征额缩减机制等构成部分。基于此，图6-1显示了免征额的一般构成。

图6-1　免征额体系的一般构成

资料来源：笔者绘制。

一国居民的基本生活费用支出数量具有总体上的一致性，税法对此予以确认的结果就是基本免征额，并且可以标准化。标准化基本免征额还有利于降低征管成本，符合税率效率要求。以个人为课税对象与以家庭为课税对象的基本免征额不同。以个人为课税对象时，基本免征额仅是纳税人自己的基本生活费用，如日本1978年所得税法规定的基本生活费扣除额为29万日元，英国2018/2019税年的个人免征额为11 850英镑。以家庭为课税对象

时，基本免征额是纳税人及其负担人口的基本生活费用之和，例如，美国2015年个人免征额为 4 000 美元，如果纳税人负担人口数是 3，则纳税人个人免征额为 12 000 美元。

附加免征额考虑纳税人及其负担人口在年龄、健康状况方面存在明显差异而设立，符合税收公平要求。附加免征额可以是标准化的。日本 1978 年所得税法中，首先，根据纳税人自身的某些差异而设立附加免征额，包括残疾者扣除额为 23 万日元（特别残疾者为 31 万日元）、老年人扣除额为 23 万日元、寡妇扣除额为 23 万日元、工读学生扣除额为 23 万日元；其次，设立负担人口的附加免征额，包括配偶扣除额为 29 万日元（老年配偶为 35 万日元）、抚养亲属扣除额为每人 29 万日元（老年人为 35 万日元）。美国个人所得税中的分项扣除总体上属于附加免征额，纳税人对自己及其负担人口在符合条件的支出范围内据实申报减除，支出项目包括州和地方税支出、慈善捐款支出、个人退休计划缴款支出、寻找工作的支出、医疗费支出、某些利息支出、未保险的灾害和被盗损失等；纳税人可以选择标准扣除替代分项扣除，不同纳税申报类型的标准扣除额不同，2015 年，单身报税、夫妻分别报税、夫妻联合报税、户主报税和鳏寡家庭报税分别为 6 300 美元、6 300 美元、12 600 美元、9 250 美元和 12 600 美元；标准扣除中仍然有老年人附加扣除 1 250 美元、盲人附加扣除 1 250 美元（未婚的为 1 550 美元）、未成年子女附加扣除 1 250 美元。所以，美国的附加免征额更加复杂，其目的是尽可能使纳税人的基本生活费用支出得以充分减除。英国个人所得税附加免征额项目相对少，包括盲人免征额、婚姻免征额、已婚夫妇免征额。

即使相同的免征额也会为高收入者带来更多的免税利益，降低税收累进性和有效税率，不利于发挥个人所得税的收入分配调节作用。为此，可以建立免征额缩减机制。英国个人所得税中，2020/2021 税年，当个人年调整后净所得（adjusted net income，ANI）超过 10 万英镑时，个人免征额将缩减，每增加 2 英镑，个人免征额减少 1 英镑，ANI 达到和超过 125 000 英镑，则个人免征额缩减为 0。[①] 美国个人所得税中，纳税人个人免征额和分项扣除

---

① 本章关于英国个人所得税 2020/2021 税年最新规定来源于英国政府网（https：//www.gov.uk/）。

额都有缩减机制，以单身报税为例，2015 年，纳税人调整后毛所得（adjusted gross income，AGI）达到 258 250 美元后，AGI 每增加 1 250 美元，纳税人免征额缩减 2%，AGI 达到 380 750 美元时，免征额缩减为 0。分项扣除额缩减的起点阈值和方式与免征额相同，但最多只缩减 20%（曹桂全，2017）。免征额缩减机制对调节过高收入者起到积极作用。以美国 2011 年税法为例，免征额缩减机制能够使税法规定的最高边际税率从 35% 提高到 39%，反之，如果不执行免征额缩减机制，高收入者实际边际税率将低于 35% 且可能比低收入者还低（斯蒂格利茨和罗森加德，2020）。

综合上述，图 6 - 2、图 6 - 3、图 6 - 4 分别展示了美国、英国和日本的免征额构成，其中图 6 - 4 涉及日本个人所得税免征额与社会性扣除的关系，下面将另行阐述。

图 6 - 2　美国联邦个人所得税 2015 年的免征额体系

资料来源：美国国内收入署网站（www. irs. con）。

注：这是 2015 年美国税制。2017 年，美国个人所得税税制有所变动，如将个人免征额与标准扣除额合并，减少分项扣除项目等。

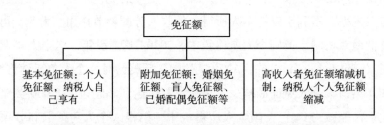

图 6 - 3　英国个人所得税 2020/2021 税年的免征额体系

资料来源：英国政府网（www. gov. uk）。

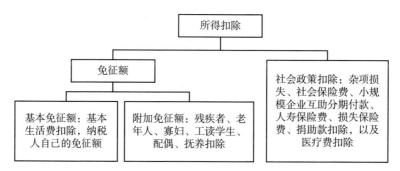

图 6 - 4　日本 1978 年个人所得税的所得扣除的区分和免征额构成

资料来源：根据《日本国所得税法》(1984) 编制。

五、处理好免征额与社会政策扣除、税收抵免的关系

随着社会保障制度的发展，个人所得税与社会保障相互经常相互关联、相互补充，也相互替代。在这种条件下，不能忽略免征额与社会政策扣除、税收抵免的关系，有时国家通过社会政策扣除项目、税收抵免项目替代附加免征额项目。

美国个人所得税中，分项扣除与标准扣除是二选一的，但一些分项扣除项目显然可以在社会政策扣除中规定，如慈善捐赠、个人退休计划缴款、住房抵押贷款利息支出等。税收抵免包括不可退还的税收抵免和可退还的税收抵免。低收入者由于收入低、应税所得低，不能通过免征额或者社会政策扣除获得利益，可退还的税收抵免项目尤其能发挥有效作用。美国个人所得税有劳动所得税收抵免（EITC）、附加儿童税收抵免和美国机会税收抵免（AOTC）属于可退还的税收抵免，其中 EITC 的目的是为低收入劳动者家庭提供补助，能够激励其就业，虽然政府为其提供了税式支出，但也减轻了相应社会救助支出。

英国个人所得税的附加免征额项目很少，这与其普惠型社会福利有关，也与其税收抵免政策有关。2000 年前，英国税法有子女免征额，之后已经修改为子女税收抵免（child tax credit）。子女税收抵免是针对抚养子女家庭的税收政策，适用于纳税人抚养子女不超过 16 周岁或者正在接受教育或培训的不超过 20 周岁的情形。子女税收抵免包括两部分，2017/2018 税年，

基本抵免额（the basic amount）为每位儿童每年 545 英镑；额外抵免额为每个子女 2 780 英镑，残疾子女额外再有抵免额 3 175 英镑，严重残疾的再加 1 290 英镑。此外，如果纳税人已经享受一般抵免待遇（universal credit），则不能再在个人所得税申报中享受子女税收抵免，这也体现了个人所得税与福利政策的融合趋势（何杨和王文静，2018）。

前已述及，日本所得税法中有"所得扣除"一节，将免征额与社会政策扣除一并规定，也显示了免征额与社会政策扣除的密切关系。图 6-4 是根据免征额与社会政策扣除的不同性质而进行的区分。杂项损失、社会保险费、小规模企业互助分期付款、人寿保险费、损失保险费、捐助款、医疗费支出扣除的目的是执行相应社会政策，属于社会政策扣除，但日本税法并没有区分。

六、免征额标准进行适应性调整

免征额规则体系中还有一项重要内容即免征额标准的调整。免征额标准调整有三个原因。第一，适应物价变化的调整。税法中免征额标准是名义量，在物价上涨的条件下，实际免征额将偏低，不能使基本生活费用充分减除，税负过重，称为"通货膨胀税"。加之个人所得税适用累进边际税率，物价上涨导致适用税率爬升，进一步加重纳税负担。为此，免征额标准应当适应物价变化进行调整，称为税收指数化。第二，适应经济体制改革的调整。社会保障规定了某些基本生活费用在国家、单位和个人之间的分担方式，如果经济体制改革导致分担方式改变，免征额标准应当进行相应调整。第三，适应经济发展阶段变化的调整。随着经济增长和社会变化，尤其是从温饱型社会向小康社会转变，居民基本生活需求水平有所提高，免征额也应有所提高，发展中国家尤其重要。

适应物价水平变化而进行免征额调整应当逐年进行。适应经济体制改革而进行的调整应当在经济体制引起个人负担的基本生活费用水平发生一定程度变化的条件下及时调整。适应经济发展阶段的变化而进行免征额调整，应当在经济发展阶段发生转折之时进行调整，这种调整方式可以统称为适应性调整。

并非各国开始就采取适应性调整方式。美国 20 世纪 60 年代通货膨胀明显上升，最初的方法是降低法定税率。之后，开始调整免征额，1969 年个人免征额为 600 美元，1970 年调整为 625 美元，1971 年调整为 675 美元，1972～1978 年调整为 750 美元，1979～1985 年调整为 1 000 美元。1986 年开始，免征额标准开始按照核心消费物价指数（CPI）进行逐年指数化调整，形成了适应性调整方式并持续下来（曹桂全，2017）。免征额调整由国会授权给国内收入署（internal revenue service，IRS）具体执行，调整的内容并不限于免征额标准，其他如税率阶距、免征额缩减阈值、标准扣除额、各项税收抵免额等也同时进行指数化调整（杨默如，2015）。

第三节　我国现行个人所得税免征额规则及其存在的不足

经过 2018 年税法修正，我国个人所得税免征额规则有了一些进步，解决了比较迫切的问题，但仍然存在一些不足。基于前述免征额规则的一般原理，对我国现行个人所得税免征额规则体系进行梳理，与其他国家税法相比较，分析我国现行个人所得税免征额规则存在的不足。

一、现行税法关于免征额规则的规定

《中华人民共和国个人所得税法》于 1980 年 9 月 10 日颁布实施，经历 1993 年 8 月、1999 年 8 月、2005 年 10 月、2007 年 6 月、2007 年 12 月、2011 年 6 月和 2018 年 8 月七次修正，形成 2018 年现行税法。[①] 按照 1993 年、2005 年、2007 年、2011 年的《关于〈中华人民共和国个人所得税法修

---

① 现行税法于 2019 年 1 月 1 日起实施，部分内容（比如纳税人免征额标准）自 2018 年 10 月开始实施。

正案（草案）》的说明》①②③④，1993 年税法、2005 年税法、2007 年税法、2011 年税法中的工资薪金所得的每月费用减除 800 元、1 600 元、2 000 元、3 500 元，以及现行税法中的综合所得的每年费用减除 6 万元，属于居民基本费用减除，以实现居民基本生活费用支出不纳税为目标，应视为免征额。现行税法实行综合与分类相结合税制模式，综合所得与各分类所得分别适用各自的免征额规定。

（一）综合所得纳税人的免征额

《中华人民共和国个人所得税法》（2018）第六条"应税所得额计算"的第一款第一项规定："居民个人的综合所得，以每一纳税年度的收入额减除费用六万元以及专项扣除、专项附加扣除和依法确定的其他扣除后的余额，为应纳税所得额。"⑤ 其中，减除费用 6 万元为综合所得纳税人的免征额。

现行税法中的专项扣除、专项附加扣除是否属于免征额？《中华人民共和国个人所得税法》（2018）第六条第四款规定："本条第一款第一项规定的专项扣除，包括居民个人按照国家规定的范围和标准缴纳的基本养老保险、基本医疗保险、失业保险等社会保险费和住房公积金等；专项附加扣除，包括子女教育、继续教育、大病医疗、住房贷款利息或者住房租金、赡养老人等支出。"《中华人民共和国个人所得税法实施条例》（2018）第十三

---

① 刘仲藜．关于《中华人民共和国个人所得税法修正案（草案）》的说明——1993 年 8 月 25 日在第八届全国人民代表大会常务委员会第三次会议上［DB/OL］．（2000 - 12 - 28）［2020 - 12 - 10］全国人大网：http：//www．npc．gov．cn/wxzl/gongbao/2000 - 12/28/content_5003031．htm．

② 金人庆．关于《中华人民共和国个人所得税法修正案（草案）》的说明——2005 年 8 月 23 日在第十届全国人民代表大会常务委员会第十七次会议上［R］．全国人民代表大会常务委员会公报，2005（7）：627 - 628．

③ 谢旭人．关于《中华人民共和国个人所得税法修正案（草案）》的说明——2007 年 12 月 23 日在第十届全国人民代表大会常务委员会第三十一次会议上［R］．全国人民代表大会常务委员会公报，2008（1）：89．

④ 谢旭人：关于《中华人民共和国个人所得税法修正案（草案）》的说明——2011 年 4 月 20 日在第十一届全国人民代表大会常务委员会第二十次会议上［R］．全国人民代表大会常务委员会公报，2011（5）：464 - 465．

⑤ 我国税法中的"应纳税所得额"是指直接适用税率计算应纳税额的所得额，从最初的应税所得经过成本费用减除、社会政策扣除减除和免征额减除而得到．

条规定："个人所得税法第六条第一款第一项所称依法确定的其他扣除，包括个人缴付符合国家规定的企业年金、职业年金，个人购买符合国家规定的商业健康保险、税收递延型商业养老保险的支出，以及国务院规定可以扣除的其他项目。"其中，专项扣除即个人缴纳的"三险一金"以配合社会保险制度和住房公积金制度实施为目标，明显属于社会政策扣除；其他扣除与专项扣除类似，并非个人所得法设立的，属于执行相关社会经济政策的社会政策扣除。专项附加扣除是个人所得税法设立的，与基本生活费用相关，但并非针对纳税人及其负担人口的年龄、健康状况设立，并非附加免征额解决的问题，列入社会政策扣除更加合理。而且，从我国现行税法逻辑看，如果专项扣除和其他扣除列入社会政策扣除，而专项附加扣除列入附加免征额，拆分了专项扣除体系，不合逻辑。

（二）经营所得纳税人的免征额

《中华人民共和国个人所得税法》（2018）第六条规定："经营所得，以每一纳税年度的收入总额减除成本、费用以及损失后的余额，为应纳税所得额"，这里的成本、费用以及损失属于成本费用，而不是免征额。《中华人民共和国个人所得税法实施条例》（2018）第十五条规定："取得经营所得的个人，没有综合所得的，计算其每一纳税年度的应纳税所得额时，应当减除费用6万元、专项扣除、专项附加扣除以及依法确定的其他扣除。"该6万元减除显然并不属于"成本、费用及损失"，而是属于免征额。这样，《中华人民共和国个人所得税法实施条例》（2018）突破了现行税法，使经营所得纳税人获得了与综合所得相同的免征额待遇。

（三）其他分类所得纳税人的免征额

按照现行税法，分类所得中的财产租赁所得，财产转让所得，利息、股息、红利所得和偶然所得，在应税所得额计算中，只有经营成本费用减除或者没有任何费用减除，所以没有免征额减除待遇。

综上，我国现行税法规定的免征额及相关社会政策扣除构成如图6-5所示。

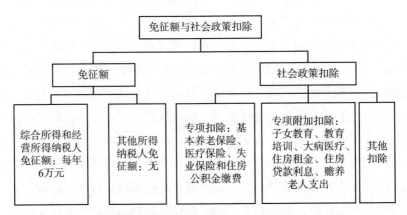

图 6-5　我国个人所得税的免征额与社会政策扣除项目构成

资料来源：根据《中华人民共和国个人所得税法》（2018）及《中华人民共和国个人所得税法实施条例》（2018）编制。

二、我国免征额规则存在不足的理论分析

第一，税法没有专门的免征额条款，缺乏明确的免征额概念。现行税法二十二条中，没有关于免征额的直接规定。根据免征额的概念，税法第六条第一款第一项中规定的综合所得减除"费用六万元"属于免征额。工资薪金所得费用减除标准调整是因为"居民的基本生活消费支出水平又有所提高"；2005 年的《关于〈中华人民共和国个人所得税法修正案（草案）〉的说明》①中指出"规定工薪所得减除费用的目的是实现居民基本生活费用不纳税的原则。当居民维持基本生活所需的费用发生较大变化时，减除费用标准也应相应调整"。因此我国税法没有关于免征额（基本生活费用减除）的专门条款，可能的考虑是简化税法，但容易将免征额理解为成本费用从而混淆免征额与成本费用减除，并实际导致了混淆。

---

①　资料来源：金人庆. 关于《中华人民共和国个人所得税法修正案（草案）》的说明——2005 年 8 月 23 日在第十届全国人民代表大会常务委员会第十七次会议上［R］. 全国人民代表大会常务委员会公报，2005（7）：627-628.

第二，免征额相关条款尽管考虑了纳税人基本生活负担，但没有直接体现属人性。现行税法中，相当于免征额的费用减除出现在"应税所得额计算"条款中，也就是说，免征额直接体现为对应税所得的一种费用减除，对所得而不对人，没有直接体现免征额的属人性。当然，我国税法中的免征额考虑了纳税人及其负担人口的基本生活费用支出，否则也无法推定其为免征额。2005 年的《关于〈中华人民共和国个人所得税法修正案（草案）〉的说明》①中指出，"2004 年全国城镇单位在岗职工年人均消费支出为 7 182 元。按人均负担 1. 91 计算，城镇职工的人均负担消费支出为 1 143 元/月。为了使个人所得税的工资、薪金所得减除费用标准适应客观实际情况，《草案》将工资、薪金所得减除费用标准由目前的 800 元/月提高到 1 500 元/月，高于城镇职工的人均负担消费支出水平，以解决城镇居民生活费用税前扣除不足的问题"。由于没有强调免征额的属人性，免征额作为一种费用减除直接在应税所得（收入额）中减除，但没有能够在所有纳税人的应税所得中减除，导致不是所有类型所得纳税人均能获得免征额待遇。

第三，实行单一标准化免征额，缺乏附加免征额，没有免征额缩减机制。按照 2005 年的《关于〈中华人民共和国个人所得税法修正案（草案）〉的说明》②，我国个人所得税免征额是纳税人免征额，考虑了纳税人负担人口的基本生活费支出，而不是纳税人自己的个人免征额。但是，基本生活费用支出水平和纳税人负担人口数都是平均化的，前者参照全国城镇居民人均消费支出考虑，后者按照全国城镇就业人员负担人口平均数确定。按照现行税法，按照负担人口平均数 2 计算，可以推算相当于美国个人所得税的个人免征额为 3 万元。但是，纳税人进行免征额减除时，不再考虑纳税人及其负担人口的具体基本生活费用差别，也不考虑其负担人口数差别。而且，没有附加免征额以考虑纳税人及其负担人口年龄、健康状况和身份等差别。

---

①② 资料来源：金人庆. 关于《中华人民共和国个人所得税法修正案（草案）》的说明——2005 年 8 月 23 日在第十届全国人民代表大会常务委员会第十七次会议上［R］. 全国人民代表大会常务委员会公报，2005（7）：627 - 628.

与英国、美国税制相比，我国个人所得税还缺乏免征额缩减机制，不利于对过高收入进行调节。[①] 我们做一简化测算。假定一组纳税人，年净综合所得（减除经营成本费用扣除和社会政策扣除后的余额）分别为 1 万 ~ 60 万元，适用综合所得税率表，纳税人免征额每年 6 万元与没有免征额相比，应纳税额分别减少 300 ~ 18 000 元，如图 6 - 6 所示，收入越高，免征额的减税利益越大，这显然不利于收入分配调节。此外，比较存在免征额与不存在免征额条件下的有效税率，如图 6 - 7 所示，有效税率降低幅先增后减，净所得 9 万元纳税人降幅最大，达到 6.2 个百分点，但高收入纳税人降低幅度稳定在 3 个百分点左右，这不利于形成税收累进性。最后，与没有免征额相比，总体有效税率从 15.11% 降低到 10.98%，也不利于扩大个人所得税再分配效应。[②]

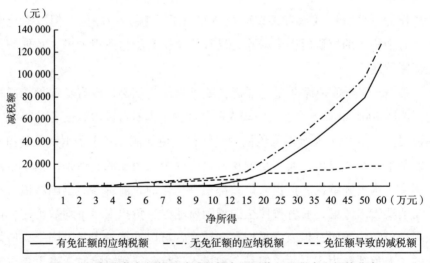

图 6 - 6　标准化免征额导致减税额在不同收入纳税人之间的分布

资料来源：根据笔者测算数据编制。

---

① 第七章将对免征额递减机制的问题进行更加全面的分析。

② 再分配效应取决于税收累进性和有效税率，税收累进性越强，再分配效应越大；有效税率越高，再分配效应越大。如果税收累进性很强但有效税率低，很难形成较大再分配效应。

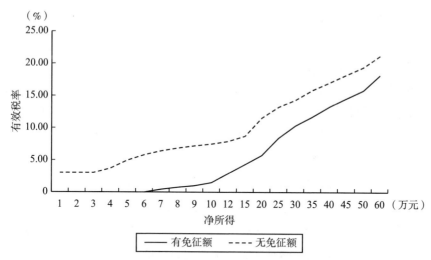

图6-7 不同收入纳税人有无免征额条件下有效税率的对比

资料来源：根据笔者测算数据编制。

第四，免征额标准参考城镇居民消费支出确定，而不是以居民基本消费支出为依据，不可持续使用。前已述及，免征额的目的是使居民基本生活费用支出不纳税，但具体参考全国城镇居民人均消费支出确定。之所以如此，一是因为缺乏居民基本生活费用支出数据，二是我国个人所得税纳税人主要居住在城镇，工资薪金所得税纳税人主要是城镇职工，参考城镇居民消费支出指标更加合理。但是，居民消费支出毕竟不等于居民基本生活费支出，在温饱型社会阶段，居民消费支出可能还达不到基本生活费支出水平；在小康社会阶段，居民消费支出大致达到或超过基本生活费支出水平；在富裕阶段，居民消费支出必然超过基本生活费支出水平。如果持续以居民消费支出作为免征额确定依据，在小康社会和富裕社会，必然导致免征额偏高。

第五，只有综合所得和经营所得纳税人能够进行免征额减除。按照我国税法和税法实施条例，我国实行综合与分类相结合的税制模式，但仅综合所得和经营所得纳税人能够进行免征额减除，财产租赁所得纳税人，财产转让所得纳税人，利息、股息、红利所得纳税人和偶然所得纳税人，如果没有综合所得或者经营所得，则不能进行免征额减除，这严重违背免征额的价值和功能。比较而言，同样实行综合与分类相结合税制模式的日本，其基本生活费减除及附加免征额适用于综合所得及作为分类所得的退职所得和山林所得，纳税人均等获得免征额待遇。

第六，免征额标准调整具有前瞻性、累积性，免征额经常性不足和过度交替，并导致税收波动。按照开始实施的时间算，我国个人所得税免征额标准分别于2006年1月、2008年3月、2011年9月和2018年10月进行调整，从每月800元分别调整为1 600元、2 000元、3 500元和5 000元（按年计算为6万元），调整幅度分别达到100%、25%、75%和42.86%，分别适用了12年（800元免征额从1994年起算）、2年、4年、7年，而2018年10月税法规定的每月5 000元免征额仍在适用。这种调整方式导致法定免征额与应有免征额经常偏离，免征额调整前税收过度增长，而免征额调整年税收下降，既不能实现免征额充分减除基本生活费用的目标，还导致国家税收的不稳定，弊端严重。图6-8显示，2012年个人所得税税收收入比2011年下降3.86%，占总税收比重从6.75%下降到5.78%，占GDP比重从1.24%下降到1.08%；2019年个人所得税税收收入比2018年下降25.11%，占总税收比重从8.87%下降到6.58%，占GDP比重从1.51%下降到1.05%。

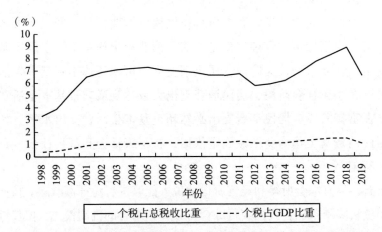

图6-8　我国个人所得税税收收入占总税收比重和占GDP比重的变化

资料来源：国家统计局（https://data.stats.gov.cn/）。

第四节 改进我国现行个人所得税
免征额规则的建议

基于上述分析，结合我国"十四五"时期进一步改革和完善个人所得税制的要求，提出完善免征额规则的几点建议。

一、强化免征额的属人性，设立独立的免征额条款

设立免征额条款，强化免征额属人性，使纳税人均得享有免征额减除待遇。建议在进一步修改税法时，明确免征额（或者基本生活费减除）的概念，并在税法中设立独立的免征额条款，规定各种所得纳税人均享有免征额减除待遇，使免征额与成本费用减除、社会政策扣除项目明确地区别开来，避免免征额与经营性费用减除混淆，改变现行税法条件下某些所得纳税人不能减除免征额的不足。

二、建立附加免征额，引入免征额缩减机制，完善免征额体系

建议改变现行税法下的单一标准化免征额的做法，设立纳税人及负担人口享有的个人免征额，设立考虑年龄、健康状况的附加免征额，允许个人免征额在夫妻间转移。建议建立免征额缩减机制，加强对过高收入者的再分配调节。如对于减除成本费用、社会政策扣除之后的年综合净所得超过30万元（适用25%边际税率）的纳税人实行免征额缩减，每超过5 000元，免征额缩减2%，净所得达到55万元及以上的纳税人不再减除免征额。

三、科学测算居民基本生活费用标准，逐步实行税收指数化

建议组织研究我国居民基本生活及费用支出，稳定居民基本生活费用标

准，免征额标准逐步实行税收指数化调整。改变现行税法参照城镇居民消费支出确定免征额的做法，国家组织研究我国居民基本生活范围及其费用支出水平，作为免征额确定的科学依据。鉴于我国社会主义市场经济体制基本定型，即将进入全面小康社会，纳税人负担的居民基本生活费用范围和水平趋于稳定，免征额标准主要适应物价变化进行调整，放弃当前的前瞻性调整方式，避免税收规模的不合理波动。稳定的免征额标准（税收指数化调整并不实质提高免征额）也利于税收持续增长。

四、注重免征额与社会政策扣除、税收抵免项目的协调

社会保障等社会政策与个人所得税相互融合已经成为必然趋势，个人所得税制要适应社会保障等社会政策的需要，设立社会政策扣除项目和税收抵免项目。尤其应当强调的是，现行税法中的专项扣除、附加专项扣除都不利于解决中低收入者的民生保障，为加强对中低收入者的激励和照顾，可以考虑设立可退还的劳动所得税收抵免、儿童税收抵免，对积极就业的低收入者、有抚养儿童的子女给予可退还的税收抵免，通过税式支出，为其提供补贴。

第七章
建立我国个人所得税免征额递减机制研究

　　本章探讨建立我国个人所得税免征额递减机制的问题。第一，在我国个人所得税调节收入分配功能较弱的条件下，免征额递减机制是关注对高收入者税收调节的一种机制设计。第二，阐述了缺乏免征额递减机制条件下标准化免征额的利弊，指出标准化免征额具有使低收入者免于纳税和减轻中等收入者税负、形成税收累进性的积极作用，但也存在为高收入者带来更多减税利益从而不利于扩大税收规模和再分配效应的消极效应。第三，阐述了免征额递减机制的基本原理和功能。当纳税人净所得达到起点阈值后，其免征额开始减少，甚至减少到0，从而抑制标准化免征额的消极效应，能够弥补标准化免征额的不足。第四，阐述了英国、美国和日本的个人所得税设立的免征额递减机制及其发挥作用的原理，总结了免征额递减机制的不同方式。第五，提出我国建立个人所得税免征额递减机制的建议和可选方案，建立我国个人所得税免征额递减机制将利于增强税收累进性，提高总体税率，扩大个人所得税再分配效应和税收规模，符合我国当前强调加强对高收入调节和税收精准化调节的政策要求。

第一节　引　　言

　　我国个人所得税法于1980年颁布实施，1994年第一次修正后进入有效实施阶段。1999 年 10 月、2005 年 10 月、2007 年 6 月、2007 年 12 月、2011 年 6 月和 2018 年 8 月继续进行了六次税法修正，其中免征额①调整是主要的修正项目。2018 年的第七次税法修正突出重点，对税法不适应改革需要的内容进行修改，补充、完善保障改革实施所需内容，落实逐步建立综合与分类相结合的个人所得税制的部署，提高个人所得税起征点，增加子女教育等专项费用扣除，合理减负，鼓励人民群众通过劳动增加收入、迈向富裕（刘昆，2020）。但是，2018 年税法修正并没有实现税法的全面完善。2020 年，《中共中央关于制定国民经济和社会发展第十四个五年规划和二〇三五年远景目标的建议》提出，"完善再分配机制，加大税收、社保、转移支付等调节力度和精准性，合理调节过高收入"。刘昆（2020）指出，要进一步完善综合与分类相结合的个人所得税制度，适时推进个人所得税改革修法。我国个人所得税功能仍然较弱，而标准化免征额消极效应没有得到重视，很少关注免征额递减机制。在这个背景下，探讨建立我国个人所得税免征额缩减机制很有必要。

一、我国个人所得税功能仍然较弱

个人所得税承担筹集财政收入和调节居民收入配的双重功能。从筹集财政收入的角度看，我国个人所得税税收增长较快，但占总税收比重不高且波动较大（见图 7 - 1）。2000 年，全国个人所得税税收 659.64 亿元，占总税收比重为 6.5%；2005 年，全国个人所得税税收 2 094.91 亿元，占总税收比重为 7.28%，达到一个高峰；2016 年，全国个人所得税税收 10 089 亿

---

① 我国税法没有使用"免征额"一词，1993 年的《关于〈中华人民共和国个人所得税法修正案（草案）〉的说明》中出现"费用减除标准"，2011 年的《关于〈中华人民共和国个人所得税法修正案（草案）〉的说明》中出现"基本生活费用不纳税"的词语，（资料来源：刘仲藜．关于《中华人民共和国个人所得税法修正案（草案）》的说明——1993 年 8 月 25 日在第八届全国人民代表大会常务委员会第三次会议上［DB/OL］.（2000 - 12 - 28）［2020 - 12 - 10］全国人大网：http：//www.npc.gov.cn/wxzl/gongbao/2000 - 12/28/content_5003031.htm. 谢旭人：关于《中华人民共和国个人所得税法修正案（草案）》的说明——2011 年 4 月 20 日在第十一届全国人民代表大会常务委员会第二十次会议上［R］. 全国人民代表大会常务委员会公报，2011（5）：464 - 465.）《中华人民共和国个人所得税法》（2018）第六条直接规定综合所得纳税人减除费用 6 万元，我国学术界将其理解为免征额，本章采取这种说法。

元，占总税收比重为 7. 74%，再次达到一个高峰；2018 年，全国个人所得税税收 13 871. 97 亿元，占总税收比重达到 8. 87%，为历史最高；但是，2019 年个人所得税税收为 10 388. 48 亿元，比 2018 年下降了 25. 11%，回到了 2016 年的水平，占总税收比重下降到 6. 58%，回到了 2000 年的水平。① 比较而言，英国 1965~2015 年个人所得税占总税收比重始终保持 30% 左右，美国 1995~2013 年的联邦个人所得税占总税收比重始终保持 50% 左右，日本个人所得税在 2004~2014 年占总税收比重始终接近 20%（胡建怡等，2017）。

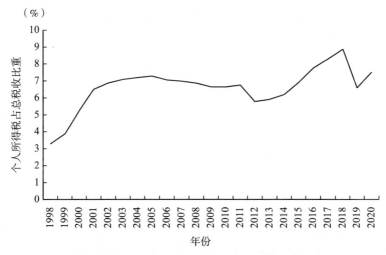

图 7 - 1　我国个人所得税税收占总税收比重和占 GDP 比重的变化

资料来源：国家统计局（https：//data. stats. gov. cn／）。

从个人所得税调节居民收入分配的角度看，相关研究表明，我国个人所得税再分配效应在 1% 左右，模拟测算的结果高一些，可以达到 2%~4%（曹桂全，2020）。根据（Wagstaff et al.，1999）的研究，丹麦等 12 个 OECD 国家的个人所得税再分配效应从 4. 78%（法国）到 16. 09%（芬兰）不等，其中英国为 8. 54%，美国为 9. 29%。比较而言，我国个人所得税再分配调节作用较弱。因此，我国个人所得税在发挥筹集财政收入和再分配调节功能方面有进一步提高的空间。

①　根据国家统计局（https：//data. stats. gov. cn／）的有关数据计算。

二、免征额规则影响个人所得税功能发挥

我国个人所得税功能不强，首先与经济发展阶段和收入水平有关。2019年，我国人均国内生产总值 70 078 元[①]，而现行税法规定的综合所得和经营所得纳税人免征额为每年 6 万元，还有各项专项扣除和专项附加扣除。在这种条件下，相当比重的个人将不纳税或者纳税很少，税收集中于占人口比重不大的个人身上。比较而言，2020 年，英国人均国内生产总值 40 358 美元，个人所得税个人免征额 12 500 英镑即 17 038 美元；美国人均国内生产总值 63 415 美元，个人所得税个人免征额（单身报税和夫妻分别报税的标准扣除额）为 12 400 美元；日本人均国内生产总值 40 138 美元，当年个人所得税个人免征额（综合所得纳税人的基础扣除）为 48 万日元（相当于 4 653 美元）。[②] 应纳税所得额是应税所得减除免征额和其他扣除额后的余额，显然，我国个人所得税纳税人的数量和纳税能力弱于英国、美国和日本，必然导致我国个人所得税规模小，并进而限制我国个人所得税功能。

直观上看，免征额作为应税所得的减项，提高免征额标准将减低税收规模从而降低总体有效税率，甚至可能抵消了税收累进性增加的积极效应，从而最终不利于个人所得税再分配效应。基于此，岳希明和徐静（2012）、岳希明等（2012）、徐建炜等（2013）认为，提高免征额增强了税收累进性，但较大幅度降低了有效税率，最终个人所得税再分配效应下降，既不利于提高个人所得税比重，也弱化甚至恶化了个人所得税再分配效应。曹桂全（2018）则认为，提高免征额导致个人所得税再分配效应总体下降的情况一般很难出现，正常条件下居民收入增长足以消除提高免征额的影响，认为提高免征额将带来税收和再分配效应下降与其选择的测算方法以及我国免征额调整方式有关。我国个人所得税免征额采取累积性调整方式（官方称为

---

① 数据来源于国家统计局（https：//data. stats. gov. cn/）。
② 与英国相比，日本的纳税人个人免征额比较低，与其个人所得税免征额的构成以及其他扣除项目有关。英国个人所得税不设立抚养免征额，而日本则设立抚养免征额。

"前瞻性"调整①），即若干年调整一次，调整并不针对某一年。在这种条件下，简单考虑免征额调整年的情况会夸大免征额调整的消极效应，而将免征额调整规模分解到相关年份上去，免征额调整并没有降低个人所得税规模和再分配效应。累积性调整方式的弊端是导致免征额过度和不足交替出现以及税收过度、税收不足的交替出现，不利于持续实现免征额价值和个人所得税功能稳定。不应当否定免征额调整的价值，而是应当改革免征额调整方式，由累积性调整改为适应性调整即逐年调整。

免征额规则的其他方面也影响个人所得税功能。免征额规则有比较复杂的构成，包括即基本免征额、纳税人及其负担人口的附加免征额、免征额递减机制等。基本免征额一般采取标准化免征额方式，规定一个标准数量，这是有局限性的，但很少被认识和重视。简单地说，在累进税率作用下，标准化免征额为高收入者带来更多的减税利益，并进一步产生弱化税收累进性和降低有效税率的消极后果，不利于扩大税收规模，也不利于税收再分配调节。我国个人所得税免征额从 1994 年的每年 9 600 元（每月 800 元）逐渐提高到 2019 年的 60 000 元（相当于每月 5 000 元），免征额对不同收入水平纳税人的减税利益差别扩大。在现行税制下，为适用最高税率（45%）的高收入者带来的减税利益达到每年 27 000 元，而适用 10% 边际税率的中等收入者的减税利益只有 6 000 元，这种不对称的减税利益并不是免征额规则的应有目标。为此，一些国家如英国、美国和日本的个人所得税建立免征额递减机制，以抑制标准化免征额的消极效应。我国个人所得税实行单一标准化免征额，没有附加免征额项目，也没有免征额递减机制，其消极效应没有得到重视。

三、免征额递减机制与对高收入调节关系密切

我国经济发展的另一个特点是人口多、收入差别大，虽然总体居民收入

① 2018 年的《关于〈中华人民共和国个人所得税法修正案（草案）〉的说明》中指出："草案将上述综合所得的基本减除费用标准提高到 5 000 元/月（6 万元/年）。这一标准综合考虑了人民群众消费支出水平增长等各方面因素，并体现了一定前瞻性。"资料来源：刘昆．关于《中华人民共和国个人所得税法修正案（草案）》的说明——2018 年 6 月 19 日在第十三届全国人民代表大会常务委员会第三次会议上［R］. 全国人民代表大会常务委员会公报，2018（5）：63－65.

水平不高，高收入人口比重小，但高收入人口数量规模并不小。2019 年，我国最低 20% 收入组人均可支配收入只有 7 380. 4 元，而最高 20% 收入组人均可支配收入达到 76 400. 7 元①。按照负担人口系数 2 折算，我国有 10% 的个人年均可支配收入达到 152 801. 4 元，其人口数量达到 1. 3 亿人②，成为个人所得税税收来源的重要力量。个人所得税应当有所为、有所不为，重点加强对高收入者调控（黄凤羽，2010）。在我国总体居民收入偏低的条件下，应当看到高收入者的规模和纳税能力，重视加强对高收入调节相应的税制建设，并将其作为发挥个人所得税功能的切入点。

我国现行个人所得税税法只有 21 条，总体上比较简化，与"税收调节的精准性"要求难以匹配。就免征额而言，现行税法仅在第六条直接对免征额数量做出规定，甚至没有使用免征额的概念。比较而言，英国、美国和日本的个人所得税税制复杂，在免征额规则方面有关于基本免征额、附加免征额以及免征额递减机制的详细规定。理解这些国家个人所得税免征额规则尤其是免征额递减机制，分析免征额递减机制的作用和效果，对于完善我国个人所得税免征额规则是有益的。

四、本章的主题和内容安排

落实国家关于完善税制、更好发挥个人所得税功能的政策要求，需要以税制精细化推进税收调节精准化。个人所得税需要改革和完善的方面比较多，本章聚焦于免征额规则方面，并进一步聚焦于免征额递减机制，通过理论分析和模拟测算，研究免征额递减机制的必要性和作用机理，研究借鉴英国、美国和日本的经验，研究我国个人所得税免征额的特征、作用和消极影响，提出建立我国个人所得税免征额递减机制的政策建议。

本章其他部分内容安排如下：第二部分阐述个人所得税免征额规则的构成和免征额递减的一般原理和作用；第三部分介绍英国、美国个人所得税中

---

① 国家统计局住户调查办公室. 中国居民收支与生活状况报告 – 2020 ［M］. 北京：中国统计出版社，2020：274.

② 负担系数指就业人口负担人口数。按照负担系数 2 考虑，20% 人口中有 10% 的就业人口，而 20% 人口的收入是 10% 的人口取得的。

的免征额递减机制，并以英国为例，对其作用效果进行模拟分析；第四部分分析我国现行个人所得税的标准化免征额规则及其积极作用和消极影响；第五部分提出在我国个人所得税中引入免征额递减机制方案，分析其预期效应，并进行总结和对相关问题进行讨论。

第二节 个人所得税免征额规则与免征额递减机制

免征额是个人所得税重要的、特有的税制要素，依据纳税人及其负担人口的基本生活费用支出确定。税法通常为纳税人及其负担人口的基本生活费用支出规定一个标准化免征额。在累进税率的作用下，标准化免征额产生为高收入者带来更多减税利益的消极效应。免征额递减机制的作用就是减弱标准化免征额的消极效应。

一、个人所得税税制中的免征额规则

个人所得税税制复杂，其税制要素包括纳税单位的确定[1]、应税所得范围（应税所得及其项目、免税所得及其项目）、计征方式（综合计征与分类计征）、经营费用扣除[2]、社会政策扣除[3]、基本生活费用扣除（即免征额）、税率表、税收抵免[4]、税收减免、税收征管等税制要素[5]。

---

[1] 纳税单位上分为个人和家庭，绝大多数国家都以个人为纳税单位，同时考虑其家庭负担人口比如配偶、未成年子女的基本生活费用，很少有国家像法国一样选择以家庭作为纳税单位。如何考虑纳税人家庭负担人口的基本生活费用扣除是关键。

[2] 经营性费用扣除指个人所得税法允许纳税人从应税所得中减除用于取得收入过程中花费的支出。我国个人所得税没有明确使用该概念，但劳务报酬所得、稿酬所得、特许权使用费所得允许减除20%的费用应当属于经营性费用扣除。

[3] 社会政策扣除，也可以称为特别扣除、社会性扣除，指为实施社会经济政策而在设立的税前扣除项目。我国个人所得税法规定的专项扣除和附加专项扣除可以理解为社会政策扣除。

[4] 税收抵免指允许纳税人从应纳税额中减除的税额。我国现行税法中只有避免双重纳税的税收抵免，没有为实施社会政策的税收抵免项目。

[5] 关于个人所得税税制要素构成的解释可以参考文献曹桂全（2018）和文献曹桂全（2021）。

免征额是个人所得税特有的税制要素，体现居民基本生活费用支出不课税的要求，使税收不侵犯居民基本生活，尤其受到关注。免征额规则构成复杂，可以概括为基本免征额、附加免征额、免征额递减机制、免征额标准调整以及免征额与社会政策扣除、税收抵免项目关系五个方面（见图7-2）。

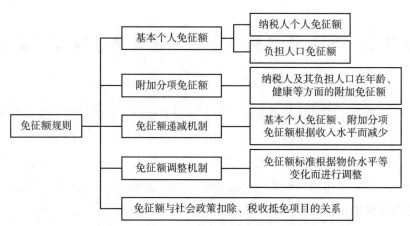

图7-2　个人所得税免征额规则的一般构成

资料来源：笔者绘制。

第一，考虑一国居民总体上有大致相同基本生活及其支出水平，设立标准化的基本免征额（standard basic allowance）。基本免征额应当覆盖所有纳税人及其负担人口。纳税人本人与负担人口[①]的免征额可以相同，也可以有所差别。美国个人所得税个人基本免征额相同，而日本则对纳税人个人基本免征额和负担人口中的老年人和未成年人及其他未独立生活的个人规定不同的基本免征额。

第二，纳税人及其负担人口在年龄、婚姻状况、健康状况等方面存在差异，其基本生活费用支出水平也存在差异，基于此，考虑纳税人及其负担人口的年龄、婚姻状况、健康等差异而设立附加免征额（曹桂全，2021）。

第三，对于标准化基本免征额甚至附加免征额，英国、美国和日本个人

---

① 一般地，负担人口指在共同生活的家庭成员，主要是配偶和未成年子女，但有时也扩大到非共同生活的老年人。一个劳动人口负担人口数，称为负担系数。

所得税还设立免征额递减机制。递减机制的核心是，当净应税所得[①]达到一定门槛水平（递减起点阈值）后，免征额将减少，净应税所得越高，免征额减少越多，当免征额减少为 0 或者一个数量后不再递减，相应的净应税所得称为递减终点阈值。不同国家的递减项目的选择和递减方式不同，下文将详细论述。

第四，由于物价水平变化、一国经济发展水平变化、经济体制尤其是社会保障制度改革导致居民负担基本生活范围的变化，法律规定的免征额属于名义量，客观需要进行适应性调整（曹桂全，2021）。英国、美国和日本都有免征额调整机制，其中美国从 1986 年开始参照核心消费物价指数逐年进行调整。

第五，社会政策扣除、税收抵免项目有时与免征额项目有一定替代或者互补关系，处理免征额与社会政策扣除、税收抵免项目甚至国家福利项目的关系是一个重要问题。当然，对免征额项目和社会政策扣除项目的归类也有理论认识上的差异。黄桦（2015）将配偶扣除、抚养扣除理解为附加免征额（补充免征额），而将老年人、残疾人的加计扣除理解为社会政策扣除（特别扣除）。因此，针对个人的生活费用的一般扣除（不以实际发生为条件）均属于免征额（基本免征额或者附加免征额），而针对个人因为特定事项发生支出（例如缴纳社会保险支出）允许据实申报的扣除则属于社会政策扣除。日本个人所得税不允许纳税人就 16 周岁以下子女申报抚养免征额，因为国家已经为之支付子女津贴；美国个人所得税中社会政策扣除项目较少，而代之以税收抵免项目（曹桂全，2018）。

二、标准化免征额的消极效应与免征额递减机制

为什么设立免征额递减机制呢？基本免征额一般采取标准化免征额方式，规定一个规定的标准数量，例如，我国现行个人所得税综合所得纳税人

---

① 净应税所得指应税所得减除经营性费用扣除和法律规定的其他扣除后的余额，是英国和美国个人所得税税法的一个关键收入指标。

免征额每年 6 万元，英国 2020/2021 税年①的个人免征额为每年 12 500 英镑，2015 年美国个人所得税的个人免征额为每年 4 000 美元②，日本 2020 年个人所得税纳税人基本免征额为 48 万日元。这种标准化免征额试图为纳税人或者纳税人及其负担人口提供一个均等的基本生活费用减除，但在累进税率条件下，为高收入者提供更多的减税利益，其有效税率下降，弱化税收累进性③并最终弱化了个人所得税再分配效应④，这对于发挥个人所得税筹集财政收入和再分配调节功能都是不利的。

累进税率是标准化免征额产生消极效应的关键。纳税人净应税所得（NX）不同，其对标准化免征额（SA）的反应并不一样。税率表表示为函数 s(·)，忽略已经在应税所得中减除的经营性费用扣除之外的其他费用扣除因素，则标准化免征额条件下的应税所得额（STI）表示为式（7-1）：

$$STI = NX - SA \qquad\qquad (7-1)$$

相应的应纳税额（SGT）为式（7-2）：

$$SGT = s(STI) = s(NX - SA) \qquad\qquad (7-2)$$

其中，s(·) 表示税率函数。为说明标准化免征额的影响，简单考虑净应税所得水平不同的三组纳税人，净应税所得分别为 $NX_1 < SA$，适用 0 税率；$NX_2 > SA$，适用中等边际税率（20%）；以及 $NX_3 > NX_2 > SA$，适用高边际税率（40%）。为分析方便，假定免征额不改变纳税人的适用税率，那么，与没有免征额相比，标准化免征额为三组纳税人带来的减税利益分别为 0、0.2SA 和 0.4SA。显然，收入越高，减税利益越大。可以推断，高收入者的高减税利益将进一步降低其有效税率，减少了税收，降低了税收累进性，也将弱化个人所得税再分配效应。

———————————

① 英国个人所得税纳税年度为当年 4 月 6 日至次年 4 月 5 日。

② 2018 年美国个人所得税税法进行修正，将个人免征额与标准扣除额合并为标准扣除额，取消了免征额递减机制。本章主要分析 2015 年美国个人所得税及其免征额递减机制。

③ 如果纳税人有效税率随着收入提高而提高，则税收是累进的，否则是累退的。有效税率随收入提高增加越快，则税收累进性越强。

④ 按照卡瓦尼（Kakwani, 1977）的定义，税收累进指数（K）等于税收对税前收入的集中系数（C_T）减除税前收入基尼系数（G_X）的差额，即：$K = C_T - G_X$。在没有再排序效应的条件下，再分配效应（RE）决定于是税收累进指数和总体有效税率（t），即：$RE = K \times \dfrac{t}{1-t}$，本文按照这个公式计算和分析。

三、免征额递减机制的构成及其作用的一般原理

英国、美国和日本个人所得税设立了针对过高收入者的免征额递减机制，其核心是：在纳税人或者负担人口的收入达到一定水平后，免征额将递减，随着收入提高，免征额递减越多，甚至可以在一个较高水平上递减为0。在该机制之下，高收入纳税人并不能获得标准化免征额，应税所得额提高，应纳税额更多，有效税率更高，减轻了标准化免征额的消极效应。一般地，免征额递减机制将有四个部分。

第一部分为递减项目。英国只有纳税人个人免征额递减，其他项目不递减；美国（2015年）的个人免征额和分项扣除额递减，其他项目不递减；日本的纳税人个人免征额、负担人口免征额和其他附加免征额均有递减。

第二部分为起点阈值（starting threshold，ST）。一般位于一个较高净应税所得的位置上，相应适用边际税率也较高，净所得进入后将开始递减。例如，英国2020/2021税年的起点阈值是100 000英镑。

第三部分为终点阈值（fishing threshold，FT）。净所得达到该水平后，免征额将不再继续减少。不再继续减少有两种情况，一种是免征额已经减少到0，例如，英国个人所得税个人免征额递减到0为止，相应终点阈值为125 000英镑；另一种是递减到某个水平，例如，美国个人所得税（2015年）的分项扣除额递减到分项扣除额的80%为止。

第四部分为递减方式。各国免征额递减方式不同，同一国家不同免征额项目的递减方式也有不同。例如，英国纳税人个人免征额的递减方式是：净应税所得每超过起点阈值2英镑，标准化免征额递减1英镑；美国个人所得税个人免征额递减方式是：净应税所得每超过起点阈值一定数额（2015年为1 250美元），标准化免征额递减2%。日本个人所得税免征额递减方式有两种，一种是分档列出免征额，随着净所得提高，免征额降低；另一种是限定取得免征额的资格条件，纳税人或者负担人口收入超过某个水平的，不得减除相应免征额。

无论具体的递减方式如何，免征额递减机制可以概括为：净所得（NX）低于起点阈值的，获得标准化免征额（SA）；超过起点阈值（ST）后，实际

免征额（A）开始递减，并随净所得增加而减少，具体如式（7-3）所示：

$$\begin{cases} A = SA, & \text{如果 } NX \leqslant ST \\ A < SA, & \text{如果 } NX > ST \end{cases} \qquad (7-3)$$

净所得（ST）超过起点阈值（ST）的纳税人的应税所得额（TI）比标准免征额（SA）条件下的要高，具体如式（7-4）和式（7-5）所示：

$$TI = NX - A \qquad (7-4)$$

$$TI > STI \qquad (7-5)$$

相应的应纳税额（GT）也将提高，具体如式（7-6）式（7-7）所示：

$$GT = s(TI) = s(NX - A) \qquad (7-6)$$

$$GT > SGT \qquad (7-7)$$

当纳税人适用最高边际税率（t_{max}）并且免征额全部递减时，免征额递减带来的税收增加额最大，称为最大增税额，其数额如式（7-8）所示：

$$\Delta GT = t_{max} \times SA \qquad (7-8)$$

有效税率是应纳税额占应税所得（X）的比重。显然，符合免征额递减条件的高收入纳税人的有效税率也将提高，如式（7-9）所示：

$$\frac{GT}{X} > \frac{SGT}{X} \qquad (7-9)$$

不适用免征额递减的纳税人，有效税率不变；而不纳税的个人，其有效税率始终为 0。这样，免征额缩减机制将使税收累进性将增强。同时，免征额递减条件下的应纳税额也将增加，总体有效税率也将提高，而个人所得税再分配效应也将必然因此增强。

第三节　英国、美国和日本个人所得税免征额递减机制及其作用

英国、美国、日本个人所得税制度中均存在免征额递减机制，可以用来深入分析免征额递减机制作用的机理和效果，并为建立我国个人所得税免征额机制提供借鉴。

一、英国

英国于 1799 年开征个人所得税，是世界上最早开征的国家。现行英国个人所得税实行综合与分类相结合税制，区分综合所得（指储蓄所得和股息所得之外的所得）、储蓄所得和股息所得，分别适用不同税率表。这里仅介绍综合所得纳税人的有关税制。2020/2021 税年，综合所得适用税率表为：5 万英镑以下适用基础税率（basic rate）20%，5 万~15 万英镑适用高税率（higher rate）40%，15 万英镑以上适用额外税率（additional rate）45%。① 综合所得的免征额项目包括纳税人个人免征额（personal allowance，PA）和附加免征额。2020/2021 税年，标准化个人免征额为 12 500 英镑。附加免征额有婚姻免征额（marriage allowance）、已婚夫妻免征额（married couple's allowance）和盲人免征额（blind person's allowance）。

按照英国税制，计算综合所得纳税人的应税所得额（taxable income，TI）时，首先，将综合所得各项收入分别减除经营性成本费用并加总，得到综合净所得；其次，净所得减除社会政策扣除，得到调整后净所得（adjusted net income，ANI）；ANI 减除免征额，得到应税所得额。为简化分析，忽略附加免征额和社会政策扣除，仅考虑个人免征额，应税所得额如式（7-10）所示：

$$TI = ANI - PA \qquad (7-10)$$

这里的 ANI、PA 相当于式（7-1）中的 NI、SA。如果没有免征额递减，则应纳税额（SGT）如式（7-11）所示：

$$SGT = s(ANI - 12\ 500) \qquad (7-11)$$

英国个人所得税的纳税人个人免征额递减，而附加免征额不递减。2020/2021 年，免征额递减起点阈值为 ANI 10 万英镑，处于高税率（40%）区间。递减方式是，ANI 每超过起点阈值 2 英镑，PA 减少 1 英镑；当 ANI 达到和超过 12.5 万镑（终点阈值）时，免征额递减为 0。那么，纳税人实

---

① 本章关于英国 2020/2021 税年的个人所得税制信息来源于英国政府网（https://www.gov.uk）。

际个人免征额如式（7 – 12）所示：

$$A = \begin{cases} 12\,500\,(\text{如果 } ANI \leqslant 100\,000) \\ 62\,500 - 0.5 \times ANI\,(\text{如果 } 100\,000 < ANI < 125\,000) \\ 0\,(\text{如果 } ANI \geqslant 125\,000) \end{cases} \quad (7 – 12)$$

ANI 达到起点阈值后继续提高 25 000 英镑时，个人免征额即递减为 0，递减速度比较快。个人免征额全部递减且适用额外税率 45% 时，最大增税额为 5 625 英镑。

在免征额递减条件下，相应的应纳税额如式（7 – 13）所示：

$$GT = s(ANI - A) \quad (7 – 13)$$

对于任何纳税人，实际免征额小于或者等于标准化免征额，而实际应税所得额将高于或者等于标准免征额条件下的应税所得额，实际应纳税额将大于后者，等于标准化免征额条件下的应纳税额，即如式（7 – 14）、式（7 – 15）所示：

$$ANI - A \geqslant ANI - 12\,500 \quad (7 – 14)$$

$$GT \geqslant SGT \quad (7 – 15)$$

也就是说，免征额缩减机制将增加应纳税额。相应地，高收入者有效税率也将提高，税收累进性也将增强，总体有效税率提高。根据卡瓦尼（Kakwani，1977）指出的再分配效应与有效税率、税收累进性关系，税收再分配效应也将扩大。

下面用一个虚拟例子以更全面说明英国免征额递减机制的作用和效果。假定 19 位纳税人，其 ANI 分别为 2 万 ~20 万英镑，免征额递减机制对应纳税额、有效税率的影响如表 7 – 1 所示，对个人所得税再分配效应的影响如表 7 – 2 所示。

表 7 – 1　英国个人所得税免征额递减机制对税收和有效税率影响的例释

调整后净所得（英镑）	应纳税额（英镑）			有效税率（%）		
	无递减	有递减	变化	无递减制	有递减	变化
20 000	1 500	1 500	0	7.50	7.50	0.000
30 000	3 500	3 500	0	11.67	11.67	0.000

调整后净所得（英镑）	应纳税额（英镑）			有效税率（%）		
	无递减	有递减	变化	无递减制	有递减	变化
40 000	5 500	5 500	0	13.75	13.75	0.000
50 000	7 500	7 500	0	15.00	15.00	0.000
60 000	9 500	9 500	0	15.83	15.83	0.000
70 000	13 000	13 000	0	18.57	18.57	0.000
80 000	17 000	17 000	0	21.25	21.25	0.000
90 000	21 000	21 000	0	23.33	23.33	0.000
100 000	25 000	25 000	0	25.00	25.00	0.000
110 000	29 000	31 000	2 000	26.36	28.18	1.818
120 000	33 000	37 000	4 000	27.50	30.83	3.333
130 000	37 000	42 000	5 000	28.46	32.31	3.846
140 000	41 000	46 000	5 000	29.29	32.86	3.571
150 000	45 000	50 000	5 000	30.00	33.33	3.333
160 000	49 000	54 500	5 500	30.63	34.06	3.438
170 000	53 375	59 000	5 625	31.40	34.71	3.309
180 000	57 875	63 500	5 625	32.15	35.28	3.125
190 000	62 375	68 000	5 625	32.83	35.79	2.961
200 000	66 875	72 500	5 625	33.44	36.25	2.813

注：①表中的净所得数据是假设的；②这里的有效税率指应纳税额占税前收入的百分比，税前收入为调整后净所得 ANI；③有效税率变化为递减机制下的有效税率与假定无递减机制条件下有效税率的差额，表示为百分点。

表 7-2　　英国免征额递减机制对个人所得税再分配效应的影响

	个人所得税再分配效应	相对再分配效应	税收累进指数	总体税率
无免征额递减机制	0.0392	13.64%	0.1024	27.66%
有免征额递减机制	0.0485	16.89%	0.1131	30.00%
免征额递减引起的变化	23.86%	3.25 个百分点	10.48%	2.34 个百分点

注：个人所得税再分配效应变化指免征额递减机制带来的变化，用百分比表示，相对再分配效应变化用百分点表示；税收累进指数的变化指免征额递减机制带来的变化，用百分比表示；总体有效税率变化指免征额递减机制带来的变化，用百分点表示。

可以看到，免征额递减机制产生如下三个变化。

第一，免征额递减机制增加了高收入纳税人的应纳税额。如表7-1、图7-3所示，ANI低于10万英镑时，免征额递减机制不起作用，应纳税额不变。ANI达到10万英镑后，免征额递减机制使纳税人应纳税额增加，而且随着ANI增加，应纳税额增加量上升，从11万英镑时的2 000英镑增加到17万英镑时的5 625英镑，之后保持不变。

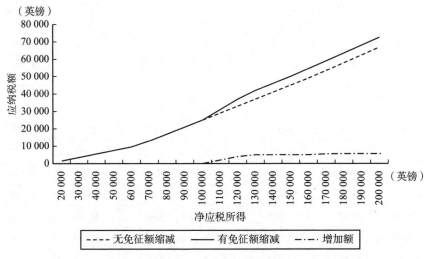

图7-3　英国个人所得税免征额递减带来的应纳税额的变化

资料来源：表7-1。

第二，免征额递减机制下的有效税率有所提高。如表7-1、图7-4所示，ANI达到10万英镑之前，有效税率没有变化。ANI达到10万英镑后，有效税率增加，但增加的幅度先递增后递减。有效税率增加幅度从最初的1.82%开始上升，在ANI为13万英镑时达到最大（3.57%），之后逐渐降低，ANI为20万英镑时为2.81%。总体上，免征额递减机制使总体有效税率从27.66%上升到30%（见表7-2）。

第三，免征额递减机制增加了税收累进性，扩大了个人所得税再分配效应。在免征额递减机制下，高收入者有效税率上升，低收入者有效税率不变，税收累进性增强，总体有效税率提高，个人所得税再分配效应有所扩大。免征额递减机制使税收累进性增强，税收累进指数从 0. 1014 提高到 0. 1131，扩大了 10. 48%。计算得到，税前基尼系数为 0. 2871，无免征额递减机制下的税后收入基尼系数为 0. 2479，再分配效应为 0. 0392，相对再分配效应 13. 64%；免征额递减机制下，税后收入基尼系数为 0. 2386，再分配效应为 0. 0485，扩大了 23. 86%，相对再分配效应 16. 89%，提高了 2. 34 个百分点（见表 7 – 2）。

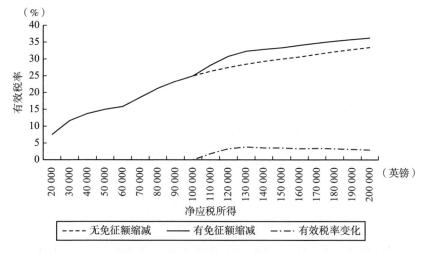

图 7 – 4 英国个人所得税免征额递减带来的有效税率的变化

资料来源：表 7 – 1。

总结上述，英国个人所得税实行纳税人免征额实行递减机制，与免征额不递减相比，增加了高收入者的应纳税额，但不改变中低收入者税负，使税收累进性增强，提高了总体有效税率，最后不仅扩大了税收规模，也提高了个人所得税再分配效应。

二、美国

美国于 1861 年开征个人所得税，1913 年后持续稳定实施。美国个人所得税实行综合税制模式，除资本利得和股息外，全部其他所得计入综合所得计征。以个人为计征单位，但纳税人区分为单身申报、夫妻联合申报、夫妻分离申报、户主申报和鳏寡家庭申报 5 种报税类型，分别规定标准扣除额和适用税率表。2015 年，夫妻分离申报的税率表为：0（不含）~9 225 美元（含）10%；9 225 ~37 450（含）美元为 15%；37 450 ~75 600（含）美元为 25%；75 600 ~115 225（含）美元为 28%；115 225 ~205 750（含）美元为 33%，205 750 ~232 425（含）美元为 35%；超过 232 425 美元为 39.6%。本章分析以夫妻分离申报为例，其他类型不再介绍。

美国个人所得税的免征额包括标准扣除（或者纳税人选择分项扣除）、个人免征额和附加标准扣除三部分①。第一，纳税人可以选择标准扣除或者分项扣除。2015 年，夫妻分别报税的标准扣除额为 6 300 美元。分项扣除是指纳税人在给定支出项目范围内据实申报减除，支出项目包括州和地方税支出、慈善捐款支出、个人退休计划缴款支出、寻找工作的支出、医疗费支出、某些利息支出、未保险的灾害和被盗损失等。一般纳税人会选择标准扣除，而高收入者且发生诸如医疗费支出较高的纳税人会选择分项扣除。第二，个人免征额（PE）是标准化的，2015 年为 4 000 美元，纳税人及其负担人口每人 1 份，但非独立亲属的个人免征额只能在父母一方申报。纳税人申报的个人免征额即纳税人个人免征额（TE）是自己及其负担人口个人免征额之和。第三，选择标准扣除的纳税人还可以视条件申报附加附加免征额（附加标准扣除额）。2015 年，非独立亲属附加标准扣除额 1 050 美元，盲人附加标准扣除额 1 250 美元，老年人附加标准扣除额为 1 250 美元。纳税人免征额（TA）是标准扣除额（或者分项扣除额）、个人免征额和附加免征额之和。第四，美国个人所得税设立了免征额递减机制，包括个人免征额递减（personal exemption phase-out，PEP）和分项扣除额递减，而标准扣除额和附加标准扣除额不递减。2015 年，以夫妻分离报税为例，起点阈值为AGI 达到 154 950 美元；AGI 每超过起点阈值 1 250 美元，免征额递减 2%；当 AGI 达到和超过终点阈值 216 200 美元时，个人免征额为 0。分项扣除额递减的起点阈值与个人免征额递减相同，但最多递减 20%，即使经过递减，

---

① 关于美国个人所得税免征额制度的阐述参见笔者发表在《社会经济体制比较》2017 年第 4 期的文章《美国个人所得税免征额制度及其对我国的启示》。

纳税人仍然可以至少减除 80% 的分项扣除额。

考虑一个夫妻分离申报纳税人，有一个非独立亲属，三人均达不到老年人标准且非盲人，选择标准扣除，如果没有免征额递减机制，申报未独立亲属免征额一方的纳税人免征额为：STA = 6 300 + 1 050 + 4 000 × 2 = 15 350 美元，其中纳税人个人免征额为：STE = 8 000 美元，标准扣除额和附加扣除额合计 7 350 美元。

按照美国税制，计算综合所得的应税所得额时，第一步是分别计算综合所得的各类所得的净所得，即各类收入减除相应的成本费用后的余额；第二步是计算总所得，为上述各类净所得之和；第三步是减除社会政策扣除（如个人退休账户缴款、个体户养老金计划缴款等），得到调整后总所得（adjusted gross income，AGI），这是一个关键指标；第四步是从调整后净所得减除纳税人实际免征额（A），得到应税所得额（TI）。

对于上述选择标准扣除并且为夫妻分离报税，并负担一个未独立亲属的综合所得纳税人，其未递减的纳税人个人免征额为 8 000 美元，而在免征额递减机制之下，纳税人实际个人免征额（TE）由式（7 – 16）给出：

$$TE = \begin{cases} 8\,000\,(如果\ AGI \leqslant 154\,950) \\ 27\,833.6 - 0.128 \times AGI\,(如果\ 154\,950 < AGI < 212\,600) \\ 0\,(如果\ AGI \geqslant 212\,600) \end{cases}$$

$$(7 – 16)$$

标准扣除额和附加标准扣除额保持为 7 350 美元，实际纳税人免征额由标准扣除额和实际纳税人个人免征额构成，如式（7 – 17）所示：

$$A = 7\,350 + TE \qquad (7 – 17)$$

如果没有免征额递减机制，纳税人免征额（STA）为 15 350 美元，相应的应纳税额（SGT）如式（7 – 18）所示：

$$SGT = s(AGI – 15\,350) \qquad (7 – 18)$$

在免征额递减条件下，实际免征额由式（7 – 16）给出，相应的应税所得额如式（7 – 19）所示：

$$GT = s(AGI – A) = s(AGI – 7\,350 – TE) \qquad (7 – 19)$$

可以预期的是，与上述对英国的分析一样，与免征额不递减相比，免征额递减增加了高收入者的应纳税额和有效税率，但不改变中低收入者甚至部分高收入者的税负，使税收累进性增强，提高了总体有效税率，最后不仅扩大了税收规模，也提高了个人所得税再分配效应。这与英国的情况类似，不再例释。

与英国相比，美国个人所得税免征额递减机制有不同特点。第一，英国个人免征额可以递减到0，但美国标准扣除额没有递减机制，所以纳税人免征额不会递减到0。第二，美国个人免征额递减比较慢，需要AGI超过起点阈值50个1 250美元即62 500美元，免征额才递减到0。如果按照英国个人免征额递减方式，超过起点阈值2美元递减1美元，则超过起点阈值16 000美元时免征额就递减到0。第三，免征额递减给选择标准扣除的美国纳税人带来的最大增税额是3 168美元（个人免征额为8 000美元适用39.6%的最高税率计算），也低于英国。第四，美国免征额递减机制经常有政策调整。2001年税法改革规定，2006年开始初步取消个人免征额递减，到2010年全面取消，2011年又恢复（斯蒂格利茨和罗森加德，2020）。2017年，美国再次通过减税法案，将个人免征额与标准扣除额合并，例如，2020年的夫妻分离报税的免征额为12 400美元，并取消免征额递减机制。

三、日本

日本于1887年开征个人所得税，历史也比较悠久。日本个人所得税实行综合与分类相结合的税制模式，其中综合所得纳税人实行七级超额累进税率表。2020年，应纳税所得额195万日元以下适用5%税率，至330万日元适用10%税率，至695万日元适用20%税率，至900万日元适用23%税率，至1 800万日元适用33%税率，至4 000万日元适用40%税率，4 000万日元以上的，适用45%税率[①]。

在计算应税所得额时，第一，允许减除经营费用（必要费用），其中工资所得按照不同比例进行扣除，例如，工资收入小于180万日元的，经营费

---

① 本章关于日本2020年个人所得税税制的资料来源：国家税务总局国际税务司国别（地区）投资税收指南课题组撰写的《中国居民赴日本投资税收指南》，2020年，第52~64页。

用扣除额工资收入的 40% 减除 10 万日元的余额计算，但至少减除 55 万日元；工资收入处于 180 万日元到 360 万日元，按照工资收入减除 180 万日元余额日元的和计算，等等。第二，减除社会政策扣除①，包括杂项损失扣除、医疗支出扣除、社会保险费扣除、小规模企业互助金等扣除、人寿保险扣除、地震保险扣除和捐款扣除，这类扣除额一般采取据实申报的方式，具体规定也比较多。第三，减除免征额。与社会政策扣除属于针对"事"的扣除，而免征额属于针对"人"的扣除。免征额由纳税人个人免征额（基本生活费用支出扣除、基础扣除）以及由负担人口附加免征额（配偶扣除、抚养人扣除）和其他附加免征额（残疾人扣除、寡妇扣除、单亲扣除、勤工助学扣除）构成。2020 年，纳税人个人标准化免征额为年 48 万日元；一般配偶（70 岁以下）免征额为年 38 万日元，老年配偶（70 岁以上）免征额为 48 万日元，特别配偶免征额（共同生活且总所得金额大于 48 万日元小于 133 万日元）38 万日元；抚养人免征额根据其年龄不同而有 38 万日元、48 万日元、63 万元不同标准；残疾人附加免征额为 27 万日元，寡妇附加免征额为 27 万日元（特别的再加 8 万日元），单亲附加免征额为 35 万日元，勤工助学附加免征额 27 万日元。

2018 年，日本实行个人所得税改革，其中一项内容是纳税人个人免征额引入递减机制和差别化的配偶免征额、差别化的抚养人免征额。2020 年，综合净所得 2 400 万日元以下的，适用标准化个人免征额，为 48 万日元；综合净所得处于 2 400 万 ~2 450 万日元的，个人免征额为 32 万日元；综合净所得处于 2 450 万 ~2 500 万日元的，免征额为 16 万日元；综合净所得额 2 500 万日元以上的，免征额为 0。显然，日本个人所得税免征额递减机制以简单分档形式列出，使纳税人不必进行递减计算。日本个人所得税纳税人免征额递减的起点阈值为应税所得额 2 400 万日元（边际税率为 40%），递减起点比较高，而终点阈值为 2 500 万日元，递减速度很快，综合净所得超过递减起点阈值后继续增长 2 倍标准免征额数量后即递减到 0，与英国类似。

---

① 日本个人所得税中的社会政策扣除，也称特别扣除，属于"对事的扣除"，类似我国个人所得税的专项扣除和附加专项扣除，不属于免征额项目。

经过 2018 年税制改革，日本个人所得税中负担人口附加免征额也变为差别化的，与免征额递减机制类似。除了上述纳税人自己的基本免征额递减外，其他基本免征额和附加免征额也增加了资格条件、限额或者递减机制。具体内容为以下四点。

（1）一般配偶免征额、老年配偶免征额在纳税人总所得超过 900 万日元时开始递减，一般配偶免征额分为 38 万日元、26 万日元和 13 万日元三档，老年配偶免征额分为 48 万日元、32 万日元和 16 万日元三档；特别配偶免征额则不仅要考虑纳税人总所得，还考虑配偶的总所得，纳税人总所得 900 万日元且配偶总所得 95 万日元以下的，享有标准化免征额 38 万日元，而无论纳税人还是配偶的总所得超过上述起点阈值，都分档递减，并且直至递减为 0。

（2）抚养人标准免征额只适用于有共同生活且总所得金额在 48 万日元以下的被抚养人，包括抚养孩子和老人，但 16 周岁以下不享受抚养免征额，因为孩子出生起至 16 周岁均有政府发放的育儿补贴；孩子年满 16 周岁但未满 19 周岁，抚养免征额为 38 万日元；孩子年满 19 周岁不满 23 周岁的抚养免征额为 63 万日元；老人需年满 70 周岁且年收低于 103 万日元，与纳税人共同居住的免征额为 58 万日元，分开居住的免征额为 48 万日元。

（3）寡妇免征额和单亲附加免征额只适用于其总所得额 500 万日元以下的情形。

（4）工读学生附加免征额仅适用于其总所得金额 75 万日元以下且工资额以外所得为 10 万日元以下的情形。显然，这些差别化免征额、免征额资格条件和递减机制强化了纳税人个人免征额递减机制，总体上也可以看作免征额递减机制的一部分。

可以推断，日本个人所得税引入免征额递减机制后，也将提高高收入者的有效税率和总体有效税率，增加税收累进性，起到扩大税收规模和个人所得税再分配效应的积极作用。限于篇幅，不再例释。

与英国、美国比较，日本个人所得税纳税人基本免征额递减方式简单，通过分档形式列出，便于纳税人计算；同时，个人基本免征额的递减速度很快，超过两倍基本免征额标准即递减为 0。基本免征额递减带来的最大增税额为 21.6 万日元（标准化免征额 48 万日元适用 45% 税率计算得出），低于英国。但是，日本个人所得税中附加免征额包括负担人口免征额和其他附加免征额也有不同形式的递减，总体上的递减效果将与英国相差不大。

第四节　我国现行个人所得税免征额的特征、积极作用和消极效应

我国个人所得税实行单一标准化免征额，没有建立免征额递减机制，2018 年的税法修正也没有改变这一格局。标准化免征额具有一些积极作用，但也存在不利于对高收入者进行再分配调节从而不利于扩大个人所得税规模和再分配调节的消极效应。

一、我国现行个人所得税的免征额规则

经过 2018 年税法修正，我国现行个人所得税实行综合与分类相结合的税制模式，工资薪金所得、劳务报酬所得、稿酬所得和特许权使用费所得实行综合计征，经营所得、利息股息红利所得、财产租赁所得、财产转让所得和偶然所得分类计征。综合所得适用 3% 至 45% 的超额累进税率，应纳税所得额 3.6 万元以下的边际税率为 3%，边际税率 10%、20%、25%、30%、35%、45% 税率区间的起点分别为 14.4 万元、30 万元、42 万元、66 万元、96 万元。经营所得适用 5% 至 35% 的超额累进税率，其他所得适用 20% 的比例税率。

我国现行税法在"应税所得额计算"条款中直接规定了综合所得减除费用 6 万元[①]。《中华人民共和国个人所得税法实施条例》（2018）补充规定，没有综合所得的经营所得纳税人"应当减除费用 6 万元"[②]。税法确定纳税人免征额时，参考城镇居民人均消费支出以确定居民基本生活费用，而

---

① 《中华人民共和国个人所得税法》（2018）第六条。
② 《中华人民共和国个人所得税法实施条例》（2018）第十五条。

纳税人负担人口数按照城镇就业人员负担人口平均数确定,例如,城镇居民年人均消费支出为 30 000 元,负担人口平均数为 2 人,则免征额参考60 000 元确定。该纳税人免征额实际上是纳税人及其负担人口的基本免征额,它考虑了纳税人负担人口,但不是据实申报而是平均地考虑的。这表明我国个人所得税免征额是单一标准化的,也是平均化的。另外,除了我国综合所得和经营所得,其他所得纳税人没有免征额。与其他国家相比,缺乏英国个人所得税税制中的婚姻免征额、盲人免征额等附加免征额;缺乏美国税制中按照纳税人实际负担人口的每人一份个人免征额,也没有类似美国的分项扣除可以选择;缺乏美国、日本税制中的附加免征额。当然,最重要的是,我国个人所得税免征额缺乏英国、美国和日本税制中的免征额递减机制。

二、标准化免征额的作用和影响

按照我国税制,以综合所得为例,计算应税所得额的步骤是:第一,分别计算工资薪金所得、劳务所得、稿酬所得和特许权使用费所得减除相应的成本费用①后的各项净所得;第二,将各项净所得加总得到综合净所得;第三,综合净所得减除各项社会政策扣除,包括专项扣除(个人缴纳的基本养老保险费、基本医疗保险费、失业保险费和住房公积金)、附加专项扣除(子女教育等六项)和其他扣除(如个人缴纳的符合国家规定的年金等)、慈善捐献扣除,得到调整后净综合所得(ANI);第四,调整后净综合所得减除纳税人免征额(TA),得到综合所得纳税人的应纳税所得额(TI)。在单一标准化免征额条件下,TA = 60 000 元,应纳税所得额如式(7 - 20)所示:

$$TI = ANI - 60\ 000 \qquad (7-20)$$

应纳税所得额适用综合所得税率表,设税率函数为 s(·),就得到应纳税额(GI)如式(7 - 21)所示:

$$GT = s(TI) = s(ANI - 60\ 000) \qquad (7-21)$$

---

① 根据我国个人所得税税法,工资薪金所得没有独立的经营性费用扣除,而劳务所得、稿酬所得和特许权使用费所得的经营性费用扣除额为所得的20%。

当然，我国个人所得税税法还规定有税收抵免和税收优惠项目，应纳税额减除税收抵免额、税收优惠额，得到应纳税净额。下面的模拟测算忽略这些环节，以应纳税额为应纳税净额。

在单一标准化纳税人免征额之下，所有综合所得纳税人的免征额完全相同，但免征额对不同收入水平纳税人的减税利益并不相同。为反映标准化免征额的作用，我们将之与假定没有免征额下的应税所得额、应纳税额、有效税率进行比较。假定没有免征额，则应税所得额（TINA）等于净所得如式（7-22）所示：

$$TINA = ANI \qquad (7-22)$$

相应应纳税额（GTNA）如式（7-23）所示：

$$GTNA = s(TI) = s(ANI) \qquad (7-23)$$

标准化免征额条件下的应税所得额降低，应纳税额也必然减少。但是，这里要分析的是，不同收入水平的个人从标准化免征额中获得的减税利益是如何分布的，这种分布是否符合设立免征额的初衷以及个人所得税的功能目标。

下面用一个虚拟的例子进行模拟测算。考虑一组年调整后净综合所得（ANI）从1万~120万元的20位纳税人，按照综合所得税率表测算并比较标准化免征额与假定无免征额条件下的应纳税额和有效税率（见表7-3）。

表7-3　　　　我国个人所得税标准化免征额的减税利益分布

净所得（元）	应纳税额（元）				有效税率（%）		
	标准化免征额	无免征额	减税额	减税率	标准化免征额	无免征额	有效税率变化
10 000	0	300	300	100.00	0.00	3.00	3.00
30 000	0	900	900	100.00	0.00	3.00	3.00
50 000	0	2 480	2 480	100.00	0.00	4.96	4.96
70 000	300	4 480	4 180	93.30	0.43	6.40	5.97
90 000	900	6 480	5 580	86.11	1.00	7.20	6.20
110 000	2 480	8 480	6 000	70.75	2.25	7.71	5.45
150 000	6 480	13 080	6 600	50.46	4.32	8.72	4.40
200 000	11 480	23 080	11 600	50.26	5.74	11.54	5.80

净所得（元）	应纳税额（元）			有效税率（%）			
	标准化免征额	无免征额	减税额	减税率	标准化免征额	无免征额	有效税率变化
250 000	21 080	33 080	12 000	36.28	8.43	13.23	4.80
300 000	31 080	43 080	12 000	27.86	10.36	14.36	4.00
350 000	41 080	55 580	14 500	26.09	11.74	15.88	4.14
400 000	53 080	68 080	15 000	22.03	13.27	17.02	3.75
450 000	65 580	82 080	16 500	20.10	14.57	18.24	3.67
500 000	79 080	97 080	18 000	18.54	15.82	19.42	3.60
600 000	109 080	127 080	18 000	14.16	18.18	21.18	3.00
700 000	139 080	159 080	20 000	12.57	19.87	22.73	2.86
800 000	173 080	194 080	21 000	10.82	21.64	24.26	2.63
900 000	208 080	229 080	21 000	9.17	23.12	25.45	2.33
1 000 000	243 080	268 080	25 000	9.33	24.31	26.81	2.50
1 200 000	331 080	358 080	27 000	7.54	27.59	29.84	2.25

注：①表中净所得数据是假设的，并非我国实际收入分布；②减税额等于无免征额条件下应纳税减标准免征额条件下应纳税额，减税率等于减税额占无免征额条件下应纳税额的百分比。有效税率变化等于无免征额条件下有效税率减标准免征额条件下有效税率得到的百分点。

与假定没有免征额相比，标准化免征额导致如下变化。

第一，标准化免征额为高收入者带来更多减税额。如表7-3和图7-5所示，标准化免征额使纳税人应纳税额减少，且净所得越高，减税额越多。净所得从10 000元上升到1 200 000元，纳税人减税额从300元增加到27 000元。净所得达到1 200 000元后，减税额不再增加。因此，高收入者是标准化免征额的更大获利者。

第二，减税率随着收入提高而降低。如表7-3和图7-6所示，标准化免征额为净所得低于60 000元的低收入者带来的减税额较少，但能够完全免税，减税率达到100%。随着净所得上升，减税率下降，净所得1 200 000元的纳税人减税率下降到7.54%。但是，同样的1元钱减税对于低收入者更加重要，从这个意义上来说，标准化免征额对降低低收入者税收负担也具有积极意义。

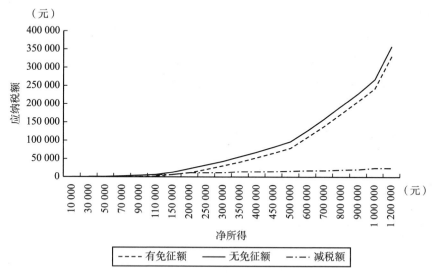

图7-5 我国个人所得税标准化免征额的减税利益分布

资料来源：表7-3。

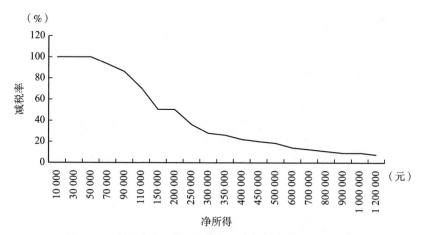

图7-6 我国个人所得税标准化免征额带来的减税率分布

资料来源：表7-3。

第三，标准化免征额使纳税人有效税率降低，但降幅先增后降，有利于中等收入者。如表 7-3 和图 7-7 所示，净所得 10 000 元的纳税人有效税率降低 3 个百分点；随着净所得提高，降幅上升，净所得 90 000 元纳税人的降幅最大，达到 6.2 个百分点；之后降幅下降，净所得 1 200 000 元纳税人降幅为 2.25 个百分点。这与纳税人净所得和标准化免征额的对比及累进税率有关，低收入者（净所得 60 000 元以下）没有免征额条件下的有效税率很低，没有足够净所得用于免征额减除，免征额降低税收的作用有限；净所得 90 000 元的纳税人恰好有净所得可以减除，并且可以适用最低税率（3%），有效税率降低最充分；随着净所得进一步提高，标准化免征额无法进一步改变适用边际税率，有效税率降幅变小。就此而言，净所得稍高于标准化免征额的中等收入纳税人是标准化免征额的最大获利者，既有充分收入用于减除，又使应税所得额适用最低边际税率。

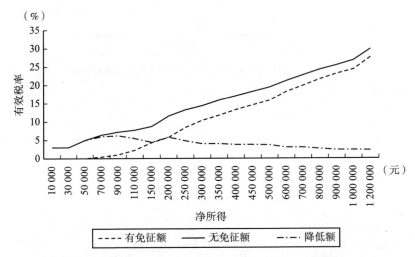

图 7-7　我国个人所得税标准化免征额带来的有效税率降低额分布

资料来源：表 7-3。

第四，标准化免征额降低了税收和平均税率。无免征额时所有纳税人总税收为 1 773 740 元，实施标准化免征额后的总税收为 1 516 100 元，降低了 14.53%，总体有效率从 21.74% 下降到 18.58%。因此，标准化免征额较大幅度降低了纳税人税收负担，实现了基本生活费用支出不纳税，这也是设立免征额的基本目标。当然，与没有免征额相比，个人所得税筹集财政收入的能力降低。

第五，标准化免征额有积极的个人所得税再分配效应。在本例中，计算得到，税前净所得基尼系数为 0.4697，没有免征额的条件下，税后收入基尼系数为 0.4361，再分配效应为 0.0336，相对再分配效应为 7.15%；在形成再分配效应的因素中，税收累进指数为 0.1209，总体有效税率为 21.74%。标准化免征额的条件下，税后收入基尼系数为 0.4328，个人所得税再分配效应为 0.037，相对再分配效应 7.87%；在形成再分配效应的因素中，税收累进指数为 0.1620，总体有效税率为 18.58%（见表 7-4）。标准化免征额使再分配效应扩大，其根本原因是税收累进性增强，并且抵消了总体有效税率降低的消极影响。

表 7-4　　　　　无免征额、标准化免征额和免征额递减的
我国个人所得税再分配效应比较

	再分配效应	相对再分配效应	税收累进指数	总体税率
无免征额的情况	0.0336	7.15%	0.1209	21.74%
标准化免征额的情况	0.0370	7.87%	0.1620	18.58%
标准化免征额的作用	扩大 10.12%	上升 0.72 个百分点	上升 51.82%	下降 3.16 个百分点
免征额递减的情况	0.0427	9.09%	0.1684	20.23%
免征额递减的作用	扩大 15.54%	上升 1.22 个百分点	3.97%	上升 1.65 个百分点

综合上述，我国个人所得税标准化免征额具有积极作用：实现了居民基本生活费用支出不纳税的基本目标，纳税人税收负担下降；为低收入者带来完全的免税利益，减税率可以达到 100%，对低收入者有利，这也是免征额所要达到的直接目标；标准化免征额使中等收入者有效税率降幅较大，符合保护中等收入阶层的目标；标准化免征额对于扩大个人所得税再分配效应也

具有积极效果。但是，标准化免征额为高收入者带来更大减税额，高收入者有效税率下降，从而带动总体有效税率下降，不利于对过高收入的再分配调节，不利于扩大个人所得税再分配调节作用。

第五节　建立我国个人所得税免征额递减机制的建议

鉴于免征额递减机制的积极作用，同时降低标准化免征额的消极影响，以更好发挥免征额的作用，借鉴英国、美国、日本等国的个人所得税免征额递减机制，建议建立我国个人所得税免征额递减机制，强化对过高收入的调节，通过税制精细化实现税收精准化调节，以完善我国个人所得税税制，更好发挥个人所得税功能。

一、建立我国个人所得税免征额递减机制

英国、美国和日本的个人所得税税制中的免征额规则比较健全，尤其是建立了免征额递减机制，尽管其递减方式有所不同，甚至递减的范围也有不同。对英国税制的理论分析和模拟分析表明，免征额递减机制在不影响中低收入者税负的前提下，能够提高税收累进性，提高有效税率，也利于更好发挥个人所得税再分配调节作用，这对于改革和完善我国个人所得税制具有积极的借鉴意义。

进一步完善综合与分类相结合税制，提高直接税比重，加强过高收入调节，提高调控的精准性，仍然是我国个人所得税改革和发展的重要任务。免征额规则是税制改革和完善的重要内容。遗憾的是，除了增加与免征额相关的专项附加扣除外，我国税制改革和完善中，关于免征额规则的建设主要是调整免征额标准，没有改变免征额标准的"前瞻性"调整方式，免征额构成仍然单一，也没有建立免征额递减机制。

免征额递减机制重在对过高收入者进行再分配调节，免征额递减的起点阈值应当设置在适用较高税率的所得水平上。根据我国税制，可以考虑将免

征额递减起点阈值设在适用30%边际税率的起点即年净综合所得420 000 元（已经进行了经营性费用减除、各项专项扣除和附加专项扣除的减除）。英国和日本个人所得税免征额递减速度比较快而美国相对缓慢，考虑政策推进的稳妥性，借鉴美国的递减方式更适当，每超过起点阈值5 000 元，免征额递减2%，年净所得达到670 000 元的纳税人免征额递减为0，相应的边际税率35%。当免征额全部递减并且适用最高边际税率，可以获得最高税收增加额27 000 元。

按照该方案，综合所得纳税人标准化免征额为每年60 000 元，但对于不同净所得，纳税人实际免征额（A）将有所不同，具体由下列公式计算得出，如式（7-24）所示：

$$A = \begin{cases} 60\,000\,(如果\,ANI \leqslant 420\,000) \\ 160\,800 - 0.24 \times ANI\,(如果\,420\,000 < ANI < 670\,000) \\ 0\,(如果\,ANI \geqslant 670\,000) \end{cases}$$

$$(7-24)$$

二、建立免征额递减机制的预期效果

仍以上述一组20位综合所得纳税人为例，测算免征额递减带来的应纳税额和有效税率及其变化（见表7-5），以及对个人所得税再分配效应的影响（见表7-4）。

表7-5　我国个人所得税设立免征额递减对应纳税额和有效税率的影响

净综合所得（元）	应纳税额（元）			有效税率（%）		
	标准化免征额	免征额递减	税额变化	标准化免征额	免征额递减	有效税率变化
10 000	0	0	0	0.00	0.00	0.00
30 000	0	0	0	0.00	0.00	0.00
50 000	0	0	0	0.00	0.00	0.00
70 000	300	300	0	0.43	0.43	0.00
90 000	900	900	0	1.00	1.00	0.00

净综合所得（元）	应纳税额（元）			有效税率（%）		
	标准化免征额	免征额递减	税额变化	标准化免征额	免征额递减	有效税率变化
110 000	2 480	2 480	0	2.25	2.25	0.00
150 000	6 480	6 480	0	4.32	4.32	0.00
200 000	11 480	11 480	0	5.74	5.74	0.00
250 000	21 080	21 080	0	8.43	8.43	0.00
300 000	31 080	31 080	0	10.36	10.36	0.00
350 000	41 080	41 080	0	11.74	11.74	0.00
400 000	53 080	53 080	0	13.27	13.27	0.00
450 000	65 580	67 380	1 800	14.57	14.97	0.40
500 000	79 080	84 840	5 760	15.82	16.97	1.15
600 000	109 080	122 040	12 960	18.18	20.34	2.16
700 000	139 080	159 080	20 000	19.87	22.73	2.86
800 000	173 080	194 080	21 000	21.64	24.26	2.63
900 000	208 080	229 080	21 000	23.12	25.45	2.33
1 000 000	243 080	268 080	25 000	24.31	26.81	2.50
1 200 000	331 080	358 080	27 000	27.59	29.84	2.25

注：本表中的净所得数据是假设的，与表7-3相同，并非我国实际收入分布。

引入免征额递减机制后，可以看到如下变化。

第一，免征额递减使高收入者的应纳税额增加，并随收入增加而提高。如表7-5和图7-8所示，净所得420 000元以下的纳税人的免征额不发生递减，应纳税额不变；净所得超过420 000元，纳税人的免征额开始递减，并随净所得增加而增加，净所得670 000元及以上的纳税人的免征额已经递减为0。随着净所得上升，免征额递减导致的应纳税额增加额上升，从净所得450 000元纳税人的1 800元上升到1 200 000元纳税人的27 000元，但应纳税额增加27 000元后不再继续增加。

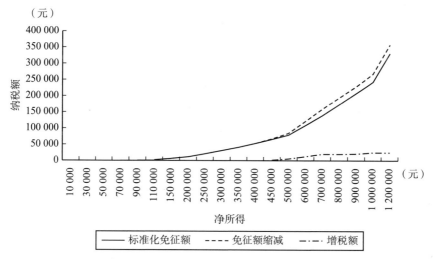

图 7-8　我国个人所得税免征额递减带来的应纳税额变化分布

资料来源：表 7-5。

第二，免征额递减导致高收入有效税率上升。如表 7-5 和图 7-9 所示，净所得 420 000 元及之前，有效税率没有变化。净所得 420 000 元之后，免征额递减使有效税率增加，增幅先上升后下降，净所得 700 000 元纳税人的有效税率增幅最大，为 2.86 个百分点，之后增幅下降，净所得 120 元纳税人的有效税率增加 2.25 个百分点。

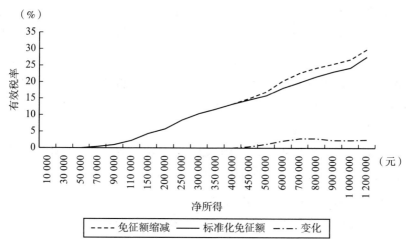

图 7-9　我国个人所得税免征额递减带来的有效税率变化分布

资料来源：表 7-5。

第三，免征额递减使个人所得税再分配效应增强。如表 7 - 4 所示，在免征额递减机制的条件下，税后收入基尼系数为 0.4270，个人所得税再分配效应为 0.0427，比标准免征额时的再分配效应扩大了 15.54%，再分配效应为 9.09%，提高了 1.22 个百分点；在形成再分配效应的因素中，税收累进指数为 0.1684，增强了 3.97%；总体有效税率为 20.23%，提高了 1.65 个百分点。

因此，模拟测算表明，建立免征递减机制后，能够扩大税收规模，不改变中低收入者税收负担，弱化了标准化免征额条件下高收入纳税人获得更多减税利益的消极效应，加强对高收入者调节，增强税收累进性，扩大个人所得税再分配效应。

三、有关讨论

本章研究表明，我国单一标准化免征额具有保证居民基本生活费用支出不纳税、降低中低收入者税负、形成税收累进性和收入再分配调节的积极作用；但是，标准化免征额也产生了为高收入者带来更多减税利益、降低有效税率和弱化再分配效应的消极效应。在免征额提高的条件下，高收入者获得的减税利益不断扩大，标准化免征额消极效应也随之扩大，不利于发挥个人所得税功能。英国、美国和日本都建立了个人所得税免征额递减机制，能够抑制标准化免征额的消极效应，扩大税收规模，增强个人所得税再分配效应。本章提出参考美国个人所得税免征额递减方式建立我国个人所得税免征额递减机制，并进行了模拟分析，结果表明，免征额递减机制不影响中低收入者税负，而能够通过降低过高收入纳税人从标准化免征额中获得的减税利益，加强对高收入者的税收调节，扩大再分配效应，也有助于扩大个人所得税规模，对于扩大税收和加强个人所得税再分配调节都具有重要意义，是通过税制精细化实现税收精准化调控的重要手段。

有四个方面问题可以进一步讨论。

第一，免征额递减机制的具体设计方案可以另行考虑。例如，免征额递减的起点阈值可以更高一些，也可以更低一些；递减速度可以更快一些，也可以更慢一些；递减方式除了可以参考美国的方式以外，也可以参考英国的方式，甚至参考日本的简单划分几档免征额标准的方式；除了纳税人免征额递减，我国个人所得税的一些针对人设立的附加专项扣除项目实际上具有附加免征额的性质，也可以考虑参考日本免征额递减机制，进行一定的递减。

第二，建立免征额递减机制增加征管成本有限。建立免征额递减机制是否会增加征管成本？免征额递减机制当然会使税制更加复杂，一定程度上增加征管成本。但是，我国现行税制的问题是不是太复杂而是过于简化，改革的方向是精细化。没有税制精细化，不可能有税收调控的精细化，权衡之下，即使增加一些征管成本也是值得的。当然，如果强调简化免征额递减机制，也可以参照日本个人所得税免征额递减方式，将有利于进一步降低征管成本。

第三，建立免征额递减机制的价值究竟多大，需要另行测算。免征额递减机制有利于扩大税收规模、强化对高收入者税收调节、增加个人所得税再分配效应，本章也进行了模拟测算，但数据是假设而不是我国实际居民收入数据，这仅是一个例释。因此，免征额递减机制的具体效果需要另行测算。需要强调的是，随着我国居民收入增长，尤其是中高收入群体的扩大，免征额递减机制能够从加强高收入税收调节中获得税收将是对现有税收规模一个较大的扩张。

第四，免征额递减机制是一个好制度，但制度建立需要选择。本章是关于制度供给的一个解释，论证了免征额递减制度的机理和价值。但是，一国个人所得税是否引入则需要选择。日本个人所得税在其100多年历史中并没有免征额递减机制，直到2018年税制改革才引入，其目的是加大对高收入者的调节力度，以缩小贫富差距，发挥个人所得税对收入分配的调节功能。美国个人所得税免征额递减机制变化也显然取决于当时政策的需要。也有一些国家个人所得税没有免征额递减机制。我国个人所得税是否建立以及何时建立免征额递减机制，当然也取决于经济形势和经济政策的总体安排。

第八章
个人所得税费用扣除理论与我国税制完善*

　　个人所得税的费用扣除包括经营性费用扣除（商业成本扣除）、特许费用扣除（社会性扣除）和生计费用扣除（基本生活费用扣除、免征额），是个人所得税制的重要组成部分。在分类税制模式之下，我国个人所得税的费用扣除具有简便易行的优势，但也存在不能反映纳税人费用支出实际、纳税人之间费用扣除不公平的弊端，不利于充分实现个人所得税功能。为消除现行税制中费用扣除的弊端，结合建立综合与分类相结合税制的要求，应当按照税收精细化方向，明确区分三类费用扣除，按照经营性费用扣除充分、特许费用扣除更好体现社会政策、免征额体现纳税人负担的基本生活费用支出实际的原则，改革税制，完善费用扣除规则，促进费用扣除更加公平有效，更好发挥个人所得税功能。

第一节　费用扣除是个人所得税重要的制度安排

　　个人所得税是税制复杂的税种，涉及所得基础、免税所得、分类所得和

　　* 本章原文投稿于 2017 年，发表于 2018 年，当时尚未进行 2018 年个税税制改革。该论文是国家社会科学基金资助项目（14BJY036）的阶段性成果。原文见：曹桂全. 我国个人所得税费用扣除存在的问题和解决方案 [J]. 天津大学学报（社会科学版），2018（5）：202–208.

综合所得、按个人计征和按家庭计征、计税期间、经营性费用扣除、特许费用扣除、生计费用扣除、税率表、税收减免、税收抵免、纳税方式、纳税申报和征管分工等税制要素。费用扣除包括经营性费用扣除、特许费用扣除和生计费用扣除。这里先对个人所得税税制作出理论说明，之后分别阐述三种费用扣除的内涵、作用和一般规则。

一、个人所得税的税制要素

个人所得税的一般税制构成如图 8 - 1 所示。

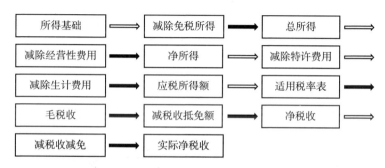

图 8 - 1 个人所得税税制的一般构成要素

注：图中 ⟹ 后面的为操作项，⟶ 后面的是结果项。

（1）所得基础（income base），指确定属于征税对象的所得。我国个人所得税采取列举方式，没有列举的所得不能课税，不是个人所得税课征对象。

（2）免税所得（exempt income），排除在所得基础之外，得到总所得（gross income，也称毛所得）。我国个人所得税税法规定了 10 类免税所得，国家财税部门的规范性文件进一步明确较多免税所得项目。按照税法，个人从政府获得的转移性收入基本属于免税所得，范围较宽。

（3）分类所得（categorized income）和综合所得（comprehensive income），既是所得计算的方式，也涉及税制模式。分类所得强调不同来源所得经济性质的差异，而且通过源泉课征可以降低征管成本，而综合所得则强调更好衡量纳税人的纳税能力，尽管征管成本较高。我国个人所得税采取分类计征模式，税法规定了 11 类所得，分类计征。

（4）按个人计征和家庭计征。个人是市场收入单元，但并不总是支出单元。家庭作为经济生活单元，纳税人有赡养和抚养义务，按照家庭计征显然更加合理。按照家庭计征的目的是充分考虑纳税人的负担人口状况。应当注意，如果能够通过其他方式加以考虑，并不一定将家庭作为税法上的纳税人。我国个人所得税采取对有应税所得的个人课税的方式，但也平均地考虑了纳税人的负担人口，不能简单理解为对个人计征。

（5）计税期间，即计算所得和应纳税额的期间。任何个人的当前收入并非一定用于当前消费，短期间内个人所得有波动，更长的计税时间更加合理，但期间太长不利于征管，按年纳税更加合理，并被广泛采用。我国个人所得税针对不同所得分别采取按年、按月、按次三种方式，其中工资薪金所得按月纳税，能够保证税收及时征纳，但逐月收入变动较大的纳税人存在过重的税收负担。

（6）经营性费用（commercial expenditure）扣除，指允许在毛所得中扣除纳税人用于取得所得所发生的经营性支出，目的是保证税收仅课征于净所得。

（7）社会性扣除（social deduction）或者特许费用扣除（privileged expenditure），指国家为实施教育、社会保障等社会政策而允许进行税前扣除的费用。

（8）生计费用（livelihood cost）扣除，即免征额（allowance），是为贯彻"生计收入不纳税"原则而设计的一种扣除，是各国税法不可或缺的税制要素，但也有一些国家采取 0 税率收入区间的形式或税收抵免额的形式来实现免征额的功能。美国个人所得税中有分项扣除（itemed deduction），包括已经缴纳的州和地方个人所得税和财产税、房屋抵押贷款利息、特殊医疗费用、未保险的灾害或者被盗损失、寻找工作的费用（job hunting expenses）、慈善捐赠、个人退休计划（individual retirement arrangements，IRA）缴费等（鲍晓华和崔晓翔，2014；曹桂全，2017），既有生计费用扣除内容，如特殊医疗费用、房屋抵押贷款利息；也有特许费用扣除内容，如慈善捐献、个人退休计划缴费、寻找工作的费用，但总体上常设视为免征额。

（9）税率表（rate schedule）。个人所得税实行累进税率结构。我国个人所得税包括工资薪金所得的七级累进税率表、个体户经营所得和企业承包租赁所得的五级累进税率表，其他所得适用20%比例税率。

（10）税收抵免（tax credit），也是通过个人所得税实施社会政策的一种工具，与特许费用扣除有替代性。税收抵免允许纳税人直接从应纳税额中减除税收抵免额。我国个人所得税没有采取税收抵免这种社会政策工具，而美国个人所得税中的税收抵免项目很多。

（11）税收减免（tax reduction），是一种税收照顾。我国个人所得税税法规定，对于残疾、孤老人员和烈属的所得，以及因严重自然灾害造成重大损失的，经批准可以减征个人所得税。

（12）纳税方式，包括源泉课征（支付所得的单位作为代扣代缴义务人）和纳税人纳税申报两种。我国个人所得税主要采取源泉课征方式，但也积极推行纳税申报。

（13）征管分工，指税收由国家税务机关还是地方税务机关履行征管职能。2002年以来，我国个人所得税为中央和地方共享税，但由地方税务机关征管。[①]

二、经营性费用扣除的内涵、功能和税制设计

经营性费用是与工作有关支出（曹雪琴，2003），按照黑格—西蒙斯关于所得的定义，任何消费潜力的增加属于所得，而消费潜力的下降，则是所得减少（罗森和盖亚，2009）。减除经营性费用，才能科学确定纳税人净所得，作为计税的基础。美国个人所得税将减除经营性费用支出后的所得称为"调整后毛所得（adjusted gross income，AGI）"，是税法中重要的收入指标。对于纳税人个人免税额（personal exemptions）和分项扣除额（itemed deductions）实行缩减制度，其标准就是根据纳税人的调整后毛所得确定，纳税人AGI高于一个门槛的，则会被缩减。由于各种来源所得的经营性费用支出种类、形式、数量不同，税法应当对允许扣除的支出项目加以列举，由纳税人据实申报（declaration according to the facts）扣除，使经营性费用支出得以

---

① 2018年，我国国家税务局（国税）和地方税务局（地税）合并为国家税务总局。

充分扣除。

三、特许费用扣除的内涵、功能和税制设计

特许费用扣除①是一种税前扣除，与经营性费用扣除减轻纳税人负担的效果相同，但与经营性费用作为纳税人取得收入而发生的支出不同，它是国家通过个人所得税执行社会政策的工具，而不是个人所得税本身的必然要求。各国社会政策不一，特许费用扣除项目必然存在差别。美国个人所得税的分项扣除中包含了较多的特许费用扣除项目，也采取较多的税收抵免项目实施社会政策。特许费用扣除一般规定特定用途的支出可以全额扣除，同时加以数量限制，或者规定最高额，例如，美国规定慈善捐献不能超过调整后毛所得的50%，我国规定公益捐赠数量不能超过应税所得额的30%。特许费用扣除制度的设计既要体现相应社会政策的宗旨，也不应当损害个人所得税功能。社会政策较多抵免向低收入和弱势群体，如果简单地规定特定用途支出可以全额扣除，将背离社会政策的宗旨，损害个人所得税功能。美国个人所得税规定，对于调整后毛所得超过一个门槛后，分项扣除额也要进行缩减，以维持个人所得税税率的有效累进。

四、生计费用扣除的内涵、功能和税制设计

生计费用扣除，即免征额，是对居民基本生活费用支出扣除，以实现生计收入不纳税。免征额具有重要的功能，地位突出。第一，免征额使个人所得税具有良税的性质。与经营性费用扣除保证课征对象为净所得不同，免征额保证课征对象为超过生计收入的剩余所得，使税收不损害居民基本生活，使个人所得税享用良税的美誉。第二，免征额符合效率的要求。在资源配置效率的意义上，免征额避免了国家征税之后，还要通过社会保障对个人进行收入转移以保证居民基本生活需要得到满足，符合行政效率的要求。第三，免征额具有税收累进性效应，使个人所得税具有缩小收入差距的调节作用。

---

① 本书的其他场合，也称为社会性扣除、社会政策扣除。

一国之居民，除非因为健康、年龄之差异，否则基本生活费用支出大致相同，免征额构成中应当有一个基本免征额，该免征额将产生税收累进性效应，从而即使在比例税率的条件下，个人所得税也能够起到缩小收入差距的作用。[1] 实际上，免征额的税收累进性是税收累进性来源之一，甚至是一些国家（如加拿大、英国、爱尔兰和美国）个人所得税税收累进性的主要来源（Wagstaff and Doorslaer，2002）。我国居民收入水平较低，而且工资薪金所得采取单一标准化免征额，免征额也是税收累进性的主要来源（曹桂全和任国强，2014）。

免征额规则也最为复杂，其根本要求是与纳税人负担的基本生活费用支出实际相一致，以体现免征额的内涵和功能，同时也要兼顾征管效率。第一，就理想状态而言，免征额应当是完全差异化的，每个纳税人都应当允许在基本生活费用支出项目范围内，据实申报扣除，但这将导致巨大的征管成本。实际上，一国之居民，在正常情况下，基本生活费用支出大致相同，因此统一的标准化免征额也能满足正常情况的需要，并且可以降低征管成本，是可取的。但纳税人负担人口的年龄、健康以及与之相适应的基本生活保障所需之费用也存在差异甚至巨大差异，统一的标准化免征额不能照顾特殊情况，根据纳税人及其负担人口的基本生活费用支出实际允许其据实申报扣除，也是必要的。因此，标准化免征额与差异化免征额相结合的构成是合理的选择（曹桂全，2017）。第二，个人所得税实行累进税率结构，标准化免征额会对高收入者产生更高的免税利益，与税收累进性相冲突，设立高收入者免征额缩减制度也是可取的。第三，免征额需要适时调整。居民基本生活费用支出随着经济发展而提高，免征额应当随之提高。在经济发展达到一定阶段且经济体制比较稳定的条件下，居民基本生活费用支出趋于稳定。但税法规定的免征额是名义量，需要逐年进行物价指数化调整。第四，免税所得、特许费用扣除、税收抵免与免征额之间有一定的重合和替代关系，需要协调，选择利于实现税收功能和便于征管的税制设计。

---

① 例如，两人税前收入分别为 10 000 元和 20 000 元，收入差距为 2 倍。现课征个人所得税，基本免征额为 4 000 元，比例税率为 20%，则税后收入分别为 8 800 元和 16 800 元，平均税率分别为 8.8% 和 16%，具有税收累进性，税后收入差距降低为 1.91 倍。

第二节　我国个人所得税费用扣除制度及其存在的问题

一、现行税法关于费用扣除的规定

我国个人所得税制度由《中华人民共和国个人所得税法》(2011)、《中华人民共和国个人所得税法实施条例》(2011) 以及财政部、国家税务总局关于税法实施的解释构成。但需要明确的是，我国税法并没有明确提出经营性费用扣除、特许费用扣除和生计费用（或者免征额）的概念，而是笼统使用"成本""费用""必要费用""合理费用"等词汇，为此，我们按照相关条款背景和相关政策文件精神，按照十类所得，分别作出界定和解释。[①]

(1) 关于工资薪金所得的费用扣除。我国税法没有明确规定当前工资薪金所得每月 3 500 元的"费用减除"为免征额，但从财政部关于个人所得税税法修正案草案的说明看，该费用扣除包括免征额甚至主要是免征额。《财政部 国家税务总局关于基本养老保险费基本医疗保险费失业保险费住房公积金有关个人所得税政策的通知》(2006) 确认，个人按照国家或省（自治区、直辖市）人民政府规定的缴费比例或办法实际缴付的基本养老保险费、基本医疗保险费和失业保险费以及住房公积金，允许在个人应纳税所得额中扣除，该扣除应当理解为特许费用扣除。税法规定了公益捐赠扣除，而且规定不能超过纳税义务人申报的应纳税所得额 30%，也属于特许费用扣除，该规定适用于所有类型所得。

(2) 关于个体工商户的生产经营所得的费用扣除。《中华人民共和国个人所得税法实施条例》规定，对于个体工商户生产经营所得允许扣除的成

[①]　本章的论文成果发表在 2018 年我国个人所得税税法修正之前，所以以 2011 年税法为基础进行分析。

本、费用，是指纳税义务人从事生产、经营所发生的各项直接支出和分配计入成本的间接费用以及销售费用、管理费用、财务费用；所说的损失，是指纳税义务人在生产、经营过程中发生的各项营业外支出。《财政部 国家税务总局关于调整个体工商户业主 个人独资企业和合伙企业自然人投资者个人所得税费用扣除标准的通知》（2011）规定，个体户向其从业人员实际支付的合理的工资、薪金支出，允许在税前据实扣除。这些费用扣除具有企业经营成本性质，属于经营性费用。《财政部 国家税务总局关于调整个体工商户业主 个人独资企业和合伙企业自然人投资者个人所得税费用扣除标准的通知》（2011）规定，对个体工商户业主、个人独资企业和合伙企业自然人投资者的生产经营所得依法计征个人所得税时，个体工商户业主、个人独资企业和合伙企业自然人投资者本人的费用扣除标准统一确定为 42 000 元/年（3 500 元/月），个人独资企业和合伙企业投资者的工资不得在税前扣除，该标准与工资薪金所得扣除标准相同，应当属于生计费用扣除。①

（3）关于企业承包租赁经营所得的费用扣除。《中华人民共和国个人所得税法实施条例》第十八条规定，企业承包、租赁经营所得的每一纳税年度的收入总额，是指纳税义务人按照承包经营、承租经营合同规定分得的经营利润和工资、薪金性质的所得，因此，该所得已经扣除了经营性费用。同时规定，税法所说的减除必要费用，是指按月减除 3 500 元，该费用与工资薪金所得费用减除标准相同，应当属于免征额。

（4）关于劳务报酬所得、稿酬所得、特许权使用费所得、财产租赁所得的费用扣除。税法规定，劳务报酬所得、稿酬所得、特许权使用费所得、财产租赁所得，每次收入不超过 4 000 元的，减除费用 800 元；4 000 元以上的，减除 20% 的费用。如何理解该费用的性质？我国个人所得税立法时，除了个体户、企业承包者之外，纳税人一般都有工资薪金所得，生计费用扣除可以通过工资薪金所得免征额实现，这里规定的费用减除不应当属于免征额，而是经营性费用。按照《国家税务总局关于个人所得税若干业务问题

---

① 假定一个个体户年收入 600 000 元，原材料等支出 200 000 元，工人工资 150 000 元，个体户自己工资 100 000 元，则该个体户的生产性费用为原材料等支出、工人工资之和，即 35 000 元，但个体户自己工资不能作为经营性费用扣除，调整后净所得为 250 000 元，扣除生计费用 42 000 元，应税所得额为 208 000 元。

的批复》（2002），对于个人的财产租赁收得，还可以扣除财产租赁过程中缴纳的税费、由纳税人负担的该出租财产实际开支的修缮费用，明显属于经营性费用。

（5）关于利息、股息、红利所得的费用扣除。对于利息、股息、红利所得，税法没有规定任何费用扣除，因此应当理解为没有经营性费用扣除和免征额扣除。

（6）关于财产转让所得费用扣除。税法规定，财产转让所得，以转让财产的收入额减除财产原值和合理费用后的余额，为应纳税所得额。《个人所得税法实施条例》对财产原值的确定方法做出规定，并规定合理费用是指卖出财产时按照规定支付的有关费用。所以，这些费用属于经营性费用。

（7）对于偶然所得，税法没有费用减除的规定。

综合上述，将我国个人所得税中经营性费用、特许费用扣除和生计费用扣除的规定，按照十类所得，列于表8-1。

表8-1　　　　我国个人所得税税法关于三项费用扣除的规定

序号	所得来源	经营性费用	生计费用（免征额）	特许费用
1	工资、薪金所得	无	3 500 元/月	社会保险缴费、住房公积金缴纳以及公益捐赠
2	个体工商户的生产、经营所得	允许减除成本、费用以及损失，例如从业人员工资，但本人工资不得扣除	个体户本人收入不作为经营性费用扣除，按照工资薪金对待，年扣除42 000 元	与工资薪金所得相同
3	对企事业单位的承包经营、承租经营所得	计税收入为经营利润和工资、薪金性质的所得，已经进行了经营性费用扣除	减除必要费用为3 500 元/月，可以理解为生计费用扣除	与工资薪金所得相同
4-7	劳务报酬所得、稿酬所得、特许权使用费所得、财产租赁所得	每次收入不超过4 000 元的，经营性费用为800 元；4 000元以上的，经营性费用为所得的20%	无	公益捐赠

序号	所得来源	经营性费用	生计费用（免征额）	特许费用
8	利息、股息、红利所得	无	无	公益捐赠
9	财产转让所得	财产原值和合理费用	无	公益捐赠
10	偶然所得	无	无	公益捐赠

资料来源：《中华人民共和国个人所得税法》（2011），《中华人民共和国个人所得税法实施条例》（2011）。

二、个人所得税费用扣除制度的特点

对比费用扣除制度一般原理和英国、美国等经济发达国家的经验，我国个人所得税费用扣除制度具有如下特点。

第一，三项费用扣除均多采取定额、定比扣除标准，据实申报扣除相对较少。除了个体生产经营所得、企业承包租赁经营所得、财产转让所得，其他所得的经营性费用基本采取定额、定比扣除方式，工资薪金所得甚至没有经营性费用扣除。作为特许费用的社会保险和住房公积金缴纳，实行全额扣除。工资薪金所得免征额最为典型，所有纳税人均按照每月3 500元标准扣除。与美国个人所得税免征额构成不同，我国工资薪金所得纳税人只有单一的标准化免征额，而没有任何差异化免征额。

第二，费用扣除针对所得设定，是分类税制模式的体现。我国个人所得税实行分类税制模式，各类所得分别规定经营性费用扣除、特许费用扣除和免征额，这对于经营性费用来说是合理的，有所得的，就有经营性费用支出。但是，特许费用扣除和免征额是针对纳税人及其负担人口的，并不必然与所得相关联，按照所得来源分别设定特许费用、免征额并不合理。按照税法，只有工资薪金所得、个体户生产经营所得和企业承包租赁经营所得的纳税人能够获得免征额扣除，其他来源所得的纳税人不能获得免征额扣除。这应当是人为将该三种所得推定为独立所得的结果。我国采取分类所得税制模式，按照所得规定免征额扣除，但又不能每种所得都规定免征额，否则就会出现重复扣除免征额，为此推定其他所得均为非独立所得，免征额已经在独立所得中予以扣除，但并不符合实际。

第三，费用扣除调整主要是免征额调整，但采取集中性、大规模调整方式。2006 年前，工资薪金所得免征额长期固定于每月 800 元，严重脱离实际，一些地方政府自行提高了扣除标准。经过个人所得税税法修正，工资薪金所得免征额分别从 2006 年 1 月、2008 年 3 月、2011 年 9 月进行调整，分别比上一年提高了 100%、25% 和 75%，很难与居民基本生活费用支出增加实际相符，与应有调整之间存在很大差异。像劳务所得等所得采取定额扣除的费用，则一直适用每次 800 元，并没有调整。

第四，总体扣除比例较高。2011 年，我国城镇单位就业人员人年均工资 41 799 元，月工资 3 483 元，总体上达不到纳税水平。2015 年，我国城镇单位就业人员人年均工资为 62 029 元，月工资 5 169 元，总体上达到了纳税水平。按照城镇职工社会保险和住房公积金缴费比例总计 20% 计算，[①] 特许费用扣除每月 1 034 元（不考虑公益捐赠），再扣除免征额每月 3 500 元，总计扣除每月 4 534 元，占工资的 87.71%，导致随后应纳税所得额只有 635 元。[②] 另外，按照现行政策，个人领取养老金、失业保险金、住房公积金和报销医疗费不仅包括个人缴费部分，还包括单位缴纳的部分，为工资总额的 41.5%，[③] 都属于免税所得，也导致很多所得免于课税。

三、个人所得税费用扣除制度存在的问题

我国个人所得税税法颁布于 1980 年，现行税法框架形成于 1993 年，当时的居民收入水平低，收入来源结构单一，费用扣除制度简便易行的特点具有很大优势，在纳税人不多、税收规模不大的条件下，突出征管效率，加强对高收入者的收入调节的政策选择具有合理性。但是，随着经济增长和经济体制改革推进，居民收入水平有了很大提高，居民收入来源多样化，工资性

---

① 现行政策为个人缴纳基本养老保险费、基本医疗保险费、失业保险费、住房公积金分别为工资的 8%、2%、0.5% 和 8% ~ 12%。

② 根据国家统计局（http://data.stats.gov.cn）相关数据计算。

③ 按照现行政策，单位缴纳的基本养老保险费、基本医疗保险费、失业保险费、住房公积金分别为工资的 20%、10%、1.5% 和 8% ~ 12%。

收入占比下降，2015 年全国城镇居民工资性可支配收入仅占可支配收入的61.99%，居民基本生活费用支出结构也发生变化，单一标准化免征额不公平问题突出，社会保障和住房公积金制度不能涵盖当前社会政策需要，费用扣除制度的弊端逐渐显现。

（一）经营性费用扣除制度存在的问题

经营性费用扣除存在的问题表现在三个方面：一是扣除制度不健全，工资薪金所得纳税人没有独立的经营费用扣除，是不合理的；二是过多使用定额或者定比扣除，缺乏更加合理的据实申报扣除，劳务报酬所得、稿酬所得、特许权使用费所得、财产租赁所得的经营性费用扣除标准为定额和定比扣除，难于符合实际；三是税法关于允许扣除项目规定不具体，需要通过规范性文件进行确定，不符合税收法定原则。

（二）特许费用扣除制度存在的问题

特许费用扣除存在的问题表现在三个方面：一是特许费用扣除集中于公益捐赠、社会保险缴费和住房公积金缴纳上，对于教育以及住房公积金之外等住房支出（如住房贷款）缺乏政策支持，对于纳税人已经发生的税收（如契税）没有考虑，导致重复课税；二是公益捐赠扣除需要纳税人申报，但由于工资薪金所得纳税人实行源泉课征，实际很难实现扣除，不利于慈善捐献实施；三是社会保险缴费和住房公积金缴费扣除没有数量限制，任何收入纳税人都全额可以扣除，显然有利于高收入者。住房公积金全部属于个人账户，职工缴费比例相同，高收入者扣除更多，而且领取住房公积金免税，不利于个人所得税税收规模扩大，也背离住房保障政策宗旨。

（三）免征额制度存在的问题

免征额制度存在的问题更加突出。

第一，免征额标准参考城镇居民消费支出确定，而缺乏居民基本生活费用支出指标。城镇居民消费支出是居民基本生活费用支出的一个替代性指标，二者并不完全一致。随着经济增长和居民收入水平提高，居民消费支出明显超过基本生活费用支出，继续使用居民消费支出替代指标的不合理性越来越明显。

第二，单一标准化免征额构成不利于实现免征额价值。不同纳税人负担人口的基本生活费用支出存在差别，不同纳税人负担人口数也不相同，单一标准化免征额导致有的纳税人免征额数量不足而税收负担过度，有的免征额过度而税收负担不足，免征额扣除过度和不足并存，存在不能区别对待的不公平。

第三，免征额累积性调整导致免征额数量经常性不适当，税收不合理，免征额调整年可能出现税收不应有下降。在一个固定免征额期间内，必然导致不同年份免征额过度、适当或者基本适当、偏低，相应年份税收不足、合理或者基本合理、过度，而调整前一年的免征额不足和税收过度最为严重，调整年免征额过度和税收不足最为严重，不合理税收的变动足以导致税收下降（曹桂全和仇晓凤，2016）。2012 年我国个人所得税税收为 5 820.28 亿元，占 GDP 1.08%，均比 2011 年（个人所得税税收为 6 054.11 亿元，占 GDP 1.24%）下降，[①] 明显受到 2011 年 9 月免征额调整的影响。

第四，缺少免征额缩减制度，不能有效避免免征额与累进税率结构之间的冲突。提高免征额时，税前收入低于标准化免征额的纳税人并不能获得免征额的利益，而高收入者能够充分获得免征额的利益，而且由于累进税率结构，减税利益更大，产生不公平。[②] 避免高收入者因为免征额获得更多减税利益并维持累进税率结构的效果，需要对高收入者的免征额进行缩减，而我国当前没有这一制度，是一个重要缺陷。

第五，我国个人所得税是以工资薪金所得为核心，工资薪金所得、个体户生产经营所得、企业承包租赁经营所得能够获得免征额待遇，没有这三种所得的其他所得纳税人，无法获得免征额待遇。但是，随着市场经济发展，收入来源多样化，部分个人依靠非工资薪金收入作为主要收入来源，没有免征额扣除是不合理的。

---

① 个人所得税收入和 GDP 数据根据国家统计局，国家数据网站（http://data.stats.gov.cn/）的统计数据计算。

② 一些文献指出了这个问题，如华生（2011）、贾康和梁季（2016）。但这些文献据此认为不应当调整免征额，而没有寻找解决冲突的可行办法。

（四）费用扣除制度存在的问题与分类税制模式的弊端相联系

我国个人所得税采取分类税制模式，不能对纳税人总体纳税能力进行衡量，难以全面实现税收累进性，这是分类税制模式的弊端。分类税制模式之下，采取费用源泉课征方式，各种费用扣除采取定额或者定率的方式，也是出于便于征管的考虑，因为源泉课征无法实现据实申报扣除。同样基于此，税法规定了几种所得的免征额，而没有规定纳税人免征额（即纳税人及其负担人口的免征额的总计），也源于分类税制和源泉课征模式之下，如果税法对每种所得都规定免征额，将无法避免纳税人获得重复扣除。税收抵免政策工具是针对纳税人的，在强调所得而不是纳税人的条件下，也就无法实施。

第三节　完善个人所得税费用扣除制度的政策建议

《中共中央关于全面深化改革若干重大问题的决定》（2013）提出，逐步建立综合与分类相结合的个人所得税制。我们认为，建立综合与分类相结合的个人所得税制不仅强调综合计征的重要性，也必然要求采取纳税人申报的纳税方式，抓住了个人所得税改革的牛鼻子。现行费用扣除制度存在的问题很大程度上是与分类税制模式相联系的，完善费用扣除制度需要在综合与分类相结合税制框架下进行，并作为逐步建立综合与分类相结合的个人所得税制的重要组成部分。[①]

一、完善经营性费用扣除制度

应当按照经营性费用支出充分扣除的原则，完善各类所得的经营性费用项目、扣除方式的规定，尤其注重允许据实申报扣除。对于生产经营性所得，在存在会计记录的条件下，应当实行对生产经营性费用据实申报扣除，

---

① 下面的对策建议，均建立在实行综合与分类相结合的税制的基础上。

如果会计记录不健全，可以由税务机关核定扣除。对于工资薪金所得、劳务所得、稿酬所得等劳动性质所得，可以规定一个经营性费用扣除比例，同时允许纳税人选择据实申报扣除，扣除费用项目包括与劳动有关交通费、教育培训费、劳动工具和资料等费用支出。对于财产租赁和股息、利息和红利所得，允许扣除一定比例的经营性费用。对于财产转让所得，允许据实申报扣除取得财产的费用和相关税费。

二、改革和完善特许费用扣除制度

应当按照体现社会政策宗旨的要求，进一步健全特许费用扣除（社会性扣除）制度。

第一，对于完全属于个人账户的缴费扣除，设立扣除数量限制。例如，继续保留个人住房公积金缴纳作为特许费用扣除的制度，但超过一定数量的，比如每年 36 000 元，[①] 不得继续作为特许费用扣除。

第二，适当增加特许费用扣除。针对学前教育负担较重的实际，可以增加学前儿童特许费用扣除，例如，每年 20 000 元。纳税人购买住房发生的契税，减少了净所得，可以考虑对于符合条件的纳税人允许按照特许费用进行扣除。[②] 针对住房贷款利息支付负担较重，可以对符合条件的纳税人增加住房贷款利息扣除，如每年 20 000 元。

第三，处理好特许费用扣除和免征额、免税所得、税收抵免的关系。我国建立住房保障和住房公积金制度，不宜在免征额中增加分项免征额来降低纳税人住房贷款利息负担。对于学前教育的支持，可以使用税收抵免项目替代特许费用扣除，比如设立儿童学前教育税收抵免每年 3 000 元。

三、改革和完善免征额制度

免征额是费用扣除制度的重点，应当以使免征额更好地反映纳税人基本

---

① 作者所举数据仅为表明这种制度的机制，但没有经过科学测算。本章其他举例也是如此。

② 符合条件是对高收入者获得该特许费用扣除资格的限制，比如年综合净所得超过 36 万元的纳税人，没有资格获得该项扣除。

生活费用支出实际为根本要求，兼顾征管效率，增强免征额的科学性和公平性。

第一，免征额依据纳税人负担的基本生活费用支出确定。要改变参照城镇居民人均消费支出确定免征额数量的做法，以免征额内涵和价值为出发点，科学界定居民基本生活费用支出项目和正常条件下居民基本生活费用支出数量，以居民基本生活费用作为确定免征额数量的收入指标。这需要进行进一步的统计调查和科学测算。

第二，采取标准化免征额与差异化免征额相结合、以标准化免征额为主的免征额构成。改变当前单一标准化免征额构成形式，适当增加差异化免征额。既考虑纳税人负担的基本生活费用支出总体一致性，也考虑不同纳税人实际负担的基本生活费用支出的差异性，尤其是对纳税人重点基本生活费用支出项目予以关注。建议设立基本免征额、附加免征额和分项免征额三个层次的免征额，如图 8-2 所示。第一个层次是标准化个人基本免征额，为正常情况下个人的基本生活费用支出，纳税人负担人口每人一份，例如，每年个人基本免征额 20 000 元。纳税人个人基本免征额为其负担人口个人免征额之和。第二个层次为附加标准化免征额，为符合一定年龄、健康状况等条件的纳税人负担人口的免征额，以体现对基本生活费用支出高于正常情况的照顾，例如，对于老年人，每人每年附加标准化免征额为 6 000 元。第一个、第二个层次的免征额应当能够涵盖多数纳税人的基本生活费用支出，使标准化免征额覆盖大多数纳税人，利于降低征管成本。第三个层次为据实申报的分项免征额，对于基本生活费用支出项目范围内的重要支出项目（如医疗费用支出、未保险的灾害损失），如果纳税人个人基本免征额和附加标准化免征额仍不能涵盖之，可以对超过部分据实申报扣除。例如，可以规定纳税人负担的医疗费用支出超过 10 000 元的，可以对超过部分申报扣除。在这种制度下，纳税人免征额是纳税人基本个人免征额总计、附加个人免征额总计和分项免征额总计之和。以一个 3 口之家为例，一个人发生纳税义务，纳税人个人基本免征额总计为 60 000 元，没有附加标准化免征额，医疗费用支出 20 000 元，可以额外申报分项免征额 10 000 元，纳税人免征额为 70 000 元。这种免征额由标准化免征额与差异化免征额构成，以标准化免征额为主，能够更好实现免征额价值，同时兼顾征管效率。

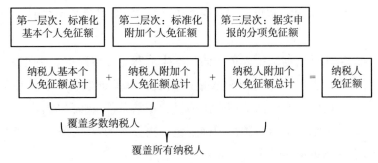

图 8 - 2　纳税人免征额构成示意图

资料来源：笔者绘制。

第三，引入高收入者免征额缩减制度。要避免免征额与累进税率结构之间的冲突，增加税收累进性，加强对高收入者的收入分配调节，应当引进免征额缩减制度。英国免征额缩减门槛是人均收入的 5 倍左右，而美国则是 10 倍左右。2016 年，我国城镇居民人均可支配收入 33 616 元，参照美国的标准，我国个人所得税纳税人免征额缩减门槛可以按照年综合净所得 360 000 元（每月 30 000 元）左右考虑，每超过 1 000 元，纳税人免征额缩减 1%，综合净所得达到 460 000 元的纳税人，免征额缩减到 0。

第四，免征额等税法名义收入指标实行指数化调整。当前，我国社会主义市场经济体制逐步完善，社会保障制度已经成型，社会福利、教育、住房、医疗体制改革总体到位，总体上已经进入中上收入水平国家，居民基本生活费用支出项目总体确定，免征额指数化调整条件已经成熟。建议采取逐年免征额物价指数化调整方式，并授权国务院或者财税主管部门实施。同时，对税法中的税率等级阈值等名义收入指标一并进行指数化调整，稳定税负。

第五，统筹免征额与免税所得、经营性费用扣除、特许费用扣除和税收抵免，适当引入税收抵免项目。个人所得税功能和社会政策可以通过不同税制要素实现，需要统筹安排。我国养老收入（退休工资和养老金）为免税所得，无论收入高低一律免税具有一刀切的弊端，建议在增加附加老年人免征额或者税收抵免实现对老年人的基本生活费用特殊照顾的基础上，取消养老收入免税的规定。如果考虑学前儿童的整体生活费用较高，除了设立教育方面的特许费用扣除或者税收抵免，也可以整体考虑设立相应的税收抵免，例如，每个学前儿童每年 5 000 元税收抵免额。

第九章
日本个人所得税费用扣除制度的比较研究

本章对日本个人所得税尤其是费用扣除制度进行比较研究。首先，阐述日本现行个人所得税制度概况；其次，研究日本个人所得税的经营性费用扣除、社会性扣除和免征额规则，并与我国个人所得税进行相应比较，阐明日本个人所得税与我国的可比性；最后，指出日本个人所得税制度对我国的借鉴意义。

第一节　日本个人所得税概况

一、税法构成

现行日本个人所得税法是 2018 年税制改革后的税法，其中包括了个人所得税和公司所得税。日本所得税法由总则、居住者的纳税义务、非居住者及法人的纳税义务、源泉征收、杂项规定和罚则共 6 编构成，共有 243 条（其中部分条款删除，但保留编号）。此外，还有附则，抄录了相关税法修改、税法适用的有关法律和文件，其篇幅也较大。国内于 1984 年由中国展望出版社出版了陈汝议和武梦佐翻译的《日本国所得税法》，税法正文 179

页，附则为 180～300 页，① 可见其税法之精细化。日本个人所得税和法人所得税由同一部税法规范，并且区分居民纳税人和非居民纳税人，这里主要介绍适用于居民纳税人的个人所得税。②

二、术语解释

日本所得税法第一编总则的第一章为通则，概述了税法的宗旨和有关术语。税法规定的事项为纳税人、课税所得的范围、税额计算方法、纳税申报缴纳和退还程序、源泉课征。有关术语包括：国内、国外、居住者、非长期居住者、非居住者、本国法人、外国法人、无人格社团、公债公司债、存款和储蓄、信托、贷款信托、证券投资信托、无限制的证券投资信托、公债和公司债投资信托、库存资产、有价证券、固定资产、折旧资产、延期资产、各种所得（所列居住者纳税义务的十类所得）、各种所得金额（指减除经营性费用后的净所得）、变动所得、临时所得、纯损失金、杂项损失金、灾害、残疾者（指精神失常者、失明者等其他政令规定的情形）、老年者（65岁以上）、寡妇、工读学生（指年综合所得低于一定水平的在读学生）、配偶扣除（需要满足两个条件：一起生活；没有所得金额，或者只有给予所得或者综合所得且其金额低于一定水平）、老年配偶扣除（指超过 70 岁的配偶扣除）、抚养亲属（指年综合所得低于一定水平的亲属，年龄超过 70岁的，为老年抚养亲属；19～23 岁为特定抚养亲属）、特别农业所得者（指农业收入超过总所得 70%）、预定纳税额、确定申报书、限期后申报书、修正申报书、蓝色申报书、确定申报期限、出国、更正、决定、源泉征收、附加税、充抵（即税收抵免）、退返附加金。这些术语作为税法的认识基础、实施基础，先予列出，这种立法技术值得借鉴。

---

① 日本国所得税法［M］．陈汝议，武梦佐，译．北京：中国展望出版社，1984.
② 本章引用日本所得税法的文本来源于：全球法律数据库 https：//elaws. e‑gov. go. jp/，是日本昭和 40 年（1965 年）颁布、令和 4 年（2019 年）最后修正的版本，本章简称为《日本所得税法》（2019）。

三、纳税人

纳税人由第一编第二章规定，纳税人区分为居民纳税人和非居民纳税人，居民纳税人的给予所得实行源泉征收。

居民指在日本国内拥有住所，或在日本拥有居所且常住 1 年以上的人。住所是指生活的基本场所。居所虽然是在相当一段时间内连续居住的场所，但尚未达到生活基本场所的程度。居民根据其有无长期居住的意愿及居住时间长短，又分为普通居民和非永久居民。普通居民指有在日本长期居住愿望，在日本国内连续居住一年以上且拥有住所的个人，其来自国内和国外的全部所得均属于征税所得，日本称这种人为无限制纳税人。居民中没有日本国籍，且于过去 10 年内少于 5 年时间在日本国内拥有住所或居所者为非永久居民。非永久居民的课税范围与居民的课税范围相同，然而对于其源于国外的收入，只要不是在日本国内支付，或不是汇款至日本的部分，就不必在日本征税。但若国外支付的工资是基于日本国内的工作，该工资也属于源自国内的所得，也要与日本支付的工资合并后计算缴纳个人所得税。

非居民纳税人指不符合上述居民纳税人中关于居民身份定义的统称，为非居住者个人所得税纳税义务仅限于日本国内的源泉所得。日本将居民中的非永久居民和非居民为有限制的纳税人。

四、课税所得的范围：非课税所得

第一编第三章对课税所得的范围作了原则规定，非长期居住者以外的居住者就其全部所得课征所得税。

本章还对非应税所得做出列举。税法第 9 条规定非课税所得的情形：（1）活期存款利息；（2）符合规定的教育储蓄；（3）符合规定的养老金、年金；（4）为给予所得者支付的因为离职而迁移、调动工作而迁移等的必要旅费补贴；（5）为给予所得者支付工作通勤而提供使用交通工具费用；（6）工作单位为给予所得者提供的工作使用的必要物品；（7）居民在国外工作所获得的给予所得及其在国内工作的给予所得；（8）符合条件的为外国政府及组织工作获得的报酬；（9）符合条件的亲属之间生活用具的转让所得；（10）没有其他财力、为偿还债务而转让资产的所得；（11）可以中途解约和增加投资的证券投资信托收益的分配中，符合政令规定的相当于回收信托财产本金部分；（12）根据《皇室经济法》规定的内廷费和皇族费而得到的给付；（13）以下所列的年金和贵重物品：《文化功劳者年金法》规定的年金，日本学士院、艺术院发给的奖金和贵重物品，国家、地方公共机构或财政部长指定的机构或基金用于表彰学术或艺术方面的显著贡献或奖励有显著价值的学术研究而给付的金钱或者物品，诺贝金基金会颁发的奖品，外国、国际机构、国际团体以及财政大臣指定的外国团体发给的奖品；（14）因在奥林匹克运动会取得优良成绩而得到日本奥委会的奖品；（15）为充当学费而给付的贵重物品，以及有抚养义务亲属之间为履行抚养义务而给予的贵重物品；（16）国家或地方公共团体对保育及其他育儿进行资助的事业及与此类似的事业，根据政令规定，向提供相应场所或者其他便利而支付的贵重物品；（17）来源于符合规定的继承、遗赠以及个人之间赠与的所得；（18）根据保险法和保险合同而获取的保险金、损失赔偿金等；（19）根据公职选举法而成为公职候选人，在选举中取得的由法人赠与的金钱、物品和其他财产等。此外，税法第十条规定了残疾人小额存款利息所得等为非课税所得。

五、所得归属的一般规定

第一编第四章对所得归属作出一般规定。所得归属按照实质所得原则，对于由资产或者事业经营产生的收益，法律上的归属者只是名义人而不享受该收益的，不作为纳税人，而归属者以外的人享受该收益时，应当依法纳税。本章还规定了有关信托财产收入与支出的归属确定。

六、纳税地点

第一编第五章规定纳税地点的确定规则，具体如下：国内有住宅的，为住宅所在地；国内无住宅但有住处的，为住处所在地；在国内有长久设施的非居住者，其在国内从事业务的事务所、业务所等处所所在地，如有两处以上，以主要所在地为纳税地点；前述第一种、第二种情况，因本人变为在国内无住宅、住所时，且无第三种情况的营业场所，其在原纳税地点有亲属或者特殊关系者的，仍以原纳税地点为纳税地点；有关资产所在地；政令规定的其他场所。纳税人义务人纳税地点变更时，应当向所述变更前后纳税地点税务机关申报。

七、居民纳税人所得税税额计算程序

日本所得税法第二编第一章通则首先规定了居民纳税人所得税额计算程序。根据税法第 21 条的规定，计算居民纳税人的应纳税额，通常有五个步骤。

第一步，将所得分为利息所得、红利所得、不动产所得、事业所得（经营所得）、给予所得、退职所得、山林所得、转让所得、临时所得和杂项所得，依据本编第二章"各项所得金额之计算"分别计算各项所得金额，该各项所得金额为各项所得减除经营性费用后的余额，实际上为净所得。

第二步，以所得金额为基础，根据本编第二章"损益总计及损失之滚存扣除"的规定，进行相关处理，并计算综合所得（总所得）金额、退职所得金额和山林所得金额。这实际上经过调整的净所得。

第三步，根据本编第二章所得扣除的规定，从经过调整的综合所得、退职所得和山林所得金额中减除各项所得扣除（所得扣除实际上包括社会性扣除和免征额）并根据本编第三章有关规定，分别计算综合所得应税所得额、退职所得应税所得额和山林所得应税所得额。

第四步，根据本编第三章税率的规定，计算综合所得税额、退职所得税额和山林所得税额。

第五步，根据本编第三章关于税收扣除（含税收减免和税收抵免）的有关规定，从上述税额中减除税收扣除额，得到纳税人应纳税额。

关于纳税人税额和应纳税额另有规定的，从其规定。

八、课税标准和税制模式

第二编第二章第 22 条规定了课税标准，即以综合所得合计金额、退职所得金额和山林所得金额为课税标准。综合所得由利息所得、分红所得、不动产所得、事业所得、给予所得、转让所得、临时所得、杂项所得八类所得构成。这就是说，日本采取综合和分类相结合的税制模式，除了上述八类所得综合计征外，退职所得和山林所得实行分类计征。

但是，计算综合所得合计金额时，需要进行一定的处理，而不是各项所得金额的简单加总，利息所得金额、分红所得金额、不动产所得金额、事业所得金额、给予所得金额、杂项所得以及部分转让所得[①]金额直接全部计入综合所得金额，而另一部分转让所得[②]金额及临时所得金额合计金额的 1/2 进入综合所得金额。也就是说，对长期持有资产的转让所得降低了税收。

第二节　应税所得、经营性费用扣除和净所得

日本所得税法第二编第二章规定了各种应税所得的内涵和范围，规定了应税所得的经营性费用扣除项目和计算方法。此外，还规定了损益计算及滚存扣除，允许据此对净所得进行调整。

一、各项所得的含义和范围

个人所得税的征税对象是纳税人的所得。现实生活中个人收入的来源渠道多种多样，各种渠道收入的成本、劳动付出不同，且征税部门信息掌握的

---

① 根据《日本所得税法》（2019）第 22 条，该部分转让所得指在取得资产后五年之内转让的。

② 根据《日本所得税法》（2019）第 22 条，该部分转让所得指在取得资产后五年以上转让的。

情况也不同，日本将纳税人的征税收入分为 10 大类，分别进行计算处理。这 10 大类所得是：（1）利息所得，指债券与储蓄存款利息以及贷款信托、债券信托的收益；（2）分红所得，指股票、入股的分红和证券投资信托（不包括债券信托）的收益；（3）不动产所得，指出租土地、房屋等不动产的收入即租金；（4）事业所得，指从事农业、渔业、制造业、批发业、零售业、服务业等经营而取得的收入，类似于我国的经营所得，但范围比较宽；（5）给予所得，即受雇收入，包括工资薪金、俸禄、年金、奖金等；（6）退职所得，指退休津贴、临时恩给金以及其他因退职而获得的给予；（7）山林所得，指山林经营所得，为因采伐和转让山林而产生的所得，但在取得山林后五年以内的因采伐和出售而产生的收入不属于此类所得；（8）转让所得，即财产转让所得，指出售土地、房屋、高尔夫俱乐部会员权、股票等资产的收入，但不包括出售库存资产的收入，取得山林后五年内转让和采伐的收入，属于此类所得；（9）临时所得，指由营利性的持续行为而产生的正常所得以外的一次性收入，与劳动等劳役或者自己转让没有对价性质，如抽奖、赛马中彩的奖金，人寿保险合同到期等一次性收入；（10）杂项所得，或称为其他所得，指没有列入免税所得且不属于上述九类所得的所得，如公共津贴、养老保险收入、非专业作者的稿费以及非营业性借款的利息等。

比较而言，日本个人所得税的十类所得与我国现行税法规定的九类所得有相似性。我国的工资薪金所得相当于日本的给予所得；日本的事业所得相当于我国的经营所得；日本的分红所得和利息所得是不同所得类别，而我国是同类所得，但日本的分红所得范围宽，包括了我国的某些转让所得；另外，我国税法中的劳务报酬所得、稿酬所得、特许权使用费所得在日本税法中均没有单列，但日本所得税法单列了山林所得、退职所得。

二、经营性费用扣除与净所得额

日本所得税法没有使用经营性费用扣除的概念，但是第二编第二章第二节关于各类所得金额的规定，所得金额为各类所得收入减除一系列费用，而这些费用的性质属于经营性费用。对于各类所得，分别规定了经营性费用扣除的范围、标准或者计算方法。日本税法一共用从第 23～68 条进行规范，其中第 23～35 条是各类所得及其经营性费用扣除范围的一般规定，其他条款大量表现为对必要费用和特殊情形处理。

（1）利息所得。利息收入为所得金额，无经营性费用扣除。

（2）分红所得。原则上，以年内分红收入为所得金额，无费用减除。但是，如果有取得产生红利本金的负债利息，可以减除。

（3）不动产所得。原则上，经营性费用为必要费用。关于必要费用的范围，另行规定。

（4）事业所得。经营性费用为必要费用。

（5）给予所得。税法规定了不同给予所得收入水平的经营性费用扣除。按照不同收入水平，确定扣除比例，收入越低，扣除比例越高；收入越高，扣除比例越低。具体如表 9－1 所示。

表 9－1　　　　　　　　　日本给予所得的经营性费用扣除

给予所得收入（万日元）	经营性费用扣除比率、扣除额或者计算方法（万日元）
<180	收入×40%－10（不满 55 万日元的，按 55 万日元计算）
180～360	62＋（收入－180）×30%
360～660	160＋（收入－360）×20%
660～850	176＋（收入－660）×10%
>850	195

资料来源：《日本所得税法》（2019）。

（6）退职所得。退职所得的费用扣除为退职所得收入的 1/2。有特殊情形的，可以增加费用扣除额。

（7）山林所得。山林所得收入首先减除必要费用，之后再减除特别扣除额，特别扣除额为 50 万日元。

（8）转让所得。转让所得收入的经营性费用包括取得资产的费用和转让资产的必要费用，再减除特别扣除额，特别扣除额为 50 万日元。

（9）临时所得。临时所得的经营性费用扣除为因取得该收入而支出的费用或者其他支出，再减除 50 万日元的特别扣除额。实际上意味着临时所得收入低于 50 万日元的，予以免税。

（10）杂项所得。经营性费用扣除额为必要费用。

三、经营性费用扣除和所得金额的有关规则

日本所得税在规定了上述各种所得金额计算后，对所得金额计算的一般术语（如所得金额、必要费用）进行解释，并对各种情形下的收入确认、必要费用确认等作出规定。这里仅介绍应税所得金额和必要费用的有关规定，以显示经营性费用扣除的精细化特征。

（一）关于所得收入

各类所得按年计算和确认收入，收入按照货币收入计算。实物或者权利方面的经济利益，按照当时的价额进行折算。税法第 39～44 条对一些所得的特殊情形做出规定，如存量资产自用消耗时应当计入收入、存量资产发生赠与时应当计入收入、农作物的收获应当计入收入、居民获得的国库金补助不列入收入、居民为完成国家或地方公共团体的行政目的而进行转移时领取的补助金不计入收入。

（二）关于必要费用和取得费用

税法第 37 条规定，计算不动产所得、事业所得、杂项所得金额的必要费用，包括：出售原价，取得时的直接必要费用以及该年年度内的消费费用，一般管理费用和其他此类业务方面的费用（折旧费以及该年度末没有确定的费用除外）。计算山林所得的年度事业所得金额、山林所得金额、杂项所得金额，必要费用包括：山林种植费用、取得山林的费用、管理费用、采伐费用以及其他在山林培育和转让方面发生费用。

税法第 38 条规定，计算转让所得金额时的应减除的费用，指取得该资产时需要的费用金额、资产设备费用、改进费用的合计金额。

税法第 45～57 条对必要费用的一些特殊情形作出具体规定。例如，税法第 45 条规定，家计有关支出、税费等不计入必要费用，具体如所得税本身不能列入必要费用；附加税不属于必要费用；地方税法规定的税费不能计

入必要费用；行政罚款不能计入必要费用等等。再如，资产损失应当计入必要费用。

四、损益总计与损失之滚存扣除

日本所得税法用一节专门规范损益总计和损失之滚存扣除。按照规定，不动产所得、事业所得、山林所得、转让所得金额出现亏损的，可以在计算综合所得金额、退职所得金额、山林所得金额中进行扣除。提出确定申报书的居民纳税人，对当年前一年以前三年内各年发生的净损失金额申报扣除。

根据税法的一般原理，综合所得金额、退职所得金额、山林所得金额为相应收入减除经营性费用后的余额，应为净所得额；净所得额对损失进行滚存调整后，得到调整后净所得。

第三节　日本个人所得税的社会性扣除

日本所得税法第二编第二章第四节用第 72 ~ 87 条规定"所得扣除"。但是，所谓"所得扣除"可以区分为社会性扣除和免征额。在关于日本所得税的研究中，将其区分为"对事的扣除"和"对人的扣除"。[①] 对事的扣除属于社会性扣除，而对人的扣除属于免征额，并具体划分为附加免征额、配偶免征额、抚养亲属免征额和纳税人本人个人免征额。这里将日本税法的各类"所得扣除"区分为社会性扣除和免征额，本节介绍社会性扣除。社会性扣除有七种，这里介绍各种社会性扣除的适用条件、扣除标准，最后总结其特点。

---

① 胥玲（2019）指出，日本个人所得税所得扣除分为两类，包括对人的扣除和对事的扣除。对人的扣除包括基础扣除、配偶扣除（以及配偶特别扣除）和抚养扣除；对事的扣除包括社会保险费扣除、医疗费用扣除、捐款扣除、地震保险费用扣除、小企业公积金扣除等。

一、社会性扣除的种类和标准

（1）杂项损失扣除。居民纳税人及其配偶、亲属的资产遭受自然灾害、盗窃、抢劫产生的损失价值减除保险金、赔偿金后的余额，超过年度综合所得金额、退职所得金额和山林所得金额总计10%的，超过部分允许减除。

（2）医疗费扣除。居民纳税人及其配偶、亲属的医疗费支出超过保险金、赔偿金后的余额，超过年度综合所得金额、退职所得金额和山林所得金额总计5%（该金额超过5万日元的按5万日元计算），其超过的部分从年度综合所得金额、退职所得金额或山林所得金额中减除，但以200万日元为限额。

（3）社会保险费扣除。居民纳税人及其配偶、亲属缴纳的符合条件的社会保险费，从年度综合所得金额、退职所得金额或山林所得金额中减除。符合条件的保险费有12种。

（4）小企业互助分期付款扣除。居民纳税人每年支付的小规模企业互助分期付款，其支出金额从年度综合所得金额、退职所得金额或山林所得金额中减除。

（5）人寿保险费扣除。居民纳税人及其配偶、亲属符合条件的人寿保险费支出，按照一定规则，从年度综合所得金额、退职所得金额或山林所得金额中减除，具体规定比较复杂，这里省略。

（6）地震保险费扣除。居民纳税人及其配偶、亲属符合条件的地震保险费支出，按照一定规则，从年度综合所得金额、退职所得金额或山林所得金额中减除，具体规定省略。

（7）社会捐赠扣除。居民纳税人的符合规定的捐助款允许从年度综合所得金额、退职所得金额或山林所得金额中减除，但是，只能扣除总所得金额、退职所得金额和山林所得金额总计的40%，或者总额2 000日元。

二、社会性扣除的特点

归纳日本所得税法关于社会性扣除的规定，具有以下三个特点。

第一，社会性扣除领域并不多，但有特色项目。社会性扣除项目涉及金额较大的意外财产损失、医疗费支出、社会保险费支出、小企业互助分期付款、人寿保险费支出、地震保险费支出和社会捐赠，涉及领域可以划分为四类。第一类是意外财产损失以及符合条件的三项保险费支出，第二类是医疗费支出，第三类是社会捐赠支出，第四类是小企业互助分期付款。总体上看，涉及领域并不多，其主要集中在社会和经济风险领域，社会捐赠支出是世界各国的普遍做法，而小企业互助分期付款扣除则是日本的特色。

第二，像一些其他国家注重的教育、住房、就业等领域的社会政策并没有设立社会性扣除项目。显然，如果已经有相应的社会政策项目，就无须通过个人所得税的社会性扣除来实施社会政策。

第三，社会性扣除项目主要采取在符合条件的项目内据实申报扣除方式，但有的项目有上限，这种据实申报而不是定额扣除方式，能够更好体现纳税人的费用支出实际情况，尽管税收征管会复杂一些。

第四节　日本个人所得税的免征额规则

日本所得税法的免征额与社会性扣除一并规定，但显然先列七种社会性扣除项目，之后列免征额项目。[①] 日本税法中各项免征额并没有分类，这里根据其性质，划分为纳税人个人免征额、负担人口免征额（配偶免征额和抚养亲属免征额）和附加免征额，最后总结关于免征额的特点。

一、纳税人个人免征额

税法第 87 条规定了基础扣除，实质是居民纳税人自己的个人免征额。这与美国个人所得税规定的个人免征额不同，美国的个人免征额为纳税人及其负担人口每人一份。日本税法规定，居民纳税人的免征额为 48 万日元，仅为

---

① 日本所得税法均称为扣除（控除），免征额的概念是本书作者根据其性质而使用的。

纳税人自己的免征额。该免征额存在分档递减机制，随着纳税人综合所得金额、退职所得金额和山林所得金额的总计金额的增加而递减，48万日元仅适用于总计金额2 400万日元以下的纳税人。具体档次如下：（1）总计金额为2 400万日元以下的，免征额为48万日元；（2）总计金额为2 400万~2 450万日元的，免征额为32万日元；（3）总计金额为2 450万~2 500万日元的，免征额为16万日元；总计金额为2 500万日元以上的，免征额为0日元。

与美国、英国个人所得税免征额递减机制相比，日本个人免征额递减机制简化，分档列出；同时，递减速度也远远快于美国和英国。

二、负担人口免征额：配偶免征额

配偶免征额规则比较复杂。第一，要考虑配偶自己的所得额，如果配偶是独立纳税人（即合计所得金额超过113万日元），则纳税人没有配偶免征额，或者说配偶免征额为0。有配偶免征额的，也随配偶合计所得金额的提高而分档减低。第二，配偶免征额的数量还要考虑纳税人的合计所得金额，纳税人合计所得金额越高的，配偶免征额将减少，直至减少为0。第三，如果配偶为老年人（老年配偶），则免征额将增加。第四，配偶免征额有一般配偶免征额和配偶特别免征额之分，前者指配偶年合计所得金额低于48万日元的情形，后者指配偶年合计所得金额高于48万日元的情形。

（一）配偶免征额

有共同生活来源且合计所得为48万日元以下的配偶，配偶免征额最高为38万日元，老年配偶免征额最高为48万日元，从纳税人总所得金额、山林所得金额、退职所得金额中扣除。但是，该免征额随居民纳税人合计所得金额递减：（1）居民纳税人所得金额为900万日元以下的，免征额为38万日元，老年配偶为48万日元；（2）居民纳税人合计所得金额在900万~950万日元的，免征额为26万日元，老年配偶为32万日元；（3）居民纳税人合计所得金额为950万~1 000万日元的，免征额为13万日元，老年配偶为16万日元。

（二）配偶特别免征额

有共同生活来源且配偶合计所得金额超过 48 万日元的，配偶特别免征额最高为 38 万日元，随配偶合计所得金额以及纳税人合计所得金额增加而分档递减。当配偶合计所得金额超过 133 万日元，或者纳税人合计所得金额超过 1 000 万日元时，免征额缩减为 0。具体情形如表 9 - 2 所示。

表 9 - 2　　　　配偶免征额与配偶特别免征额的分档递减机制

免征额		纳税人合计所得金额（万日元）		
		900 以下	900 ~ 950	950 ~ 1 000
配偶免征额	配偶合计所得金额 48 万日元以下	38	26	13
	配偶合计所得金额 48 万日元以下的老年配偶	48	32	16
配偶特别免征额	配偶合计所得金额 48 万 ~ 95 万日元	38	26	13
	配偶合计所得金额 95 万 ~ 100 万日元	36	24	12
	配偶合计所得金额 100 万 ~ 105 万日元	31	21	11
	配偶合计所得金额 105 万 ~ 110 万日元	26	18	9
	配偶合计所得金额 110 万 ~ 115 万日元	21	14	7
	配偶合计所得金额 115 万 ~ 120 万日元	16	11	6
	配偶合计所得金额 120 万 ~ 125 万日元	11	8	4
	配偶合计所得金额 125 万 ~ 130 万日元	6	4	2
	配偶合计所得金额 130 万 ~ 133 万日元	3	2	1
	配偶合计所得金额 133 万日元以上	0	0	0

资料来源：日本所得税法（2019 年版）。

三、负担人口免征额：抚养亲属免征额

抚养亲属免征额（抚养亲属扣除）适用于有共同生活且该亲属的综合所得金额在 48 万日元以下的家属。区分以下情形，有不同的抚养亲属免征额标准：（1）16 ~ 19 岁的抚养亲属，每人 38 万日元；（2）老年抚养亲属

（大于70岁），每人48万日元；（3）19～23岁的抚养亲属为特定抚养亲属，每人63万日元。

需要补充说明，第一，16周岁以下抚养亲属没有免征额，日本政府对于自出生起至16周岁的少年儿童（未成年人）均有政府发放的育儿补贴，所以不再适用免征额。第二，一个人只能作为一个居民纳税人的抚养亲属进行抚养亲属免征额扣除。第三，亲属自有收入达到年所得48万日元，就不能作为其他纳税人税收申报中进行抚养亲属免征额扣除。这个48万日元相当于纳税人个人免征额即基本生活费标准，需要自行进行纳税申报。

四、附加免征额

附加免征额是根据纳税人本人、配偶、抚养亲属的年龄、健康状况等与基本生活费用支出有关的情形而增加的免征额，包括残疾附加免征额、寡妇附加免征额、单身附加免征额、工读学生附加免征额4种。①

（一）残疾者附加免征额（残疾者扣除）

居民纳税人为残疾者的，残疾者附加扣除额为27万日元，残疾程度较高的人，为40万日元。与纳税人有共同生活来源的配偶、抚养亲属属于残疾者的，残疾者附加扣除额为每人27万日元，特别残疾的，为40万日元。与纳税人或者其配偶、抚养亲属有共同的生活来源且共同居住的纳税人配偶、抚养亲属为特别残疾的，每人残疾者附加扣除额为75万日元。

这里的75万日元附加免征额需要解释一下。对于没有独立纳税能力的特别残疾者，政府鼓励与其同住，纳税人自己、配偶及其他亲属均可，这样可减轻政府服务压力，也是人道关怀的体现，所以在有同住情形的，进一步增加了附加免征额。举个例子，纳税人没有与其父母（非独立纳税人而属于抚养亲属）同住，但是家庭母亲是特别残疾者，母亲与纳税人父亲同住，纳税人仍然可以减除75万日元的残疾者附加免征额。所以，这里强调不需

---

① 日本所得税法没有附加免征额（附加扣除）一词，这是作者根据免征额的性质进行区分的。

要纳税人与残疾者同住，而只要该特别残疾者属于纳税人抚养亲属，纳税人、纳税人配偶、纳税人其他抚养亲属中的任何一方与其同住即可。

（二）寡妇附加免征额（寡妇扣除）

居民纳税人为寡妇的，寡妇附加扣除额为 27 万日元。

（三）单人附加免征额（单人扣除）

居民纳税人为单人家庭的，单人附加扣除额为 35 万日元。

（四）工读学生免征额（工读学生扣除）

居民纳税人为工读学生的，工读学生附加扣除额为 27 万日元。

举例说明一下。考虑一个居民纳税人年所得合计金额为 2 400 万日元，个人免征额为 48 万日元，如果该纳税人是寡妇，则享有寡妇附加免征额 27 万日元，合计免征额为 75 万日元。如果该纳税人还具备一般残疾者条件，则还享有残疾者附加免征额 27 万日元，合计免征额为 102 万日元。

日本个人所得税附加免征额的情形并不多，主要考虑了纳税人及其负担人口的健康、家庭构成、纳税人身份。其中对残疾人考虑得比较细致，划分了三个等级的附加免征额。工读学生免征额很有特色，注意了独立纳税的学生的学费负担，设立了附加免征额。最后，一些国家个人所得税设立老年附加免征额，日本之前的税法也有老年附加免征额，但现在删除了，而被单亲家庭免征额代替。这个变化应当与日本的老年社会政策有关，如果通过其他途径考虑了老年人，就不一定设立老年人附加免征额，社会性扣除是一种执行社会政策的工具，但不是唯一工具。同时，配偶免征额、抚养亲属免征额都已经考虑了老年情形，仅剩下纳税人自身老年的情形。

五、日本个人所得税免征额规则的特点

比较而言，日本个人所得税免征额有以下特点。

第一，免征额构成丰富。免征额区分纳税人个人免征额、配偶免征额、抚养亲属免征额和附加免征额，充分而详尽考虑了纳税人负担人口的基本生

活费用支出的差异。

第二，详细规定了配偶及抚养亲属免征额的适用条件，尤其是这些配偶、抚养亲属自己的收入条件，既使纳税人负担的每一位符合条件的配偶及抚养亲属都有机会进行免征额扣除，也避免重复减除免征额或者减除免征额过度。

第三，附加免征额主要考虑了残疾、寡妇、单亲家庭和工读学生四种情形，其中残疾附加免征额的规则最为复杂，注重了免征额与社会政策的协调。日本所得税过去曾经设立老人免征额而现行税法已经取消，应当主要考虑在配偶免征额和抚养亲属免征额中均有对老年人情形的特殊安排。同时，单人家庭附加免征额是新增设的，应当是考虑单人家庭在基本费用支出相对更高的实际但并不是鼓励单人家庭这种假定形式。

第四，纳税人个人免征额、配偶免征额、特别配偶免征额存在递减机制，而且不仅考虑纳税人所得金额水平，还考虑配偶所得金额水平，这显然是通过税收精细化实现税收公平的做法，值得肯定。

总体上看，日本个人所得税免征额体现了税收精细化的特点。对此，李貌（2019）也有阐述，认为日本个人所得税的"所得扣除"的扣除项目设置建立在科学的分类体系和扎实的法理基础之上，扣除项目更加体系化和精细化。该文献以"人"的扣除"和"担税力调节扣除"为区分，是以日本税法理论进行的解释。但是，无论如何，日本个人所得税的精细化特点的确得到了认同，并且这种精细化建立在一定的理论基础之上，就更加难能可贵，值得借鉴。

日本所得税法"所得扣除"一节的最后规定了各项扣除的减除顺序，先减除社会性扣除，再减除免征额。具体规定如下：在计算综合所得、退职所得、山林所得的应税所得额时，按照下列顺序依次减除：（1）杂项扣除；（2）医疗费扣除；（3）社会保险费扣除；（4）小规模企业互助等分期付款扣除；（5）人寿保险费扣除；（6）地震保险费扣除；（7）捐赠支出扣除；（8）残疾者附加免征额（残疾者扣除）；（9）寡妇附加免征额（寡妇扣除）；（10）单人家庭附加免征额（单人家庭扣除）；（11）工读学生附加免征额（工读学生扣除）；（12）配偶免征额（配偶扣除）及配偶特别免征额（配偶特别扣除）；（13）抚养亲属免征额（抚养亲属扣除）；（14）个人免征额（基础扣除）。

第五节　税率表、税收抵免和应纳税额

一、税率表

日本个人所得税实行七级超额累进税率，最低税率5%，最高税率45%，具体税率表（见表9-3）。

表9-3　　　　　　　　　　日本个人所得税税率

应纳税所得额（日元）		税率（%）
起点	终点	
大于0	1 950 000 以下	5
大于1 950 000	3 300 000 以下	10
大于3 300 000	6 950 000 以下	20
大于6 950 000	9 000 000 以下	23
大于9 000 000	18 000 000 以下	33
大于18 000 000	40 000 000 以下	40
大于40 000 000		45

资料来源：《日本所得税法》（2019）。

二、税率表的运用和应纳税额计算

如前所述，日本个人所得税实行综合和分类相结合的税制模式。但综合所得与分类所得均适用同一税率表。

综合所得的应税所得额、退职所得的应税所得额，分别适用税率表，得到相应的应按税额。但是，对于山林所得，将其应纳税所得额的1/5按上述税率表计算的税额，再乘以5，为应纳税金额。因为税率表是累进的，这种降低税基5倍数后适用税率再将税额扩大5倍的做法，实际上是降低了税率。

除了上述税率表，税额计算还涉及很多细节，日本所得税法第二编第三章、第四章、第五章、第六章、第七章对此进行规范是税法的重要内容。

三、源泉征收和纳税申报

虽然一些所得实行综合课征，也实行源泉课征，包括利息所得、分红所得、给予所得、退职所得、劳务报酬、使用费所得、年金等。源泉课征按照一定征收率预征，如利息所得、分红所得需要由支付者在支付时代扣代缴，按照20%的税率预征，并在规定的日期内向国家缴纳。但是，源泉征收有很多具体细节，日本所得税法用第四编进行规范，并列有从第181～233条（其中有空缺条款），也是税法的重要内容。

四、税收抵免（税额扣除）

日本所得税中，有"税额扣除"一节，其英文版翻译为 tax credits，所以中文翻译为税收抵免。有两种情况，分红扣除和外国税额扣除，按照通常的理解，前一种通常是税收减免，后一种是外国税额的税收抵免。

分红税收抵免方面，实际上是对分红所得的税收减免。例如，税法第92条第1款规定，年度综合所得应税所得额为1 000万日元以下的，盈余（剩余金）分红、利润（利益）的分配、盈余的分配以及金钱的分配（统称利润分配）的分红所得，税收抵免额为该分红所得金额的10%；对于证券投资信托收益分配的分红所得，税收抵免额为该分红所得额5%。

外国税额抵免方面，实际上是执行国际通行的做法。例如，税法第95条第1款规定，居民纳税人依据税法缴纳的本年度的所得税中，其税源在外国而在外国缴纳的外国所得税额，在该年度所得税税额中减除。

前述计算的应按税收减除税收抵免，是纳税人最终缴纳的净税额。

第六节　中日个人所得税费用扣除的比较和借鉴

日本个人所得税制度在法律框架上与我国有类似性，但日本税制具有精细化的特征，法理更加明晰，对我国进一步改革和完善个人所得税制度乃至细化立法具有借鉴意义。

一、我国税法与日本税法的相似性

应当看到，我国个人所得税法与日本有相似性。第一，税法架构上，日本税法第一编第一章规定了税法的宗旨，即规范五个方面的内容：纳税人、应税所得范围、税额的计算方法、申报手续、源泉课征。我国税法虽然没有明示，但是税法也基本上由这几个部分构成，但日本税法突出的是"税额的计算"，而我国税法突出的是"应税所得额的计算"。第二，在应税所得方面，日本税法列出 10 类，而我国列出 9 类；日本税法列出免税所得 19 类，我国税法列出 10 类。当然，具体的应税所得项目和免税所得项目是有差别的，类似不意味着相同。第三，在税制模式上，我国现行税法和日本税法都采取综合与分类相结合的税制模式。当然，日本综合所得的范围比我国的宽。第四，费用扣除都体现为经营性费用扣除、社会性扣除和免征额。当然，在日本税法明确区分了经营性扣除和所得扣除（包括社会性扣除和免征额），没有明确区分社会性扣除和免征额，但法理上区分为"对事的扣除"和"对人的扣除"，并且更加重视对人的扣除（免征额）；而我国只有一个标准化免征额，社会性扣除项目更多一些。第五，我国和日本税法都有税收减免和税收抵免，且税收抵免主要限于国外税额税收抵免。但是，在税收抵免项目下，日本税法规定了一系列分红所得的税收抵免，实际上具有税收减免的性质，而我国税收减免主要体现在对稿酬所得税收减免以及储蓄存款利息的税收减免上，对分红所得没有规定减免但实际没有全面征收。第六，税率表类似。我国个人所得税综合所得实行七级超额累积税率表，最低税率3%，最高税率45%，而日本综合所得、退职所得和山林所得全部适用一个人所得税率表，最低税率5%，最高税率也是45%。第七，税收征管方面，我国和日本都采取源泉课征与纳税申报相结合的方式，都重视源泉课征，只是基本税法对源泉课征做出了非常详细的规定。也正是基于上述这些相似性，我国和日本税法更具有可比性。

二、日本税法值得借鉴的方面

我国现行税法共22条，之后依靠税法实施条例和其他条例、财政部和国家税务总局的规范性的规章或者规范性文件细化实施。日本现行税法正文243条（少量条款空缺，包括法人所得税），还有大规模的附则，试图依靠一部税法对所得税进行规范，与我国明显不同。日本税法在经营性费用扣除、社会性扣除和免征额方面的突出特点就是税收精细化，这正是我国税法可以借鉴的地方。当然，借鉴日本税法的精细化，不仅有规则的细化，也有其税法法典化、税制理论的系统化、机制性规则的建立。

第一，在立法方面，日本所得税法将涉税问题集中于法律一种，有法典化趋势，对我国有借鉴意义。例如，第一编第一章对相关术语做出解释，第三章对应税所得的范围（含非应税所得）做出规范，第四章规范了所得归属通则，第二编第二章对课税标准和各类所得及所得金额（即减除经营性费用后的净所得）做出规范，对如收入金额、经营性费用通用规则做出规定，也对不同情形下的必要费用做出规定，对损益总计及损失滚存处理也做出规定，第四章对税额计算的一些特例进行规范。比较而言，我国税法基本不涉及这些方面的规范，而是通过税法实施条例、财政部和国家税务总局的规章或者行政规范进行处理，降低了法律位阶，使法律执行有更多的变动和不确定性，并不符合"税收法定原则"。① 因此，建议我国今后的税法修正可以考虑我国税法法典化，从而实现税收立法精细化。

第二，日本所得税法对经营性费用扣除、社会性扣除和免征额单独做出规定，费用扣除概念明确具体，对我国具有借鉴意义。对于居民纳税人，日

---

① 2013年《中共中央关于全面深化改革若干重大问题的决定》提出要"落实税收法定原则"。

本税法第二编第二章以"各项所得金额之计算"(从第 23~71 条)规范了经营性费用扣除,以"所得扣除"(第 72~87 条)规范了社会性扣除(第 72~78 条)和免征额(第 79~87 条),其中免征额区分为附加免征额(第 79~82 条)、配偶免征额和配偶特别免征额(第 83 条)、抚养亲属免征额(第 84 条和第 85 条)以及纳税人个人免征额(第 86 条),对费用扣除有细致的区分而不是对费用扣除进行笼统性规定。在此方面,我国税法仅用一条(第六条)规定了各类所得的经营性费用扣除、社会性扣除和免征额,尤其是没有区分费用扣除的概念,甚至直接规定费用扣除的额度或者比例,没有很好体现法律概念和法理。尤其是,应当由税法直接规定的专项附加扣除授权国务院作具体规定,是否符合税收法定原则也值得商榷。费用扣除是个人所得税的重要税制内容,费用扣除规则的公平性决定税收的公平性;费用扣除的精细化,反映税制的精细化。因此,日本税法关于费用扣除的做法更利于税制完善,对于我国今后进一步完善税法有借鉴意义。

第三,日本税法重视经营性费用扣除的精细化规则值得借鉴。日本所得税法花较大篇幅规定各类所得的各项经营性费用扣除及其计算方法。与我国税法比较,尤其值得提出的是,日本的给予所得(相当于我国的工资薪金所得),明确规定了经营性费用减除一定的比例,对于年所得收入 180 万日元以下的,扣除比例高达 40%。按照 20 日元兑换 1 元人民币,180 万日元相当于 9 万元人民币,减除费用 40% 就相当于有 3.6 万元的经营性费用扣除。那么,这个经营性费用扣除比例还是很高的,是否有经营性费用扣除的差别是巨大的。我国工资薪金所得并没有明确规定经营性费用扣除,而直接规定了在包含工资薪金所得的综合所得中减除费用每年 6 万元。原则上说,纳税人取得工资薪金所得也是有费用支出的,也应当减除。而且,同样是劳动性质的所得,劳务报酬所得、稿酬所得和特许权使用费所得减除费用 20%,为什么工资薪金所得就没有经营性费用扣除呢?对此,我国税法在今后的修改中应当有所改善。

第四,日本所得税法的免征额规则更加精细,不仅规定了附加免征额和配偶免征额、抚养亲属免征额、个人免征额,还对配偶免征额(以及配偶特别免征额)、个人免征额实行分档递减,利于对高收入税收调节,对我国有值得借鉴意义。日本税法规定了针对残疾者、寡妇、单人家庭和工读学生的四种附加免征额，考虑的是其基本生活费用支出存在更高要求的实际。以前税法还存在老年附加免征额，但现行税法在配偶免征额和抚养亲属免征额中考虑了老年情形，不再单独设立老年附加免征额。配偶免征额以及配偶特别免征额是在配偶不作为独立纳税人的条件下可以在纳税人所得金额中减除的免征额，而且规定了免征额递减机制，不仅随配偶所得金额递减，还随纳税人所得金额递减，在配偶年所得金额超过 133 万日元或者纳税人所得金额超过 1 000 万日元的，配偶免征额（配偶特别免征额）将递减为 0。按照 1 日元兑换 0.05 元人民币的汇率折算，配偶所得金额超过 6.65 万日元或者纳税人所得金额超过 50 万日元的，将没有配偶免征额扣除。日本纳税人个人免征额为 48 万日元，相当于 2.4 万元人民币，比我国个人免征额还低。值得强调的是，我国税法规定，综合所得纳税人免征额为每年 6 万元，这并不是纳税人的个人免征额，而是纳税人及其负担人口的免征额。按照负担人口数 2 计算，个人免征额为 3 万元。也就是说，我国并没有实际考虑纳税人具体负担的配偶、抚养亲属的具体情况，而是笼统地规定了一个纳税人免征额。日本所得税纳税人个人免征额也是分档递减的，纳税人所得金额达到 2 400 万日元（相当于 120 万元人民币）时，个人免征额开始递减，到 2 500 万日元（相当于 125 万元人民币）时，个人免征额递减到 0，递减速度很快，其效果就是对于所得金额超过一定水平的高收入纳税人将享受个人免征额减除，这实际上相当于提高了边际税率，既有利于加强对高收入者的税收调节，也有利于扩大国家个人所得税收入。我国历来强调税收公平，强调对高收入者的税收调节，强调增加直接税比重，那么，细化免征额构成，增加合理的附加免征额，放弃笼统按照城镇就业人员负担人口数考虑免征额的做法，引入免征额递减机制，都可以借鉴日本的做法。

第十章
个人所得税原则理论与我国税制完善[*]

根据个人所得税制的一般逻辑，借鉴国际经验，本章探索性地提出了我国个人所得税的十条原则，即普遍课税原则、净所得课税原则、综合计征原则、积极执行社会政策原则、基本生活费用支出不课税原则、税收累进性原则、考虑家庭因素原则、年度计税原则、动态调整原则、严格征管原则。在此基础上，本章还分析了我国现行税制存在的不足，包括免税所得项目偏多导致普遍课税不足、各项所得经营性费用减除不明确、综合计征范围偏窄、免征额规则不充分从而难以实现税收公平、社会性扣除项目对低收入者支持不够、地方政府出台税收优惠政策偏离个人所得税功能等。最后，提出改革和完善我国个人所得税税制的政策建议。

第一节 构建我国个人所得税税制原则的必要性

一、税制原则问题的重要性

要建立税制，就需要对各种税制要素作出安排，这就是税制原则。亚

＊ 本章原文发表于 2021 年，原文见：曹桂全. 关于个人所得税制原则的理论探讨——兼论我国现行税制的不足和改进 [J]. 天津大学学报（社会科学版），2021（1）：71 – 79.

当·斯密（Adam Smith）最早提出了税收应当遵守普遍原则、确实原则、便利原则和最小征管成本原则。随着社会经济发展，税收需要考虑保证财政支出需要和执行社会政策，德国财政学家瓦格纳（Wagner）提出"四项九端"税收原则，即财政收入原则、国民经济原则、社会正义原则和税务行政原则。其中，财政收入原则要求税制具有充足税源并且使税收具有经济增长弹性；国民经济原则要求税制考虑税收对国民经济的影响，税种选择应当利于保护税源和提高资源配置效率；社会正义原则要求普遍课税和进行收入再分配调节；税务行政原则要求税制确实、便利和征收成本最小。与亚当·斯密税收原则相比，瓦格纳税收原则提出税收要有充足税源、具有经济增长弹性、进行收入分配调节原则是新的要求。现代财政学一般将税制原则概括为效率和公平两个方面。效率原则包括资源配置效率和税收征管效率，公平原则包括横向公平和纵向公平。单纯追求效率或者公平都是不适宜的，税制设计更多体现效率与公平的权衡、适应国家财政体系的总体要求、与国家治理水平相适应。公平原则要求税制精细化，但精细化带来较高的征管成本，这就需要权衡。但是，如果税收公平更加重要，就不应当以征管成本作为借口拒绝实现税收公平，否则个人所得税将退化到人头税，失去了其作为良税的功能和价值。降低税收成本可以通过改革税收征管方式、改进征管技术来实现，而不是局限于现有征管方式和技术排斥税制的改革和完善，不应当将税收效率与税收公平对立起来。

二、美国个人所得税税制原则的经验

很少有文献单独阐述个人所得税原则。一个例外是斯蒂格利茨（2013）总结了美国个人所得税原则，包括基于黑格—西蒙斯所得定义原则、累进性原则、基于家庭原则和按年衡量所得原则。基于黑格—西蒙斯所得定义原则强调普遍课税，其所得指个人消费潜力的增加，任何个人消费潜力的增加都应当课税。基于此，任何个人、任何形式的消费潜力增加都能计算到课税所得之中，而导致个人消费潜力减少则应当减除，这又决定了计算应税所得额时应当进行经营性费用减除。累进性原则强调了个人所得税的收入再分配调节作用，纳税能力强的应当多纳税，其适用税率应当更高，从而形成税收累进性。基于黑格—西蒙斯所得定义原则与累进性原则相结合，要求实行综合计征的税制模式，才能更好衡量纳税能力和形成税收累进性。基于家庭原则强调确定纳税申报单位时应当考虑纳税人家庭因素，尤其是与纳税人负担人口相关的因素。美国个人所得税并非实行完全的家庭制，而是设定了五种纳税申报单位即单身申报、夫妻联合申报、夫妻分别申报、户主申报①、鳏寡家庭申报，而且在免征额设计中较多地考虑了纳税人及其负担人口及其年龄、健康差异，体现了基于家庭原则。按年衡量所得原则指以年作为计税周期，按年度所得课税，能够避免按次、按月收入计税导致的税负偏高，兼顾税收及时入库。美国税制贯彻了上述原则但并非完全贯彻，例如，对某些所得并没有课税，实际上受征管效率、资源配置效率的制约。税制原则是方向性要求，但实际税制不可能完全实现之。可以说，税收原则并非严格的法律原则。也可以看到，个人所得税原则是对税收效率原则和公平原则的具体展开，并主要围绕税收公平原则展开，而税收效率则成为实现税收公平的一种约束。

三、我国个人所得税税制需要原则统领

从 1980 年开始，我国逐渐建立了个人所得税税制，明确了个人所得税要发挥筹集财政收入、进行居民收入分配调节的作用。个人所得税还是我国税制改革的热点之一，经历税法 7 次修正，形成 2018 年的现行税法。每次税制改革时，强调了经济体制改革、经济发展和经济形势的要求，突出强调税收政策，特别强调减轻中低收入者的税收负担。但是，现行税法共 22 条，是高度简化的，税法涉及的概念、税制要素尚不清晰，税制精细化不足。国内关于个人所得税的论著多围绕税法展开，理论基础比较薄弱，缺乏关于个人所得税原则的阐述，难以形成完善的税制图景。② 没有系统的个人所得税

---

① 美国税法中的户主申报，指个人由于收养等形成了个人和一些负担人口共同生活的家庭的申报方式。户主申报比单身申报的标准扣除额更高。

② 国内个人所得税教科书围绕现行税法展开，缺乏系统的税制理论，如徐烨、袁莉莉、徐战平著《中国个人所得税制度》（复旦大学出版社，2010 年）。比较而言，黄桦所著《税收学》（中国人民大学出版社，2013 年）则从课税范围、课税方式、纳税主体、计税依据、税率 5 个方面进行了更多的阐述，尤其对税制要素的制度设计有一定的展开。

原则，没有理想的个人所得税图景，不利于个人所得税税制的改革和完善。实际上，缺乏税制原则指导和税法基本逻辑框架不清晰将导致立法出现遗漏和瑕疵，有瘸脚而行之感。不妨举两例。

第一，劳务报酬、稿酬、特许权使用费所得的经营性费用减除问题。2018年税法修正案（征求意见稿）中，将劳务报酬所得、稿酬所得、特许权使用费所得与工资薪金所得并入综合所得，统一规定6万元的免征额，同时删除了原2011年税法规定的劳务报酬所得、稿酬所得、特许权使用费所得的费用减除，即：劳务报酬所得、稿酬所得、特许权使用费所得，每次收入不超过4 000元的，减除费用800元；4 000元以上的，减除20%的费用。[①] 实际上，原税法规定劳务报酬等所得的费用减除属于经营性成本费用减除而不是免征额，2018年税法修正案（征求意见稿）规定的综合所得的6万元免征额不是经营性成本费用减除，不能因此而忽略劳务报酬等所得的经营性费用减除。后来，税法补充了劳务报酬等所得的经营性费用减除标准，即为收入的20%。[②] 这个问题表明，现行税法不明确区分经营性成本费用减除与免征额存在弊端，是导致忽略经营性成本费用减除的认识上的原因。

第二，经营所得的免征额问题。2018年税法规定，综合所得免征额为每年6万元，而经营所得等其他所得并没有规定免征额问题，这样就使适用经营所得报税的个体工商户、适用企业成本承包租赁经营的个人将没有免征额减除。为补救，《中华人民共和国个人所得税法实施细则》（2018）补充规定经营所得减除免征额6万元。[③] 该补充规定突破了税法，但具有合理性，因为任何种类所得纳税人均应当享有免征额减除。这种合理不合法的问题表明，税收立法中存在没有将免征额作为纳税人普遍应当享有的基本生活费用支出减除的倾向。

---

① 《中华人民共和国个人所得税法》（2011年）第六条规定："劳务报酬所得、稿酬所得、特许权使用费所得、财产租赁所得，每次收入不超过四千元的，减除费用八百元；四千元以上的，减除百分之二十的费用，其余额为应纳税所得额。"

② 《中华人民共和国个人所得税法》（2018年）第六条规定："劳务报酬所得、稿酬所得、特许权使用费所得以收入减除百分之二十的费用后的余额为收入额。"

③ 参见《中华人民共和国个人所得税法》（2018）第六条和《中华人民共和国个人所得税法实施细则》（2018）第十五条。

德沃金（2008）指出："我们只有承认法律不仅包括法律规则也包括原则，才能解释我们对于法律的特别尊敬。一个规则和一个原则的差别在于：一个规则对于一个预定的事件作出一个固定的反应；而一个原则则指导我们在决定如何对一个特定的事件作出反应时，指导我们对特定因素的思考。"当然，并不是任何制度的建构必须先有完美的原则。A. 马斯格雷夫和 B. 马斯格雷夫（1987）指出，美国税收制度在经济、政治和社会影响下发展，不是优秀建筑师按照最优税收结构的最佳安排构想出来的；但是，关于合适的税制的理念对形成合适的税制具有积极影响。应当看到，现代国家已经在个人所得税方面进行了理论探索，积累了有益经验，合适税制的理念应当发挥更大的作用，解决社会经济实际问题与理论相结合的条件已经具备，而缺乏明确的税制原则和理想税制的理念，以税法修正被动地应对实践暴露出的问题并不是一个好办法。缺乏税制原则是导致立法某些方面缺乏必要考虑而存在一定遗漏和瑕疵的重要原因。全面认识个人所得税税制要素、建立完善的税制原则、描绘个人所得税税制图景，利于看清个人所得税发展方向，并根据社会经济实际需要改革和完善税制，理论和实践相结合，更加利于建立良好税制。基于此，本章就我国个人所得税制应有原则进行理论探讨，并运用这些原则，分析我国现行税制的不足，提出改进建议。

第二节　我国个人所得税税制原则的构成

根据个人所得税原理，借鉴一些国家税收立法经验，我国个人所得税税制的原则宜包括普遍课税、综合计征、净所得课税、基本生活费用支出不课税、积极执行社会政策、税收累进性、考虑家庭因素、按年计税、动态调整和严格征管原则十条原则。

一、普遍课税原则

普遍纳税原则包括两个方面：一是所有个人都是潜在纳税人，不轻易将某些个人排除在个人所得税纳税人之外；二是所有种类、形式、来源个人所得都是潜在课税对象，无论何种所得，也无论现金所得还是实物所得，无论所得是否已经实现，都应当纳税。这与黑格—西蒙斯所得定义一致。当然，实践中，针对特殊情况和政策安排，规定某些所得为免税所得也是必要的，例如，尚未实现的资本利得一般并不课税。法律需要明确列出应税所得，也应当列出免税所得；没有列为免税所得的，均得纳税。同时，法律应当明确课税所得以及课税对象，体现一定的前瞻性，避免征管随意性。

二、净所得课税原则

与企业所得税的应税所得额为收入总额减除各项成本费用类似，[①] 个人所得税的法定税基应当是减除经营性成本费用后得到净所得，方可作为课税基础。就工资薪金所得而言，一些国家没有明确规定经营性成本费用减除，但在综合所得的其他扣除项目中考虑了这些费用，也有一些国家允许减除一定比例的经营性成本费用，例如，日本个人所得税的工资薪金所得就是如此。经营所得、稿酬所得、特许权使用费所得、财产租赁所得、财产转让所得等的经营性费用规模较大，减除经营性成本费用显得更加重要而不可或缺，应当在税法中明确规定属于经营性成本费用的项目和计算方法。

三、综合计征原则

个人在同一纳税期间取得不同来源（形式）的所得应当综合计征还是分类计征，是税制的重要问题，即税制模式。各国普遍存在从分类计征向综合计征转变的趋向。综合计征的优势是能够更好衡量纳税人纳税能力，不仅符合税收公平原则，而且利于形成税收累进性。分类计征的优势是能够区分不同所得的性质，也利于降低征管成本。当然，所谓综合计征原则，是指以综合计征为主，是个人所得税计征模式的发展趋势，而实际上并非完全综合

---

① 我国企业所得税法规定：企业每一纳税年度的收入总额，减除不征税收入、免税收入、各项扣除以及允许弥补的以前年度亏损后的余额，为应纳税所得额。

计征。美国个人所得税也不是完全综合计征的，其中长期资本利得和股息单独计征。当然，财产性所得必然实行分类计征并不存在充分理由，基于财产性收入计税复杂并且事关投资与经济增长，一定时期内财产性所得分类计征有其理由，但不是必然理由。

四、积极执行社会政策原则

个人所得税广泛作为执行社会经济政策的工具，英国称之为个人所得税与福利国家制度的融合（莫里斯，2017）。从各国实际看，积极执行社会经济政策是个人所得税的重要原则，也是税制复杂的原因之一。第一，配合实施社会保障制度。国家支持个人参加养老、医疗等方面的保险，支持为自己和子女教育、住房进行储蓄，也支持参加社会保险以及住房保障制度，为此，国家往往规定个人或者用人单位支付的保险缴款、储蓄存款、住房公积金进行税前扣除，给予个人递延纳税（税前扣除）甚至免税待遇。第二，国家支持个人慈善捐赠，允许慈善捐赠支出进行税前扣除。第三，为积极实施社会救助政策，对低收入者提供支持，并避免社会救助的诸如"养懒汉效应"，一些国家实施一些税收抵免（tax credit）政策。税收抵免包括不可退还的和可退还的税收抵免，后者指在个人应纳税额低于税收抵免额时，国家向个人支付，相当于提供了补贴。在劳动所得的可退还税收抵免政策下，低收入劳动就业者可以获得税收退还。[①] 英国和美国制定了一些可退还的税收抵免项目，为低收入者提供支持。英国有儿童税收抵免和工作税收抵免，美国有劳动所得税收抵免、附加儿童税收抵免和美国机会税收抵免。

为执行社会政策而设立的扣除项目可以统称为社会性扣除（social deduction），而税收抵免项目则是社会性扣除的一种替代工具。英国和美国个人所得税中，应税所得减除经营性成本费用和社会性扣除额后的余额是一个重要的所得指标即调整后净所得，用于确定纳税人是否面临免征额缩减、

---

① 假定法律规定净所得符合条件的纳税人，可退还税收抵免额为每年 2 000 元，某低收入纳税人应纳税额为 500 元，则该纳税人可以从政府获得 1 500 元的税收退还，有利于激励低收入者就业；再如，假定可退还幼稚儿童税收抵免额为每年 3 000 元，某符合条件的纳税人应纳税额为 1 000元，可以从政府得到 2 000 元的税收退还，相当于得到财政补贴。

是否有资格取得税收抵免待遇等。

五、基本生活费用支出不课税原则

与企业所得税不同，个人所得税的纳税人是个人，其所得除了用于经营性成本费用支出外，还需要首先满足生计（基本生活）需要，需要从应税所得中减除，相应的扣除额称为免征额。① 传统的人头税不考虑纳税人的经济能力，导致"苛政猛于虎"。现代国家之下，税收为满足公共支出需要而筹集收入，如果个人基本需要尚且得不到满足，个人收入就不应当课税，可以避免税收"苛政"。现代国家还实行社会保障制度，保障任何个人之基本需要得到满足。如果政府对于生计收入课税，之后还要对其进行转移支付，更属浪费。现代国家个人所得税设立免征额制度，允许纳税人收入中的生计收入部分作为免征额予以减除，实现生计收入不纳税。从支出的角度看，生计收入不纳税也就是基本生活费用支出不纳税，生计收入不纳税与基本生活费用支出不纳税是一回事。

实践中，免征额需要考虑四个问题。一是居民基本生活费用支出应当作为免征额标准的依据，但确定居民基本生活费用需要进行科学测算。美国个人所得税免征额（由个人免征额和标准扣除额构成）相当于贫困线（斯蒂格利茨，2013）。二是免征额应当有一定的构成，包括基本免征额和附加免征额。基本免征额基于代表性个人的基本生活费用支出需要确定，而个人因为年龄、健康等因素存在一定的基本生活费用支出差别应当予以考虑，为此可以设立考虑年龄、健康因素的附加免征额。美国个人所得税中，设立有老年人、盲人附加免征额，考虑了纳税人家庭生计费用的具体情形（曹桂全，2017）。日本个人所得税中，基本生活费扣除属于基本免征额，而残疾者扣除、老年人扣除、寡妇扣除、工读学生扣除属于附加免征额。三是免征额具有属人性，任何个人都应当享有免征额待遇。免征额因人而定，而社会性扣除因事而定，这是免征额与社会性扣除的本质差别。四是为调节过高收入，

---

① 免征额在英国个人所得税税法中为 personal allowance，在美国联邦个人所得税税法中为 personal exemption。国内文献中，多用免征额，但也有的用免税额。

可以考虑对收入达到一定水平的纳税人实行免征额缩减。在累进税率条件下，标准化免征额实际上为高收入者带来更多的减税额，不利于税收累进性。为对过高收入进行调节和强化税收累进性，可以实行免征额缩减。英国现行税法规定，对于年调整后净所得超过 10 万英镑的纳税人，每超过 2 英镑，免征额减少 1 英镑，对于年调整后净所得 12.5 万英镑的纳税人，免征额全部缩减为 0。美国 2015 年税法规定，单身报税的调整后毛所得从258 250 美元开始缩减，每增加 2 500 美元，个人免征额缩减 2%，调整后毛所得达到 380 750 美元（高出 258 250 美元 50 个 2 500 美元）后，免征额缩减到 0。日本 2019 年税法规定，基本免征额（日本税法称之为基本扣除额）为 48 万日元，但综合所得纳税人总所得超过 2 400 万日元的，基本免征额开始缩减，总所得为 2 400 万~2 450 万日元的，基本免征额缩减为 32 万日元；总所得为 2 450 万~2 500 万日元的，免征额为 16 万日元；超过 2 500万日元的，免征额缩减为 0。

六、税收累进性原则

个人所得税是现代国家进行居民收入再分配调节的主要税种。税收累进性是税收居民缩小收入差距的再分配调节作用的基础。所谓税收累进性，是指随着收入提高，纳税人有效税率更高。具有税收累进性的税收才能缩小收入差距，税收累进性越强，缩小收入差距的能力越强。当然，税收再分配效应还取决于税收的相对规模即平均税率，给定税收累进性，平均税率越高，再分配效应越大（Kakwanni，1977）。

实现税收累进性具有多种途径，一般可以分为税率累进和税基累进。首先，采用累进的税率表即边际税率累进，这是各国个人所得税的普遍做法。其次，标准化免征额能够形成税收累进性。我国现行税制下，对于年综合所得为 70 000 元和 200 000 元的两个纳税人，免征额均为 60 000 元，忽略其他扣除，应税所得额分别为 10 000 元和 140 000 元，假定即使均适用比例税率 10%，应纳税额分别为 1 000 元和 14 000 元，有效税率分别为 1.43% 和7%，也形成了较强的税收累进性。其次，如上所述，标准化免征额在边际税率累进的税率表作用下，对高收入者也会带来更高的免税利益，会降低税收累进性，这时需要考虑对标准化免征额进行缩减。最后，其他税基减除项目（免税所得项目、社会性扣除项目）也影响税收累进性。这个原理是与免征额扣除相同。如果减除率随着收入提高而降低，则形成税收累进性，否则形成税收累退性。例如，标准化社会性扣除类似于标准免征额，也会影响税收累进性，但在累进税率表作用下也会给高收入者带来更高的免税利益，这就是要求社会性扣除项目应当更多针对中低收入者设计。免税所得项目也是如此，如果高收入者的免税项目的金额大，则不利于形成税收累进性。因为经营性成本费用是据实扣除的，一般不考虑其对税收累进性的影响。

七、考虑家庭因素原则

家庭是社会生活的细胞。规定免征额、社会性扣除时，应当考虑纳税人及其家属，家属主要是配偶和未成年子女。斯蒂格利茨认为，基于家庭原则是美国个人所得税原则之一，尽管很多国家并不是如此（斯蒂格利茨，2013）。家庭因素差别很大，需要进行精细化税制设计。例如，美国个人所得税中，纳税人及其负担人口每人减除一份个人免征额。日本1975年税法规定了纳税人的基本生活费扣除，还规定了配偶扣除、抚养扣除，后者每人一份，这就比较好地考虑了家庭因素，基本生活费用支出减除更充分。

八、按年计税原则

收入是流量，课税需要确定计税周期。按年计税，即按照年度确定纳税人的纳税所得、纳税能力、应税所得额。我国2018年前，11项分类所得分别按月、按次、按年计税，其中工资薪金所得按月计税。按月计税存在明显税负不公平，因为年所得相同但逐月所得存在变动时的纳税额、有效税率是不同的。2018年税法修正后，包含工资薪金所得的综合所得实行按年计征，则相对公平。可以对两种计税周期做一简单比较：假定三人的年工资薪金所得均为180 000元，但月所得分布不同，A纳税人为每月15 000元，B纳税人为6个月10 000元、6个月20 000元，C纳税人为6个月8 000元、4个月 12 000 元、2 个月 37 000 元，免征额均为每月 5 000 元，适用 2018 年 10 月税法税率表。如果按月计税，A、B 纳税人纳税额均为 9 480 元，有效税率为 5.27%，C 纳税人纳税额为 10 680 元、有效税率为 5.93%，比纳税人 A、B 提高了；如果按年计税，纳税人 A、B、C 的纳税额均为 9 480 元而有效税率均为 5.27%。因此，按年计征消除了月收入波动大的纳税人过重税负，更加公平。当然，按年计征与按月计征存在差别以存在累进税率表或者定额扣除为前提，否则按次计征、按月计征就不会导致所得相同而纳税不同的结果。

进一步地，个人收入不仅用于当期而是可能用于整个生命周期，按年计征也有局限性。两个生命周期总所得相同的纳税人，可能其一仅在较少的年份获得高所得，其二则在更多年份获得比较均匀所得，按年计征可能导致前者税负高于后者。为此，诸如养老储蓄允许税前扣除等政策有利于消除这种不公平，但完全按生命周期计征是不可能的，按年计征是一个权衡的结果。

九、税法收入变量动态调整原则

税法中的收入指标都是名义量，针对当前经济条件制定。在经济条件如物价水平变化条件下，必须对收入指标等名义量进行动态调整，其中名义量随着物价变化的调整，称为税收指数化。如果不实行税收指数化，则会产生很多意料之外的效果。首先，物价变化导致固定收入指标不能反映实际目标，如个人免征额在物价上涨的条件下的购买力将下降，这就需要适应物价上涨而提高，保持个人免征额购买力不变。其次，个人所得税实行累进税率，如果在物价上涨条件下税率表阶距不调整，则导致相同购买力的收入自动适用更高的边际税率区间，相当于提高了税率水平。美国个人所得税从 1986 年开始指数化调整，并且法律将该调整权力授予财政部，因为税收指数化并非税法修正，授权财税主管部门方便实施。如果税法中的变量随着经济条件变化而进行调整或者实施税收政策，则需要进行税法修正。

十、严格征管原则

税制应当是明确的，为社会带来明确的预期，征管不能有随意性。对高收入者严格征管更加重要。如果对高收入者不能严格征管，存在大量偷漏税款，相当于无形中对高收入者实行税收减免的优惠政策。严格征管还要求慎用税收减免的优惠政策。税收减免是税收政策的重要方面，目的是产业保护、产业发展、吸引投资和引进人才等，常见于土地税收、企业所得税、进出口税等。个人所得税的重要职能是调节居民收入分配，如果实行税收优惠，将降低高收入者税负，与税收功能冲突，应当严格限制。

第三节　改革和完善个人所得税税制的政策建议

当前，我国个人所得税的主体税种作用不突出，居民收入再分配调节作用不强。受长期居民收入水平不高条件下税制更多考虑征管成本、征管投入有限的影响，税制不健全、精细化不够成为进一步发挥个人所得税作用的关键因素。当前，我国进入新时代，总体上已经进入中上收入水平国家，纳税人规模扩大，纳税潜力逐渐形成，现行个人所得税税制已经不能适应新时代国家治理能力的需要。"十四五"规划提出，要实现税收调控精准化，进一步完善个人所得税制。为此，基于前面构建的个人所得税原则，分析我国现行个人所得税制度的不足，提出改进税制的对策建议。

一、减少免税所得，完善课税标准

现行税法免税所得范围和规模偏大，应当减少免税所得项目，完善课征标准，扩大税基，提高个人所得税税收规模。

我国现行税法贯彻了普遍纳税原则。一是纳税人普遍，没有排除任何个人纳税；二是列举应税所得范围广，税法列举的九类所得广泛涵盖了个人所得来源；三是居民个人纳税所得包括境内所得和境外所得；四是个人所得的形式包括现金、实物、有价证券和其他形式的经济利益。

但是，现行税法贯彻普遍纳税原则仍有不足。第一，现行税法规定了财产租赁所得和财产转让所得课税，但规定不具体、缺乏具体的征收办法，执行不严格，导致了少征或者免税，不利于筹集财政收入和居民收入再分配调节。第二，税法规定利息所得课税，其中，储蓄利息所得课税由国务院规定。当前，国务院规定储蓄利息所得免征个人所得税，但实际上理财产品收益也没有课税，把储蓄利息免征政策扩大到各种利息类收益。第三，免税所得范围偏宽，部分收入脱离个人所得税调节，突出的是养老收入全面免税。我国居民住户调查中的转移性收入主要是养老金，并且总体上属于免税所得。基本养老保险缴纳通过社会性扣除而免于课税，在收入环节仍然免税就使该部分收入完全脱离了个人所得税调节。不同人群、个人之间的养老金差别较大，离退休人员、退休职工、农村参保人员和未参保人员之间存在差别，城镇居民和农村居民之间、区域之间也存在差别，甚至较大差别，全部免税不仅不利于税收增长，也不利于再分配调节。

为此，建议落实普遍课税原则，减少免税所得项目，完善各类所得课税标准，扩大课税范围。第一，完善财产转让所得、财产租赁所得的个人所得税征收办法，尤其是股票资本利得、出售房产所得、财产租赁所得的个人所得税征收办法，完善课征标准，严格依法征收。第二，完善利息课税。储蓄利息所得可以规定一个免征额度（如年储蓄利息所得 3 000 元），而不是全面免征。对于储蓄利息所得之外的理财产品的利息等收益，应当规定课税办法，加强征收。第三，实行养老金所得课税。保留养老金收入的延期纳税待遇，改变养老金作为免税所得的规定，纳入综合所得课税。同时，鉴于离休工资的特殊性，继续实行免税政策；设立老年人附加免征额，以体现考虑老年人基本生活费用支出的特殊性。

二、扩大综合计征范围，提高税收累进性

我国税制模式改革迈出新步伐，但综合计征范围偏窄，建议扩大综合计征范围，增强公平性和税收累进性。

2018年前，我国个人所得税实行分类计征。2018年，按照建立综合与分类相结合税制的要求，将工资薪金、劳务报酬、稿酬和特许权使用费所得实行综合计征，体现了综合计征原则，初步形成了综合与分类相结合的税制模式，体现了税制的重大进步。

但是，现行综合计征范围偏窄，不仅经营所得分类计征，而且财产性收入全部分类计征，不利于衡量个人纳税能力和形成税收累进性。我国1987年颁布的《中华人民共和国个人收入调节税暂行条例》将工资薪金收入、承包转包收入、劳务报酬收入和财产租赁收入一并纳入综合所得计征，比现行税法规定的综合计征范围宽。按照我国住户调查统计数据，实行综合计征的工资性收入大约仅占全部收入的56%，①综合计征所得范围窄、规模小，不利于形成税收累进性。而且，综合所得和经营所得分别适用累进税率表，财产性收入实行20%的比例税率，财产性所得税轻而劳动所得税重，存在税负横向不公平。

为此，建议以综合计征原则为指导，扩大综合计征范围。第一，经营所得具有企业经营性质，经营性费用较高且纳税人之间差异大，可以保留分类计征。第二，财产转让所得中的资本利得和股息具有特殊性，可以继续保留分类计征。第三，现行税法中的其他分类所得包括财产租赁所得、资本利得之外的财产转让所得、储蓄利息之外的利息红利所得、偶然所得等统一纳入综合计征。扩大综合计征范围，利于税收公平，利于按年计税，最终利于形成税收累进性和扩大税收。

三、明确成本费用扣除概念，完善扣除标准

现行税法中的经营性成本费用概念不明确，减除项目不具体，建议明确经营性成本费用的概念，完善有关减除标准和办法。

现行税法没有单独规定经营性成本费用减除，仅在"应税所得额计算"

---

① 根据国家统计局（http：//data. stats. gov. cn），2019年全国居民人均可支配收入为30 733元，其中人均可支配工资性收入17 186元，占55.92%；经营性净收入5 247元，占17.07%；财产性净收入2 619元，占8.52%；转移性净收入5 680元，占18.48%。当然，可支配收入不完全等于应税所得。

中规定了减除的原则性方法，也没有明确区分经营性费用、社会性扣除和免征额。现行税法中，工资薪金所得没有经营性费用减除，与劳务报酬、稿酬所得可以减除20%的成本费用相比，存在明显不公平。经营所得的经营性费用，税法规定为"成本、费用以及损失"，明显过于原则化。财产转让所得的经营性费用为财产原值和合理费用，明显是原则性和粗线条的，缺乏关于合理费用的具体规定。财产租赁所得按次纳税，并减除经营性费用800元，超过4 000元的按照20%减除，存在漏洞，《中华人民共和国个人所得税法实施条例》不得不补充规定，以一个月为一次。当然，《中华人民共和国个人所得税法实施条例》和有关规范性文件也有其他具体规定，但没有出现在《中华人民共和国个人所得税法》中。

为此，建议贯彻净所得课税原则，明确经营性费用减除的概念，明确各种课税所得的经营性费用减除项目和计算办法。第一，税法单列条款规定经营性费用的原则、范围和不同所得的经营性成本费用减除方法。第二，增加设立工资薪金所得的成本费用，实行定比和限额减除，支持纳税人减除工作费用支出和发展人力资本支出。第三，劳务报酬、稿酬、特许权使用费所得的成本费用保留现行的20%定比减除，增加规定纳税人可以参照经营所得的成本费用减除方法据实申报减除。第四，财产租赁所得，删除每次800元的定额减除方法，统一按照20%比例减除，并可以参照经营所得的成本费用减除方法据实申报减除。第五，对于经营所得、财产转让所得的必要费用、合理费用、损失，应当充分考虑生产经营实际，列出成本费用项目，允许纳税人据实申报扣除。

四、明确免征额概念，丰富免征额构成

我国多次税法修正中，免征额标准受到重视，但体现属人性仍然不足，免征额标准的确定依据有局限性，免征额构成单一。为此，应当明确免征额概念，研究制定免征额标准，丰富免征额构成，引入免征额缩减机制。

我国个人所得税税法关注免征额标准，进行了四次免征额调整，现行综合所得纳税人免征额标准为每年6万元，保证了多数纳税人的基本生活费用充分减除，利于降低低收入者税负。

但是，现行税法的免征额规定仍然存在一些缺陷。第一，免征额减除不全面，没有体现免征额的属人性，部分纳税人得不到免征额待遇。现行税法中，免征额体现为直接针对所得的减除而不是针对纳税人及其负担人口设立，出现在"应税所得额计算"条款中而没有单独的免征额条款，容易导致免征额与经营性费用、社会性扣除项目混淆。同时，现行《中华人民共和国个人所得税法》仅规定综合所得免征额每年6万元，《中华人民共和国个人所得税法实施条例》补充规定了经营所得减除免征额每年6万元，没有综合所得和经营所得纳税人不能获得免征额待遇，没有很好地贯彻居民基本生活费用支出不纳税的原则。第二，免征额标准参考城镇居民人均消费支出水平和城镇职工平均负担人口数确定，具有局限性。城镇居民人均消费支出不等于基本生活费用支出。如果一国经济处于贫困和温饱阶段，居民收入普遍偏低，人均居民消费支出可能低于基本生活费用支出水平；小康社会阶段的某一时期，人均居民消费支出正好与基本生活费用支出水平一致，但高水平小康社会和富裕社会阶段，人均居民消费支出将超过基本生活费用支出水平。如果持续使用居民消费支出确定免征额，必然最终导致免征额标准偏高，这种做法不可持续。第三，免征额单一，忽略了一些重要因素，没有附加免征额。个人年龄、健康等重大因素将导致基本生活费用具有明显差别，免征额应当予以考虑，设立相应的附加免征额。我国2018年税法补充规定的专项附加扣除，"部分具有附加免征额的性质，利于改善单一免征额局面，但仍需要进一步丰富免征额构成。"第四，考虑家庭因素不够，按照城镇就业人员负担人口平均数考虑免征额过于粗放。我国个人所得税免征额是纳税人免征额，按照负担人口平均数考虑负担人口。那么，负担人口数多的纳税人必然存在基本生活费用减除不足的问题，明显存在不公平。第五，高收入者获得更高的免税利益，不利于调节过高收入。按照我国现行综合所得税率，年净所得90 000元和900 000元的两个人，与没有免征额相比，现行免征额标准下分别减少纳税5 580元和21 000元，高收入者的免税利益更大，不利于税收累进性和收入调节。

为此，建议充分贯彻基本生活费用不课税原则，完善免征额规则。第一，税法应当专门规定免征额概念，明确免征额以实现纳税人及其负担人口的基本生活费用不纳税为目标。突出免征额的属人性，按照纳税人及其负担人口设定免征额，保证纳税人普遍享有免征额减除待遇，同时避免任何个人享受超过一次的免征额减除。第二，改变现行免征额标准参照城镇居民人均消费支出确定的办法，研究居民基本生活费用指标，科学规定免征额标准的确定依据。第三，丰富免征额构成，设立个人基本免征额和附加免征额。个人基本免征额反映代表性个人的基本生活费用，纳税人及其负担人口各减除一份。当前条件下，综合所得纳税人免征额为 6 万元，负担人口平均数 2人，个人基本免征额应当为 3 万元。① 相应地，税法应当界定家庭和负担人口的范围，建议税法上的家庭界定为夫妻及其未成年子女构成的二代家庭，避免家庭范围过大。考虑不同年龄、健康程度个人基本生活费用支出差别，增加未成年子女附加免征额、老年人附加免征额和残疾人附加免征额。比如老年人附加免征额按照个人基本免征额的 30% 考虑，使老年人个人免征额达到 39 000 元。第四，引入免征额缩减机制，加强对过高收入调节，提高税收累进性。借鉴美国个人所得税的免征额缩减机制，建议我国可以考虑从适用边际税率 30% 的净所得即年净所得 420 000 元为缩减门槛阈值，每增加5 000 元，缩减 2% 的免征额，净所得达到和超过 670 000 元时，免征额缩减为0。例如，年净所得 450 000 纳税人的超出额为 30 000 元，免征额将缩减 6% 即减少 3 600 元而将降低为 56 400 元，最终将增加应纳税额 1 800 元，有效税率从 14.57% 提高到 14.97%；年净所得 900 000 纳税人的免征额缩减 100% 而降为 0，增加应纳税额 21 000 元，有效税率从 23.12% 提高到 25.45%。

五、设立税收抵免项目，更好执行社会政策

　　经过 2018 年的税法修正，我国个人所得税执行社会经济政策力度较大，但对低收入者的支持政策不够，且专项附加扣除多采取定额方式，建议设立可退还的税收抵免项目。

　　经过 2018 年税法修正，我国个人所得税形成了社会性扣除体系（即税法中的专项扣除体系），加大个人所得税执行社会政策力度。现行税制之

---

　　① 当然，也可以考虑保留当前纳税人免征额 6 万元的规定，同时设立扶养人口免征额 3 万元。超过 1 个扶养人口的，可以另行申报减除扶养人口免征额。

下，年工资薪金所得 100 000 ~ 120 000 元的个人基本上不纳税，而这个收入水平已经属于中等偏上收入组乃至高收入组[①]。社会性扣除与免征额相结合，不仅使低收入者免于纳税，而且给予中高收入者很大免税利益，对于扩大中等收入阶层、扩大消费和内需具有积极作用。

但是，专项附加扣除对年净综合所得低于 6 万元的个人已经没有实际意义，并不能有效帮助低收入家庭，反而起到扩大低收入者与中高收入者之间差距的效果，偏离社会政策主要帮助低收入者的宗旨。

为此，建议加强个人所得税与社会政策的协调，完善社会性扣除项目。第一，设立可退还的税收抵免项目，帮助低收入者。一是可以考虑设立可退还的幼稚儿童（小学前）税收抵免项目，与现行子女教育专项附加扣除相比，幼稚儿童税收抵免政策能够真正帮助低收入者；二是考虑设立可退还的劳动所得税收抵免项目，对于愿意就业而不领取政府救济金、失业金的劳动者，应纳税额低于税收抵免额的，可以从政府获得补贴。第二，增加社会性扣除（即现行附加专项扣除）申报的条件，例如，个人净所得超过一定数量的，不能申报某些社会性扣除，使社会性扣除更好面向中低收入者。

六、改革免征额调整方式，实施税收指数化

免征额调整具有必要性，但我国个人所得税免征额标准调整比较被动，采取的前瞻性调整方式弊端明显，建议实施税收指数化的动态调整机制。

我国个人所得税自 1980 年立法以来，分别于 2006 年、2008 年、2011 年、2018 年四次调整了免征额，2011 年、2018 年两次调整了税率表，降低了税负，适应了物价变化和经济体制改革的变化，值得肯定。物价水平上升、经济体制改革、经济发展阶段变化多方面因素都客观上需要提高免征额，免征额标准提高的方向是正确的。当然，其中适应物价变化的提高并非实质性提高，而是保证免征额购买力不变。

我国个人所得税免征额和税率表的调整都是通过税法修正实现的，而像

---

① 根据《中华人民共和国 2019 年国民经济和社会发展统计公报》，全国居民中等偏上收入组人均年收入 39 230 元，按照负担人口平均数 2 计算，就业人口年均收入 78 460 元。

劳务报酬所得、稿酬所得、特许权使用费所得每次收入不足 4 000 元的减除费用 800 元，直到 2018 年一直没有调整，而财产租赁所得每次收入不足 4 000 元的减除费用 800 元则一直没有调整，税法没有税收指数化的规定。四次免征额调整幅度分别达到 100%、25%、75% 和 42.86%，超过相应年份居民收入增长，可能导致税收下降，不利于税收稳定。实际上，2012 年全国个人所得税收入 5 820.28 亿元，比 2011 年下降了 3.86%；2019 年，全国个人所得税收入 10 388.53 亿元，比 2018 年下降了 25.47%。[①] 官方将这种调整方式称为"前瞻性"调整，当期规定的免征额考虑未来若干年适用；基于这种调整方式呈现的集中性、大幅度调整特征，也可称为累积性调整方式（曹桂全和仇晓凤，2016）。在此方式之下，一个固定免征额仅某年适当，而其他年份偏高或者不足，税收不足或者过度，尤其在免征额调整年，税收规模和平均税率下降。进一步地，一个固定期间内免征额总体可能是合理的，但存在各年免征额的不适当性、税收不合理性（曹桂全，2018）。2012 年和 2019 年税收下降，凸显了前瞻性、累积性调整方式的弊端。

为此，建议遵循税收指数化的动态调整原则，改变现行前瞻性免征额调整方式，适时实施税收指数化。免征额标准的前瞻性调整与我国经济发展阶段、经济体制改革密切相关。随着我国社会主义市场经济体制逐步建立和完善，经济发展进入全面小康乃至富裕社会阶段，居民基本生活费用支出水平趋于稳定，实施税收指数化条件逐步具备。税收指数化不仅涉及免征额，税法中其他名义货币量指标都应当实行税收指数化，尤其是税率表的税率阶距。2018 年税法修正后，增加的专项附加扣除多为标准化扣除额，也应当进行税收指数化调整。

七、强化严格征管，立法限制地方出台税收优惠政策

地方政府出台税收减免政策不利于实现个人所得税功能，建议立法限制

---

① 我国 2011 年、2012 年、2018 年、2019 年的个人所得税收入分别为 6 054.11 万元、5 820.28 万元、13 871.97 万元、10 338.53 万元。资料来源：国家统计局. 中国统计年鉴 2020 [M]. 北京：中国统计出版社，2020：212.

地方政府出台优惠政策，通过严格征管，将个人所得税的再分配调节功能落到实处。

2002年前，我国个人所得税为地方税。2002年后，个人所得税为中央和地方共享税。在此体制下，地方政府为招商引资和吸引高端人才，出台个人所得税减免政策，对于自己分享部分实行先征后返。从个别地方经济发展角度看，这种政策是有效的。但是，这种优惠政策不利于国家税收实际增长，不利于个人所得税应有的再分配调节功能，使部分税收调节成了"纸上调节"。在税收优惠政策之下，一些高收入者名义上缴纳了税收，实际上又进行了返还，并没有起到缩小收入差距的作用。

基于此，建议立法禁止地方自行出台个人所得税税收减免政策。个人所得税是中央立法，建议立法禁止地方政府在无授权的条件下自行出台税收减免政策。

第十一章
总结与研究展望

本章按照以税收精细化为方向完善个人所得税制度的主题，对以前各章研究的进行归纳总结，并对未来完善我国个人所得税制度作研究展望。

第一节 引　　言

我国个人所得税法于 1980 年颁布实施，经历 1993 年 10 月、1999 年 8 月、2005 年 10 月、2007 年 6 月、2007 年 12 月、2011 年 6 月和 2018 年 8 月七次修正。经过 2018 年税法修正，初步建立了综合与分类相结合的税制，增加设立了专项附加扣除，更加重视税收征管，税制建设有了显著进步。但是，2018 年税法修正并不是终点，税法完善仍面临很多任务。2018 年税法修正并不是税法大修，没有改变 1980 年的税法框架①，税法仍然依靠法律—行政法规—规章—行政规范性文件的立法和实施体系。现行税法②只有 22 条，大部分条款属于原则性规定，税制条款占一半，另一半属于征管条款，难以体现作为现代国家最重要、最复杂、多功能的个人所得税应有内容。实际上，2018 年的《关于〈中华人民共和国个人所得税法修正案（草案）〉的说明》③指

---

① 《中华人民共和国个人所得税法》（1980）共有 15 条，与现行税法一样，不分章节。

② 《中华人民共和国个人所得税法》（2018）。

③ 刘昆．关于《中华人民共和国个人所得税法修正案（草案）》的说明——2018 年 6 月 19 日在第十三届全国人民代表大会常务委员会第三次会议上 ［R］．全国人民代表大会常务委员会公报，2018（5）：63－65.

出，"这次修改个人所得税法，旨在落实党中央、国务院关于个人所得税改革的决策部署，依法保障个人所得税改革顺利实施。修改工作坚持突出重点，对现行个人所得税法不适应改革需要的内容进行修改，补充、完善保障改革实施所需内容。对其他内容，原则上不作修改"。2018年没有修改的内容，并不意味永远不修改、不完善。2020年，《中共中央关于制定国民经济和社会发展第十四个五年规划和二〇三五年远景目标的建议》提出，"完善再分配机制，加大税收、社保、转移支付等调节力度和精准性，合理调节过高收入"。税收调节的精准化必然依赖于税收精细化，没有精细化的税法规则，就不可能实现税收调节精准化。尤其是，包括经营性费用扣除、社会性扣除和免征额在内的费用扣除是否实现税收精细化，对于健全公平税制、更好地发挥个人所得税功能具有重要影响。2022年10月，党的二十大报告在经济建设部分提出，"健全现代预算制度，优化税制结构"；在法治建设部分提出，"加强重点领域、新兴领域、涉外领域立法"；在社会建设部分提出，"加大税收、社会保障、转移支付等的调节力度"，单独提出"完善个人所得税制度"。① 个人所得税是该报告唯一提及的税种，凸显其在我国全面建设社会主义现代化国家中肩负重要使命，凸显完善个人所得税制度的重要性。

税收精细化并不仅仅是税收规则的细化。从完善个人所得税制度要求的角度看，总结归纳本书以前各章的研究成果，继续以税收精细化为方向完善个人所得税制度可以从三个方面考虑。

第一，按照税收精细化方向，健全税法理论基础，建立适应新时代发展要求的系统化概念、理论和法律框架。缺乏明确的税法法律框架、没有明确概念（术语）、缺乏解决问题的社会和经济机制，更多依赖粗线条的法律规则，显然是精细化不足的突出表现。本书第六章研究免征额规则、第八章研究费用扣除构成及其制度设计，都是试图明确免征额、经营性费用扣除、社会性扣除以及税收抵免等基础概念的努力，而第十章构建个人所得税十条原理，希望用系统化个人所得税原则统领税法理论基础、法律框架。本章作为

---

① 《高举中国特色社会主义伟大旗帜 为全面建设社会主义现代化国家而团结奋斗——在中国共产党第二十次全国代表大会上的报告》，载于中国政府网：http://www.gov.cn/xinwen/2022-10/25/content_5721685.htm。

研究展望，拟以我国工资薪金所得的费用减除问题、2018 年税法修正中劳务报酬所得等费用减除问题为例，深入剖析现行税法缺乏法理基础的问题，提出转变费用扣除分类体系、建立税法框架的建议。

第二，按照税收精细化方向，落实税收法定原则，细化法律规则，推进成熟的行政规则入法。落实税收法定原则是党的十八届三中全会提出的要求，也是税收精细化的重要方面。我国现行个人所得税法与其他一些行政法一样，法律体系由法律—行政法规—规章—行政规范性文件构成，且税法实施更多依靠行政法规及以下的法律规范乃至行政规范，不利于贯彻税收法定原则。尤其是，个人所得税涉及个人权利和利益，更需要将税收规范建立在法律层面。当前全国人大负责制定的税法内容相对简化，而部门规章、行政规范性文件较多，细化法律规则和促进成熟的税法规则入法，将是未来发展方向。本书第五章关于美国个人所得税免征额制度的研究、第九章关于日本个人所得税费用扣除制度的研究，既强调了其法律概念的清晰化，也强调了其税法法典化。我国实现个人所得税法典化的条件可能还不成熟，但总体上细化法律规则和推进成熟的税收规则入法，也是落实税收法定的可行措施。本章以我国通过税法实施条例进行补充规定经营所得免征额案例、专项附加扣除等法律授权、年终奖金单独计税政策等进行分析，表明现行税法存在的问题和进一步落实税收法定的重要性，表明完善个人所得税制的发展方向。

第三，按照税收精细化方向，要重视机制性规则建设，更好实现税收公平，更好发挥个人所得税功能。本书之前已经在诸多章节涉及了机制性规则问题，如第五章和第六章涉及的差异化免征额、免征额递减机制、免征额等指数化机制方面，第九章涉及的日本给予所得的经营性费用扣除比例递减机制。本章专门突出建立机制性规则问题，作为以税收精细化为方向完善个人所得税制度的重要内容进行进一步展望。本章着重以免征额调整机制为例进行深入分析，阐明建立健全税法机制性规则的必要性和重要性；同时对我国的专项附加扣除进行分析，阐明专项附加扣除作为实施社会政策工具的局限性，未来应当注重社会政策本身建设、税收抵免项目和社会性扣除项目相协调的机制。

本章总结税收精细化的三个方面，强调税收理论基础建设、税收规则细化和入法、建立健全机制性规则，突出现行税制中的一些重要关键问题，进行历史分析、制度分析和案例分析，进一步明确认识和解决问题的方向，进行研究展望。

第二节　加强税法理论基础建设

税法基础理论对于完善个人所得税极其重要，重点要甄别两种费用扣除体系，改变现行费用扣除分类体系，建立新的费用扣除体系，并在此基础上建立税额计算步骤框架。

一、关于工资薪金所得费用减除性质的问题

我国个人所得税法于 1980 年颁布实施，是全国人大常委会制定的法律。1980 年的《中华人民共和国个人所得税法修正案（草案）》拟规定 6 类应税所得，即工资、薪金所得；劳务报酬所得；特许权使用费所得；利息、股息、红利所得；财产租赁所得；经财政部确定征税的其他所得。各类所得的费用减除是个人所得税的重要因素。在法律制定过程中，1980 年的《关于〈中华人民共和国个人所得税法修正案（草案）〉的说明》①中指出了工资薪金等应税所得的费用减除问题：

> 所得的计算。各国计算所得，一般都要从收入中减除一些必要的费用。如对工资、薪金所得，多数国家允许减除保险费、捐赠等费用，并根据人口、已婚未婚、年龄大小等计算生计费，从所得收入中扣除；对劳务报酬所得、特许权使用费所得、财产租赁所得，一般是从收入中减除各种费用后计算。为了简便易行，我们采取了定额、定率减除办法。

---

① 资料来源：顾明. 关于《中华人民共和国中外合资经营企业所得税法（草案）》和《中华人民共和国个人所得税法（草案）》的说明——1980 年 9 月 2 日在第五届全国人民代表大会第三次会议上 [R]. 中华人民共和国国务院公报，1980（13）：400-404.

对工资、薪金，这个法律草案规定每月定额减除 800 元，作为本人及其赡养家属生活费及其他必要费用，只就超过 800 元的部分征税，全年 12 个月共减除 9 600 元。这比外国一般减除标准是从宽的。经过这样减除，需要纳税的只是少数人员，面是很小的。

对劳务报酬、特许权使用费、财产租赁等所得的计算，我们考虑到，这些项目在一般情况下，收入多的，所花费用也多，如果固定一个定额减除，不能适应收入悬殊的实际情况，使负担不够合理。我们参照有的国家的做法，采取了定率减除 20% 的必要费用，就其余额征税。考虑多数个人的劳务报酬和财产租赁所得，数额很少，完全按定率减除会使征税面过宽，又规定了每次收入在 4 000 元以下的，先定额减除必要费用 800 元，再就其余额征税。这样，不仅缩小了征税面，也照顾了那些所得较少而费用支出较多的纳税人。

对利息、股息、红利所得、其他所得，一般的做法是不扣除费用，我们的税法（草案）中也规定按收入全额征税。

从该报告中可以看出，对于工资薪金所得，税法拟规定每月减除费用 800 元（每年 9 600 元），这个费用标准考虑了"赡养家属生活费及其他必要费用"。那么，按照费用扣除性质分类①，赡养家属生活费用属于免征额，但其他必要费用的并不是免征额，按照学术界的观点，这可以称为一种综合扣除，即综合考虑了生计费用扣除（免征额）和经营性费用扣除（王红晓，2021）。所以，这个工资薪金所得的费用减除标准是一个宽口径的费用，或者说是一个综合扣除，所涉及费用并不限于例如免征额一个类型。

之后，关于工资薪金所得费用减除的陈述有所变化。2006 年我国个人所得税工资薪金所得费用减除标准进行第一次调整，相应的 2005 年的《关于〈中华人民共和国个人所得税法修正案（草案）〉的说明》② 中指出：

---

① 下面将阐述，个人所得税费用扣除有两种划分方法：一种按照费用性质划分为经营性费用扣除、社会性扣除和免征额；另一种按照扣除方式划分为综合扣除、专项扣除和附加专项扣除。

② 资料来源：金人庆. 关于《中华人民共和国个人所得税法修正案（草案）》的说明——2005 年 8 月 23 日在第十届全国人民代表大会常务委员会第十七次会议上［R］. 全国人民代表大会常务委员会公报，2005（7）：627–628.

现行个人所得税法规定，对工资、薪金所得征税时，每月减除费用800元。10多年来，随着我国经济的快速发展，职工工资收入和居民消费价格指数都有了较大的提高。1993年，在就业者中，月工薪收入在800元以上的为1%左右，到2002年已升至52%左右。在职工工资收入提高的同时，职工家庭生活消费支出也呈上升趋势：2003年居民消费价格指数比1993年提高60%，加之近几年教育、住房、医疗等社会化、市场化改革的深入，消费支出明显增长，超过了个人所得税法规定的每月800元的减除费用标准，导致职工消费支出不能在税前完全扣除，税负明显加重。

根据国家统计局统计：2004年全国城镇单位在岗职工年人均消费支出为7 182元。按人均负担率1.93计算，城镇职工的人均负担消费支出为1 143元/月。为了使个人所得税的工资、薪金所得减除费用标准适应客观实际情况，《草案》将工资、薪金所得减除费用标准由目前的800元/月提高到1 500元/月，高于城镇职工的人均负担消费支出水平，以解决城镇居民生活费用税前扣除不足的问题，使中低工薪收入者不缴个人所得税或者税负较轻，符合我国当前经济与社会发展的实际情况。

免征额调整是客观要求，但免征额标准如何确定、如何调整？上述说明表明，工资薪金所得费用减除标准根据或者参照城镇就业人员负担的消费支出确定，该消费支出有基本生活费用支出（属于免征额），当然也有非基本生活费用支出，减除标准包括了免征额但不限于免征额。所以，居民消费支出是确定费用减除的一个参考，并不是充分的法理基础。

2011年的《关于〈中华人民共和国个人所得税法修正案（草案）〉的说明》① 工资薪金所得的费用减除被解释为体现基本生活费用不纳税的原则，更加突出了免征额的内涵，尽管减除费用标准依据的居民消费支出包括了基本生活支出和费用生活必需品支出：

---

① 资料来源：谢旭人. 关于《中华人民共和国个人所得税法修正案（草案）》的说明——2011年4月20日在第十一届全国人民代表大会常务委员会第二十次会议上 [R]. 全国人民代表大会常务委员会公报，2011（5）：464-465.

　　个人所得税法规定，个人工资薪金所得以每月收入减除一定费用后的余额为应纳税所得额。规定工薪所得减除费用的目的，是为了体现居民基本生活费用不纳税的原则。当居民维持基本生活所需的费用发生较大变化时，减除费用标准也应相应调整。现行个人所得税法施行以来，已按照法律修改程序先后两次调整工薪所得减除费用标准：2006 年 1 月 1 日起由 800 元/月提高到 1 600 元/月，2008 年 3 月 1 日起由 1 600 元/月提高到 2 000 元/月。据国家统计局资料，2010 年度我国城镇居民人均消费性支出（包括基本生活支出和非基本生活必需品支出）为 1 123 元/月，按平均每一就业者负担 1.93 人计算，城镇就业者人均负担的消费性支出为 2 167 元/月。2011 年按城镇就业者人均负担的消费性支出增长 10% 测算，约为 2 384 元/月。综合考虑各方面因素，草案拟将减除费用标准由现行的 2 000 元/月提高到 3 000 元/月。调整后，工薪所得纳税人占全部工薪收入人群的比重，由目前的 28% 下降到 12% 左右。

　　这里可以看到，规定工资薪金所得费用减除标准的目的是基本生活费用减除即免征额，但减除标准参考的城镇居民消费支出，二者并不是一个收入（支出）指标。2018 年的《关于〈中华人民共和国个人所得税法修正案（草案）〉的说明》[①] 提出了"基本减除费用标准"一词：

　　按照现行个人所得税法，工资、薪金所得的基本减除费用标准为 3 500 元/月，劳务报酬所得、稿酬所得、特许权使用费所得，每次收入不超过 4 000 元的，减除费用 800 元；4 000 元以上的，减除 20% 的费用。草案将上述综合所得的基本减除费用标准提高到 5 000 元/月（6 万元/年）。

　　这一标准综合考虑了人民群众消费支出水平增长等各方面因素，并体现了一定前瞻性。按此标准并结合税率结构调整测算，取

---

　　① 资料来源：刘昆. 关于《中华人民共和国个人所得税法修正案（草案）》的说明——2018 年 6 月 19 日在第十三届全国人民代表大会常务委员会第三次会议上 [R]. 全国人民代表大会常务委员会公报，2018（5）：63 – 65.

得工资、薪金等综合所得的纳税人，总体上税负都有不同程度下降，特别是中等以下收入群体税负下降明显，有利于增加居民收入、增强消费能力。

与"基本生活费用"相比，"基本减除费用标准"与免征额的关系又模糊起来。免征额是基本生活费用支出扣除，而基本减除费用标准"考虑了群众支出水平增长等各方面因素"，并不限于免征额而实际上是一种综合扣除，考虑基本生活费用支出和其他费用扣除，这样的解释也与本次税法提出的专项扣除、附加专项扣除相协调。上述关于工资薪金所得费用减除标准的相关陈述表明，我国个人所得税可能没有明确的免征额（基本生活费用扣除）的概念，尽管有时试图突出免征额，但最终表明工资薪金费用减除（以及综合所得费用减除）只是包括了免征额但不限于免征额。同时，居民消费支出并不等于居民基本生活费用支出，参考城镇居民人均消费支出的做法不可持续。改变的方向就是明确免征额是纳税人及其负担人口的基本生活费用支出扣除，根据基本生活费用支出确定免征额标准，这个标准应当由国家组织力量进行研究。美国个人所得税免征额接近贫困线，并且从1986年开始实施税收指数化调整（曹桂全，2017），但美国确定的贫困线与我国的贫困线存在显著的差别，不能照搬。免征额标准确定和免征额调整幅度应当有科学标准。随着居民收入水平提高，居民消费支出必然超过基本生活消费支出，持续按照城镇居民消费支出确定免征额标准，必然导致免征额偏高，这是不允许的。这是加强我国个人所得税税法理论建设的重要方面，也是重要的实践课题。

由于持续使用包括免征额的费用减除标准（称为"基本扣除"或者"综合扣除"），无法对免征额进行进一步区分，导致持续使用单一标准化免征额，而不能考虑纳税人负担人口的实际情况，无法丰富免征额构成，而丰富免征额构成是综合课征模式以及综合与分类相结合税制模式下个人所得税制度的优势所在。如果不单独考虑免征额，不将免征额与经营性费用分开，综合计征的好处就停留在综合计征本身上，而不能利用好综合计征推进个人所得税费用扣除制度的全面完善，建立综合与分类相结合个人所得税制就有半途停留的意味。

二、关于劳务、稿酬、特许权使用费所得的经营性费用扣除

这里以 2018 年税法修正中关于劳务报酬、稿酬所得和特许权使用费所得的费用减除问题为例，明确经营性费用扣除的概念和标准的重要性。

2018 年的《关于〈中华人民共和国个人所得税法修正案（草案）〉的说明》① 中的"修改的主要内容"之第四项"提高综合所得基本减除费用标准"中提到。相应地，2018 年 7 月财政部向社会公布《中华人民共和国个人所得税法修正案草案（征求意见稿）》，相关内容如下：

> （一）居民个人的综合所得，以每一纳税年度的收入额减除费用六万元以及专项扣除、专项附加扣除和依法确定的其他扣除后的余额，为应纳税所得额。专项扣除包括居民个人按照国家规定的范围和标准缴纳的基本养老保险、基本医疗保险、失业保险等社会保险费和住房公积金等；专项附加扣除包括子女教育、继续教育、大病医疗、住房贷款利息和住房租金等支出。

> （二）非居民个人的工资、薪金所得，以每月收入额减除费用五千元后的余额为应纳税所得额；劳务报酬所得、稿酬所得、特许权使用费所得，以每次收入额为应纳税所得额。

> 稿酬所得的收入额按照所取得收入的百分之七十计算。

上述《关于〈中华人民共和国个人所得税法修正案（草案）〉的说明》和《中华人民共和国个人所得税法修正案草案（征求意见稿）》忽视了劳务报酬、稿酬、特许权使用费所得的经营性费用扣除，将原税法中的相应费用扣除删除了。但是，应当注意的是，2017 年 12 月修正的《中华人民共和国个人所得税法》第六条第四项规定："对于劳务所得、稿酬所得、特许权使用费所得，每次收入不超过四千元的，减除费用八百元；四千元以上的，减

---

① 资料来源：刘昆．关于《中华人民共和国个人所得税法修正案（草案）》的说明——2018 年 6 月 19 日在第十三届全国人民代表大会常务委员会第三次会议上［R］．全国人民代表大会常务委员会公报，2018（5）：63 – 65.

除费用百分之二十的费用。"这个费用在很大程度是经营性费用扣除。而2018年的《中华人民共和国个人所得税法修正草案（征求意见稿）》删除了劳务所得、稿酬所得、特许权使用费所得的商业费用扣除，是不合理的。另外，《关于〈中华人民共和国个人所得税法修正案（草案）〉的说明》《中华人民共和国个人所得税法修正案草案（征求意见稿）》还提出，对于非居民个人，以劳务报酬、稿酬所得、特许权使用费所得每次收入额为应税所得额，实际上也取消了或者说忽略经营性费用扣除。只有减除经营性费用扣除后的净所得有税收负担能力，不明确进行经营性费用扣除，就不能很好衡量纳税能力。我国2011年修正的《中华人民共和国个人所得税法》中指出工资薪金所得的减除费用与劳务报酬所得、稿酬所得、特许权使用费所得的减除费用是不同性质的费用扣除，前者是综合扣除（含免征额和经营性费用扣除等），后者为经营性费用扣除。实行综合计征后，即使提高了免征额，也不应当删除劳务报酬所得、稿酬所得、特许权使用费所得的经营性费用减除。这是不同性质的费用减除，不能替代，不能遗漏。

最后，2018年8月第十三届全国人民代表大会常务委员会第五次会议通过《关于修改〈中华人民共和国个人所得税法〉的决定》，增加了劳务报酬所得、稿酬所得、特许权使用费所得的经营性费用减除，居民纳税人和非居民纳税人均可以扣除经营性费用20%，相应内容就是修正后的2018年修正的《中华人民共和国个人所得税法》第六条第六款的相应条款：

> 劳务报酬所得、稿酬所得、特许权使用费所得以收入减除百分之二十的费用后的余额为收入额。稿酬所得的收入额减按百分之七十计算。

缺乏系统个人所得税税制理论指导、没有明确的经营性费用扣除概念，容易导致一些问题。比较而言，日本所得税法对费用扣除种类都有明确的概念界定、扣除标准界定，并且用专门条款规范，专门规定了税法术语。我国各种费用扣除均使用税法第六条规范，并没有明确的费用扣除种类和性质的区分，存在很大的改进空间。税法基础理论是完善个人所得税制度的基础工程，深入研究个人所得税的相关基础概念、法律术语，建立完备的税法基础概念、法律术语，将大大促进税法完善，也是税法完善的标志。

三、改变现行税法费用扣除分类体系

还要注意到，我国现行税法对工资薪金所得的经营性费用扣除就仍然没有单独考虑，与 2011 年 6 月修正的《中华人民共和国个人所得税法》保持一致。一种解释是综合所得每年减除费用 6 万元是综合扣除，包括了工资薪金所得的经营性费用。一些研究者认为应当坚持综合扣除（或者基本扣除），不同意对工资薪金所得专门规定经营性费用扣除（杨斌，2006；石坚，2010；蒋遐雏，2020）[①]。但是，明显的对比是，同属于综合所得的、与工资薪金所得同样属于劳动所得的劳务报酬所得、稿酬所得、特许权使用费所得可以单独减除 20% 的经营性费用，而工资薪金所得却没有，在法理上仍然是解释不通的。

费用扣除是个人所得税计税依据的核心要素（施正文，2011），是税基确定的重要因素（蒋遐雏，2020），也是影响税负的重要指标（刘荣荣，2000）。费用扣除种类划分有两种意见。第一种是按照费用扣除性质划分为经营性费用扣除、社会性扣除和免征额（施正文，2011；黄桦，2014；曹桂全，2018；曹桂全，2022）。经营性费用扣除（cost deduction），也称商业扣除、成本费用扣除，是依法对纳税人取得应税收入而发生的成本费用支出的扣除，目的是实现对净所得课税。社会性扣除（social deduction），也称非经营性扣除、特许费用扣除、特别扣除，是配合国家社会保障政策、医疗健康政策、公益慈善政策而设立的纳税人特定支出的税前扣除，是通过个人所得税实施社会经济政策的手段。免征额（allowance or exemption amount），也称生计费用扣除、基本生活费用扣除，是税法规定的对纳税人及其负担人口的基本生活费用支出的扣除或者免税收入额，其目的是实现居民基本生活费

---

① 石坚（2010）认为，个人所得税费用扣除应当包括基本扣除、附加扣除和特殊扣除。基本扣除主要包括家庭生计扣除和成本费用扣除；附加扣除是对于特殊行业、特殊人群家庭生计扣除的附加优惠，如高温、高毒、高空、采掘等行业从业人员，以及军人、残疾人等；特殊扣除是指对于公益性救济捐赠、子女高等教育支出、赡养老人支出和未报销的医疗支出等特殊性项目所作的扣除。显然，这些扣除打乱了经营性费用扣除、社会性扣除和免征额。

用支出（生计收入）不纳税。第二种是按照税法规定的扣除形式划分为综合扣除、专项扣除和附加专项扣除（石坚，2010；蒋逐雏，2020；王红晓，2021）。综合扣除综合考虑了纳税人的生计费用、经营性费用但没有具体区分，例如我国现行税法规定的综合所得每年减除费用6万元。专项扣除是政策性扣除，按照国家规定的范围和标准缴纳的社会保险费和住房公积金等予以税前扣除。专项附加扣除则是考虑子女教育、赡养老人等不同个人的生计、成本费用支出差异的列举扣除。比较而言，前一种划分理论性强，既体现扣除的性质，也是税法规定扣除方面，更能体现税收理论和税法发展趋势；而后一种划分则更多基于税法实践，不区分扣除的性质而仅是不同的扣除形式。此外，税法中的免税所得和税收抵免经常与免征额、社会性扣除有替代关系，有的国家用税收抵免额替代免征额、社会性扣除，协调处理免税所得、税收抵免与费用扣除项目，也是个人所得税制度的重要方面。

比较而言，按照费用的性质规定费用扣除，更加有利于税收精细化，也是个人所得税制度的发展方向。以税收征管成本为由拒绝采用按照费用性质的分类体系，值得商榷。

四、建立税额计算的一般步骤框架

费用扣除是税法的最重要和最复杂的部分，但不是税法的全部。除了税收征管（纳税申报和源泉课征），税法的内容围绕税额计算展开，规范税额计算步骤是关键。如第九章所述，日本所得税法的做法值得借鉴。日本所得税法第二十一条规定了个人所得税居民纳税人的税额计算的一般步骤。（1）分别计算各类所得的收入及净所得，即分别确认各类所得的收入，规定相应的经营性费用扣除，收入减除经营性费用得到各类应税所得的净所得。（2）计算综合所得净所得、山林所得净所得、退职所得净所得。日本的应税所得包括十类即：利息所得、分红所得、不动产所得（不动产租赁所得）、事业所得（经营所得）、给予所得（工薪所得）、退职所得、山林所得、转让所得（转让资产所得）、临时所得和杂项所得。其中退职所得和山林所得分类计征，其他八类所得综合计征，故计算上述三个净所得。（3）对综合所得纳税人、山林所得纳税人和退职所得纳税人的净所得分别减除社会性扣除、免征额，得到各自的应税所得额。（4）按照税率表，分别计算综合所得应纳税额、山林所得应纳税额、退职所得应纳税额，并汇总计算纳税人应纳税额。（5）按照税收抵免的规定，应纳税额减除税收抵免，得到纳税人最后应当缴纳的净税额。

这个步骤对于改进我国现行税法的费用扣除是有益的。第一，它明确了首先按照各类所得分别明确收入，分别减除经营性费用扣除，得到各自的净所得。我国现行税法没有完全分别规定各类所得的经营性费用和净所得额计算方法，应当改进，即使经营性费用扣除方法相同也应当分别规定。第二，在综合与分类税制下，在净所得基础上，计算综合所得的净所得和各分类所得净所得。这里的关键是，尽管综合计征，但一定计算纳税人的综合所得的净所得而不是纳税人的综合所得的总收入。综合所得纳税人的净所得甚至纳税人合计净所得（综合所得净所得和其他分类所得净所得之和）是税法的重要指标。这很关键，应税所得的划分需要考虑的一个因素就是经营性费用的不同，不同所得分别进行不同的经营性费用扣除，是必然逻辑，而将不同所得收入加总再减除经营性费用则明显不合理。这里的关键是，经营性费用对应于相应的应税所得。实际上，《中华人民共和国个人所得税法》第六条第一款第一项规定的综合所得每年的收入额是指净所得，而且也是指综合所得的各类应税所得的净所得之和，要先计算各类应税所得的净所得，之后才能加总。明显地，第六条第二款规定的劳务报酬等的收入额等于收入减除费用20%，该20%费用就是经营性费用。第三，社会性扣除和免征额面向所有符合条件的纳税人，无论综合所得纳税人还是分类所得纳税人，但是显然只能在一个纳税申报中减除而不能重复减除。我国现行税法规定综合扣除、专项扣除和专项附加扣除仅面向纳税人的综合所得，或者说面向综合所得纳税人，存在明显的改进空间，尽管税法实施条例补充规定经营所得纳税人也可以进行上述扣除。

完善个人所得税制度需要深入研究个人所得税的相关基础概念、法律术语、法律框架，基础概念、法律术语、法律框架清晰完备的税法将是制度完善的标志。

第三节　细化税收规范和推进行政规则入法

我国个人所得税税法本身篇幅小、内容简化，多为原则性规定，需要依靠行政法规、部门规章和一系列规范性文件实现税法实施。完善的个人所得税制度要求落实税收法定原则，细化税收规则，将成熟的行政规则纳入法律。我国现行税法仅规定了综合所得纳税人的免征额（体现在综合扣除中），而通过税法实施细则补充规定经营所得纳税人的免征额，这种做法合理但有合法性问题，需要改进。经营性费用扣除和税收征管都涉及复杂内容，现行税法仅规定了一些原则，具体内容通过税法实施条例等实施，应当细化入法的重点。现行税收法律理论基础不足、落实税收法定原则不到位、税法机制不健全，需要依靠政策推进税法实施，而这又反过来强化税法的政策化。也就是说，由于税法内容相对简化而无法处理税收征管实践面临的问题，需要以税收政策加以弥补，并进一步使税法更加依赖税收政策，这种局势需要改变，并作为完善个人所得税制度的重要内容。

一、现行税法关于经营所得的免征额问题

本书第八章、第十章都已经阐述，免征额是基本生活费用扣除，具有属人性，各种所得纳税人均应享有免征额减除待遇。但是，现行税法仅在税法第六条规定了综合所得纳税人的免征额（如前所述，该费用扣除也可以理解为包含免征额的综合扣除）[1]：

（一）居民个人的综合所得，以每一纳税年度的收入额减除费用六万元以及专项扣除、专项附加扣除和依法确定的其他扣除后的余额，为应纳税所得额。

---

[1] 《中华人民共和国个人所得税法》第六条（2018 年）。

（二）非居民个人的工资、薪金所得，以每月收入额减除费用五千元后的余额为应纳税所得额；劳务报酬所得、稿酬所得、特许权使用费所得，以每次收入额为应纳税所得额。

（三）经营所得，以每一纳税年度的收入总额减除成本、费用以及损失后的余额，为应纳税所得额。

上述规定中，居民个人综合所得年度收入减除费用 6 万元即为免征额，非居民个人工资薪金所得月收入额减除费用 5 000 元为免征额，而经营所得并没有规定免征额，仅涉及减除成本、费用及损失，为经营性费用。经营所得的范围比较广泛，根据《中华人民共和国个人所得税法实施条例》（2018）第六条规定，经营所得的含义如下：

经营所得，是指：

1. 个体工商户从事生产、经营活动取得的所得，个人独资企业投资人、合伙企业的个人合伙人来源于境内注册的个人独资企业、合伙企业生产、经营的所得；

2. 个人依法从事办学、医疗、咨询以及其他有偿服务活动取得的所得；

3. 个人对企业、事业单位承包经营、承租经营以及转包、转租取得的所得；

4. 个人从事其他生产、经营活动取得的所得。

经营所得纳税人没有免征额是不合理的。《中华人民共和国个人所得税法实施条例》（2018）第十五条实际上补充规定了经营所得纳税人的免征额：

个人所得税法第六条第一款第三项所称成本、费用，是指生产、经营活动中发生的各项直接支出和分配计入成本的间接费用以及销售费用、管理费用、财务费用；所称损失，是指生产、经营活动中发生的固定资产和存货的盘亏、毁损、报废损失，转让财产损失，坏账损失，自然灾害等不可抗力因素造成的损失以及其他损失。

取得经营所得的个人，没有综合所得的，计算其每一纳税年度的应纳税所得额时，应当减除费用6万元、专项扣除、专项附加扣除以及依法确定的其他扣除。专项附加扣除在办理汇算清缴时减除。

这里的经营所得纳税人减除费用6万元显然是与综合所得纳税人相同的免征额。但是，该第十五条第一款解释的成本、费用和损失显然不包括第二款列举的费用6万元、专项扣除、专项附加扣除以及其他扣除，第二款规定的减除费用事项超过了税法第六条关于经营所得费用减除的规定。也就是说，税法实施条例的规定超越了税法的规定。经营所得纳税人减除免征额是合理的，符合个人所得税免征额的价值和要求，具有合理性；但是，作为税法实施细则的税法实施条例超越法律规定又似乎存在不合法性。这样，就出现一种合理不合法的结果。究其根源，税法没有专门的免征额条款，而采取拾遗补漏的做法，使税法法定原则很难充分落实。类似地，综合所得、经营所得之外的纳税人，如果没有综合所得、经营所得的，也应当允许进行免征额减除，这是逻辑上必然存在的问题，但是现行税法无法处理这些问题。

解决这些问题，还是需要通过税法明确规定费用扣除的分类、扣除方法，明确免征额是针对所有纳税人的费用扣除而不是仅针对综合所得纳税人，需要对诸如免征额等税制进行专门规范，而法律之外的行政法规、规章和其他规范性文件的相关实施规则比较成熟的，应当入法，实现税法的完整性。

二、职工年终奖金纳税申报政策分析

2005年，我国个人所得税税法进行税法修正，建立了年收入超过12万元的纳税人纳税申报制度。2005年4月，对于纳税人年终取得的奖金如何计税，国家税务总局给出一个办法，① 具体内容如下：

为了合理解决个人取得全年一次性奖金征税问题，经研究，现

---

① 《国家税务总局关于调整个人取得全年一次性奖金等计算征收个人所得税方法问题的通知》（国税发〔2005〕9号）。当前，该文件已经废止，但是其核心内容被新的文件替代。

就调整征收个人所得税的有关办法通知如下：

一、全年一次性奖金是指行政机关、企事业单位等扣缴义务人根据其全年经济效益和对雇员全年工作业绩的综合考核情况，向雇员发放的一次性奖金。

上述一次性奖金也包括年终加薪、实行年薪制和绩效工资办法的单位根据考核情况兑现的年薪和绩效工资。

二、纳税人取得全年一次性奖金，单独作为一个月工资、薪金所得计算纳税，并按以下计税办法，由扣缴义务人发放时代扣代缴：

（一）先将雇员当月内取得的全年一次性奖金，除以12个月，按其商数确定适用税率和速算扣除数。

如果在发放年终一次性奖金的当月，雇员当月工资薪金所得低于税法规定的费用扣除额，应将全年一次性奖金减除"雇员当月工资薪金所得与费用扣除额的差额"后的余额，按上述办法确定全年一次性奖金的适用税率和速算扣除数。

（二）将雇员个人当月内取得的全年一次性奖金，按本条第（一）项确定的适用税率和速算扣除数计算征税，计算公式如下：

1. 如果雇员当月工资薪金所得高于（或等于）税法规定的费用扣除额的，适用公式为：

应纳税额＝雇员当月取得全年一次性奖金×适用税率－速算扣除数

2. 如果雇员当月工资薪金所得低于税法规定的费用扣除额的，适用公式为：应纳税额＝（雇员当月取得全年一次性奖金－雇员当月工资薪金所得与费用扣除额的差额）×适用税率－速算扣除数

三、在一个纳税年度内，对每一个纳税人，该计税办法只允许采用一次。

四、实行年薪制和绩效工资的单位，个人取得年终兑现的年薪和绩效工资按本通知第二条、第三条执行。

2018年修正的《中华人民共和国个人所得税法》，将工资薪金、劳务报

酬等四项劳动性质的所得合并为综合所得，适用统一的3%～45%七级超额累进税率。考虑个人所得税税法修改后的优惠政策衔接问题，财政部、国家税务总局对年终奖的单独计税政策给了3年的过渡期①。

> 居民个人取得全年一次性奖金，符合《国家税务总局关于调整个人取得全年一次性奖金等计算征收个人所得税方法问题的通知》（国税发〔2005〕9号）规定的，在2021年12月31日前，不并入当年综合所得，以全年一次性奖金收入除以12个月得到的数额，按照本通知所附按月换算后的综合所得税率表（以下简称月度税率表），确定适用税率和速算扣除数，单独计算纳税。计算公式为：
>
> 应纳税额＝全年一次性奖金收入×适用税率－速算扣除数
>
> 居民个人取得全年一次性奖金，也可以选择并入当年综合所得计算纳税。
>
> 自2022年1月1日起，居民个人取得全年一次性奖金，应并入当年综合所得计算缴纳个人所得税。

2021年12月29日，国务院决定延续实施部分个人所得税优惠政策到2023年底，其中之一便是全年一次性奖金单独计税政策。

年终奖单独计税有何影响？年终奖按月单独计税，是指在符合相关规定的情况下，年终奖金不并入当年综合所得，而以全年一次性奖金收入除以12个月得到的数额，按照月度税率表来确定适用税率和速算扣除数，单独计算纳税。该政策为部分纳税人提供了减税的途径，是一种税收优惠政策。假定某职工不含年终奖的工资应税所得额（已经进行各项费用扣除）为15万元，且已经依法纳税10 308元（纳税额＝150 000×20%－16 920＝10 308元）。假定该纳税人年终奖是30 000元，如果合并计税，则全年应纳税额为19 080元（纳税额＝180 000×20%－16 920＝19 080元），其中年终奖纳税6 000元，适用税率是20%。如果年终奖单独计税的方式，年终奖分配到12

① 《财政部 税务总局关于个人所得税法修改后有关优惠政策衔接问题的通知》（财税〔2018〕164号）。

个月，月奖金为 2 500 元，适用 3% 的税率，奖金部分单独纳税额仅为 900 元（纳税额 = 30 000 × 3% = 900 元）。比较而言，奖金单独纳税将减少纳税 5 100 元。

年终奖金单独计税政策，延缓了 2006 年开始实施的纳税申报，尤其是延缓了 2018 年开始的综合计征和纳税申报。那么，这种政策受益者是谁呢？是否利于实现个人所得税功能呢？高收入的纳税人适用税率越高，即使是相同的年终奖，如果不采取单独计税，将缴纳更多的税收；低收入的纳税人，适用税率低，甚至部分个人净所得（减除经营性费用和社会性扣除后的金额）低于免征额，本来就不纳税，单独计税直接适用税率表，反而会导致多纳税。所以，年终奖单独计税的政策给高收入者的减税利益远远高于中低收入收入者，甚至对于低收入者有害无益，年终奖单独计税作为优惠政策并不面向中低收入者而是面向高收入者。

此外，还应当考虑这种计税政策导致的分配扭曲。如果预期存在这种税收优惠政策，有的机关、企业和事业单位，可以将正常条件下的月奖在年终一次性以年终奖形式发放，进行合理避税，这对于国家来说实际上税收流失。这不应当是一项政策预期的效果，但却是政策性税收可能的结果。应当看到，2019 年以来，国家面临疫情冲击，实施减税降费政策，个人所得税减收也是政策之一，是稳经济、促消费的重要手段。但是，采取什么样的税收减免政策可以深入研究。

三、费用扣除和税收征管是税收规则细化和入法的重点

费用扣除、税收征管（纳税申报和源泉课征）是个人所得税法的重要内容，涉及规则详细复杂。本书第九章的日本个人所得税制有借鉴意义。日本个人和法人所得税由同一部税法（所得税法）规范，税法由总则、居住者的纳税义务、非居住者及法人的纳税义务（不属于个人所得税）、源泉征收、杂项规定和罚则共六编构成，有 243 条（其中少量条款内容删除，但保留编号）。[①] 日本所得税法区分居民纳税人、非居民纳税人、国内法人和国

---

① 引用日本所得税法的文本来源：全球法律数据库（https://elaws.e-gov.go.jp/），是日本昭和 40 年（1965 年）颁布、令和 4 年（2019 年）修正的版本。

外法人，其中第一编总则涉及一般术语、纳税义务、课税所得范围、所得归属通则和纳税地点，共20条；第二编居住者的纳税义务，第一章税额计算的一般步骤（第21条），第二章课税标准即所得扣除，涉及课税标准（税制模式）（第22条），各项应税所得的收入确认、经营性费用扣除和净所得计算（第23~71条），所得扣除（即社会性扣除和免征额）（第72~87条）、第三章税额计算，涉及税率（第89~91条），税收抵免（第89~95条），第四章税额计算特例（第96~103条），第五章申报、交纳即退还（第104~151条），第六章更正请求的特例（第152和153条），第七章更正与决定（第154~160条）；第三编非居住者及法人纳税义务，由第161~180条构成；第四编源泉征收，由第181~223条构成；第五编杂项规定由第224~237条构成；第六编罚则由第238~243条构成。可见，其中经营性费用扣除涉及了49条，社会性扣除和免征额涉及了16条，纳税申报涉及了57条，源泉课征涉及42条；费用扣除使用了65条，税收征管使用了99条，是居民纳税人的主要规范，涉及条款最多。相比我国税法，费用扣除内容仅用第6条1款规定，税收征管用第8~20条共13条规定，大部分详细规则并没有入法，而是由行政法规、规章和行政规范性文件规定。如前所述，由于缺乏各种费用扣除的定义和专门规定，难以核定费用扣除标准，也容易遗漏，通过低位阶法律规范或者行政规范规定存在偏离税收法定之风险。如果将税法规定细化，或者将成熟的行政规则入法甚至法典化，丰富税法内容，将是完善个人所得税制度的可行方案。

个人所得税改革和发展需要科学，个人所得税涉及个人利益，涉及收入再分配关系，也需要关注国家财政大局和国家治理。强调税收法定，强化依法征管、依法治税、科学治税，依靠法治完善个人所得税制度，必将是完善个人所得税制度的重点。

第四节　建立健全税法机制性规则

税法体现为一系列法律规范，但法律规范背后隐含着法理基础，也隐含一系列实现税收公平的机制设计。个人所得税中的机制性规则并不鲜见，如经营性费用据实申报扣除、国家社会经济政策与社会性扣除项目的协调机制、免征额递减机制、免征额标准指数化调整机制、税收抵免对社会性扣除项目的替代机制等，但我国现行个人所得税的机制性规则相对缺乏。本书以前各章实际上已经论及一些税法中的机制性规则，但没有单独提出，本章作为总结和展望单独提出机制性规则，突出其重要性。这里以我国个人所得税免征额缺乏免征额递减机制、单纯依靠专项附加扣除难以实现社会政策目标为例进行分析，以认识到需要在建立健全机制性规则上下功夫，以实现税收精细化和完善个人所得税制度。

一、我国个人所得税前瞻性免征额调整方式需要改进

长期以来，我国个人所得税税法修正的焦点就是免征额调整。国内有诸多相关研究文献，但很少深入分析我国免征额调整方式的特点及其弊端。总结我国个人所得税免征额调整的实践，是认识问题的关键。个人所得税免征额在 2006 年一直没有改变，为每月 800 元；之后经历了 2006 年 1 月、2008 年 3 月、2011 年 9 月、2018 年 9 月四次调整，分别调整为每月 1 600 元、2 000 元、3 500 元和 5 000 元（每年 6 万元），2018 年前为工资薪金所得的免征额，2018 年 9 月起为综合所得的免征额。

首先，我国个人所得税免征额为什么调整？根据 2005 年的《关于〈中华人民共和国个人所得税法修正案（草案）〉的说明》① 中的解释，共涉及三个方面。第一，物价因素。居民消费物价指数的上升，引起原来固定数量免征额的购买力下降，需要提高免征额，消除物价上涨因素的影响。第二，居民基本生活质量因素。随着经济发展阶段的变化，居民基本生活的内涵和实际支出也会发生变化，尤其是像中国从贫穷阶段向小康阶段迈进，基本生活费用支出水平将有提高。当然，并不是居民基本生活费用支出水平必然持

① 资料来源：金人庆. 关于《中华人民共和国个人所得税法修正案（草案）》的说明——2005 年 8 月 23 日在第十届全国人民代表大会常务委员会第十七次会议上［R］. 全国人民代表大会常务委员会公报，2005（7）：627－628.

续变化。第三，经济体制改革因素。我国由计划体制、国家保障向市场体制、社会保障转型，居民负担的基本生活支出范围发生变化，教育、住房、医疗等社会化、市场化改革，导致居民基本生活费用支出明显增长。

其次，免征额应当如何调整？我国个人所得税免征额是如何调整的？2005 年、2008 年和 2011 年的《关于〈中华人民共和国个人所得税法修正案（草案）〉的说明》①②③ 都提出，免征额参照城镇就业人员平均负担人口数和城镇居民人均消费支出确定，并具有一定前瞻性。纳税人免征额的参考标准是城镇就业人员负担的消费支出，等于城镇居民人均消费支出乘以就业人员平均负担人口数；免征额比当前城镇就业人员负担的消费支出数量略高，就体现了"前瞻性"；所谓前瞻性，就是当前确定的免征额数量比当前应有免征额偏高，目的是在未来若干年可以继续使用而不至于很快变得明显不足，从而避免逐年连续调整和税法连年修正。这种"前瞻性"调整方式可以称为免征额累积性调整方式（曹桂全和仇晓凤，2016）。例如，2010 年度我国城镇居民人均消费性支出为 1 123 元/月，就业者平均负担人口数 1.93 人计算，城镇就业者人均负担的消费性支出为 2 167 元/月，这就是应有免征额。按城镇人均消费性支出增长 10% 测算，2011 年的应有免征额约为 2 384 元/月，税法修正案（草案）拟将免征额由 2 000 元/月提高到 3 000 元/月，具有一定前瞻性。实际上，修正后税法将免征额从 2011 年 9 月起调整为 3 500 元/月，超过应有免征额 46.81%，前瞻性更强。

最后，免征额调整的后果是什么？可以分析，如果按照城镇居民消费支出年 10% 增长率测算，2012 年、2013 年、2014 年、2015 年、2016 年、2017 年、2018 年的应有免征额分别为 2 622 元/月、2 884 元/月、3 173 元/

---

① 资料来源：金人庆. 关于《中华人民共和国个人所得税法修正案（草案）》的说明——2005 年 8 月 23 日在第十届全国人民代表大会常务委员会第十七次会议上［R］. 全国人民代表大会常务委员会公报，2005（7）：627 - 628.
② 资料来源：谢旭人. 关于《中华人民共和国个人所得税法修正案（草案）》的说明——在 2007 年 12 月 23 日在第十届全国人民代表大会常务委员会第三十一次会议上［R］. 全国人民代表大会常务委员会公报，2008（1）：89.
③ 资料来源：谢旭人. 关于《中华人民共和国个人所得税法修正案（草案）》的说明——2011 年 4 月 20 日在第十一届全国人民代表大会常务委员会第二十次会议上［R］. 全国人民代表大会常务委员会公报，2011（5）：464 - 465.

月、3 490 元/月、3 839 元/月和 4 223 元/月，可以按照这个预测逐年确定免征额。但实际上，这些年每年都按照 3 500 元/月，显然前期免征偏高而后期偏低，2012 年高出 22.48% 而 2018 年偏低 17.12%。由于免征额是应税所得额的减数，相应税收将经历不足、过度的变化。一般地，前瞻性免征额调整方式之下，实际免征额将经历偏高、适当和偏低的变化，而税收将经历不足、合理和过度的过程，这是不合理的并且是可以避免的。实际上，2011年的免征额调整导致 2012 年个人所得税税收比上一年下降 3.86%，2018 年免征额调整（还有其他税制变化）导致 2019 年个人所得税税收比上一年下降 25.47%。这种免征额前瞻性调整必然产生免征额经常不适当（偏离应有免征额）和税收波动（税收过度和不足交替）的消极影响，却经常被忽视。

我国个人所得税税收从 2012 年低位开始较快增长，年增长率均超过12%，达到 2018 年的高峰。但是，个人所得税税收由于 2018 年免征额调整（以及其他税法修改）而于 2019 年再次跌入低谷，随之 2020 年、2021 年再次开始快速增长，增长率达到 11.36% 和 20.96%。这显然不是免征额调整期待的效果。按照免征额标准参考城镇就业人员负担的居民基本消费支出确定的方法，也可以进行逐年调整，其效果显然就会更好一些，使实际免征额更符合应有免征额，尤其是将明显降低或者消除税收波动，避免税收大起大落的现象发生。

免征额的前瞻性调整方式不利于实现个人所得税免征额应有价值（持续实现居民基本生活费用充分扣除），不利于国家税收稳定甚至财政稳定，需要寻求建立更合理的机制性规则。

二、关于免征额递减机制

本书第八章已经专门研究了免征额递减机制，这里进行一些补充研究。如前所述，我国税法没有使用免征额的概念，《中华人民共和国个人所得税法》第六条第一款规定的综合所得纳税人每年减除费用 6 万元，可以认为是包括免征额的综合扣除或者主要是免征额。该免征额有以下特点：（1）单一标准化免征额。纳税人只有这一个扣除标准，而无论纳税人实际负担人口（配偶及抚养亲属）的数量及其收入水平（曹桂全和仇晓凤，

2016）。（2）平均化免征额。该免征额参照城镇就业人员负担人口平均数考虑，例如，负担人口平均数为 2，免征额为每年 6 万元的条件下，则个人免征额是每年 3 万元。（3）没有附加免征额。没有考虑纳税人及其负担人口的年龄、健康情况导致的基本生活费用差异。（4）免征额没有面向所有纳税人。现行税法规定的每年 6 万元的费用减除（免征额）针对综合所得纳税人，《中华人民共和国个人所得税法实施条例》（2018）第十五条第二款补充规定经营所得纳税人的免征额，其他所得纳税人没有免征额。这个免征额或者综合扣除需要改进，是现有文献的普遍观点。这里着重分析免征额递减机制的问题。

英国、美国、日本等国家的个人所得税都建立了免征额递减机制。所谓免征额递减，是指纳税人净所得达到一个较高水平后，免征额开始随净所得增加而减少，直至减低到某个水平甚至降低到 0。免征额递减机制有三个要素即递减门槛、递减方式、递减限度。为什么建立免征额递减机制？一个重要的考虑是，相同的免征额将会为高收入者带来更多的免税利益，从而降低税收累进性和有效税率，不利于发挥个人所得税的收入分配调节作用，而免征额递减机制则抑制直至消除这种效应，甚至以不考虑高收入者免征额为代价，提高高收入者税率，强化个人所得税再分配调节作用。英国个人所得税中，2021/2022 税年，英国个人所得税免征额（personal allowance）为每年12 570 英镑，递减门槛为调整后净所得（adjusted net income，ANI）100 000英镑，每超过递减门槛 2 英镑，免征额减少 1 英镑，当 ANI 到 125 140 英镑时，免征额递减为 0。[①] 美国个人所得税中，纳税人个人免征额和分项扣除额都有缩减机制，以单身报税为例，2015 年，纳税人调整后毛所得（adjusted gross income，AGI）达到 258 250 美元后，AGI 每增加 1 250 美元，纳税人免征额缩减 2%，当 AGI 达到 380 750 美元时，免征额缩减为 0。分项扣除额缩减的起点阈值和方式与免征额相同，但最多只缩减 20%（曹桂全，2017）。2018 年日本税法修正后，也建立了免征额递减机制，不仅纳税人个

---

① 参见英国政府网（https：//www.gov.uk）关于英国个人所得税的介绍。

人免征额递减，配偶免征额也递减。① 日本所得税法第 87 条规定的"基础扣除"是纳税人自己的个人免征额，为 48 万日元，并设立了分档递减机制，递减门槛为总计净所得 2 400 万日元，随着纳税人总计净所得②的增加而递减，即：总计净所得为 2 400 万日元以下的，免征额为 48 万日元；总计净所得为 2 400 万 ~ 2 450 万日元的，免征额为 32 万日元；总计净所得为 2 450 万 ~ 2 500 万日元的，免征额为 16 万日元；总计净所得为 2 500 万日元以上的，免征额为 0。也就是说，总计净所得增加了 100 万日元，免征额从 48 万日元递减为 0，基本上是总计净所得增加 2 日元，免征额减少 1 日元，与英国类似。配偶免征额包括一般配偶免征额和特别配偶免征额，一般配偶免征额适用于有共同生活来源且合计净所得为 48 万日元以下的配偶，标准为 38 万日元，老年配偶免征额为 48 万日元，随纳税人合计净所得递减，递减门槛为纳税人合计净所得为 900 万日元，分为四档，纳税人合计净所得超过 1 000 万日元的，配偶免征额递减为 0。配偶特别免征额适用于有共同生活来源且合计净所得超过 48 万日元的配偶，也为 38 万日元，但随配偶合计净所得和纳税人合计净所得增加而分档递减，共分 10 档，当配偶合计净所得超过 133 万日元或者纳税人合计净所得金额超过 1 000 万日元时，免征额递减为 0。

我国现行税法没有免征额递减机制，在免征额提高时，为高收入者带来更多的减税利益。高收入者的适用税率高（如 45%），增加同样数量的免征额（如 20 000 元）时，可以得到更多（如 9 000 元）的减税利益；而低收入者的适用税率低（如 10%），同样的免征额减除，只能获得较少（如 2 000 元）的减税利益。免征额递减机制使净所得超过一定水平的纳税人将不再享受免征额减除，相当于提高了边际税率，既有利于加强对高收入者的税收调节，也有利于扩大国家税收。我国历来强调税收公平和对高收入者的税收调节，引入免征额递减机制是适当的。当然，我国具体采取什么样的免征额递减方式，需要进一步研究。

---

① 本章引用日本所得税法的来源于全球法律数据库（https：//elaws. e – gov. go. jp/），是日本昭和 40 年（1965 年）颁布、令和 4 年（2019 年）修正的版本。本书第九章有更全面的介绍。

② 总计净所得为纳税人综合所得、退职所得和山林所得的净所得之和。

三、关于社会政策与社会性扣除、税收抵免协调配合

2018 年税法修正增加了 6 项专项附加扣除，丰富了社会性扣除，扩大了个人所得税实施社会政策的力度和范围，使个人所得税与子女教育、继续教育、医疗、住房贷款、住房租赁、赡养老人相关。但研究表明，专项附加扣除弱化了个人所得税再分配效应（刘蓉和寇璇，2019）。设立专项附加扣除以差异化考虑纳税人及其负担人口的基本生活费用或者社会发展需要的政策方向是对的，但是专项附加扣除项目的具体设计仍然需要优化（刘剑文，2019；张旭，2020；李俊英和李孟南，2022）。2022 年 3 月 28 日，国务院发布《关于设立 3 岁以下婴幼儿照护个人所得税专项附加扣除的通知》，明确自 2022 年 1 月 1 日起，纳税人照护 3 岁以下婴幼儿子女的相关支出，按照每个婴幼儿每月 1 000 元的标准定额扣除。具体扣除方式上，可选择由夫妻一方按扣除标准的 100% 扣除，也可选择由夫妻双方分别按扣除标准的 50% 扣除，监护人不是父母的，也可以按上述政策规定扣除。这样，个人所得税专项附加扣除达到 7 项。

正如相关文献指出的那样，专项附加扣除的政策方向是正确的，重点是均衡纳税人家庭重点支出，减轻家庭经济压力，促进国家在住房、医疗、社会保障、教育、生育等方面的社会政策。但是专项附加扣除作为通过个人所得税实施社会政策的手段具有局限性，需要与社会政策本身协调配合，也可以考虑用税收抵免项目替代专项附加扣除，更好地照顾低收入人群。

在个人所得税费用扣除体系中，赡养老人支出扣除本来属于免征额，而且可以设立老人附加免征额，而不是社会性扣除（专项附加扣除属于社会性扣除），由纳税人在应税所得中减除。当前，我国个人所得税免征额是平均化的，一个综合所得纳税人的免征额是按照全国城镇平均负担人口数（约为 2 人）考虑的，现在差不多就是每人 3 万元，这平均地涵盖了赡养老人的免征额扣除。但是，纳税人负担人口数是不同的，按照纳税人实际负担人口（包括老人），采取平均化的免征额条件下，负担人口数高于平均数的纳税人，免征额减除不足；负担人口数低于平均数的纳税人，免征额减除过度，解决问题之道是规定配偶免征额、抚养亲属免征额（老人或者孩子），

允许纳税人按照实际负担人口数减除免征额，这是改进的基础。在没有这个改进的条件下，增加设立赡养老人支出专项附加扣除，改进是有限的，甚至产生预期外效应，对于原来减除不足的，改进后仍然不足（因为仅增加每年2.4万元的扣除）；对于减除过度的，"改进后"将更加过度。此外，参照日本个人所得税规定，作为抚养亲属的免征额应当考虑老人自有收入条件，不是任何老人都能在扶养人纳税中减除免征额，简单以60岁为条件而不论老人是否有收入以及收入多少，也将导致重复减除。所以，不能说赡养老人支出的专项附加扣除不对，恰恰相反，其政策意向是正确的。但是，如上所述，有比专项附加扣除政策更优先的事项，如果这些优先事项不解决，政策不具有精准性，政策效果就会打折扣。

专项附加扣除还有一个局限性，就是作为费用减除项目，其发挥作用以纳税人有足够应税收入为条件，对于没有足够收入的个人，专项附加扣除力图实施的社会政策就对这些个人没有效力。所以，专项附加扣除作为一种社会性扣除，作为实施社会政策的手段，是配合社会政策的，而不是社会政策本身，这就需要首先建立健全社会政策。前述文献测算结果显示，专项附加扣除降低了个人所得税再分配效应，其基本原理就在于，专项附加扣除降低了高收入者的税收，而无法改变中低收入者的税收，导致税收累进性下降、平均税率下降。如果要执行相应社会政策，应当首先建立健全社会政策本身，如住房保障政策、未成年补贴政策、教育政策、生育补贴政策。例如，日本个人所得税抚养亲属免征额中，不允许纳税人减除16岁以下抚养子女免征额，为什么呢？不是应当重点支持子女抚养、子女教育吗？日本政府有未成年人津贴，国家已经对这些子女进行了支付，并认为这些支付足以覆盖基本生活费用，从而不允许纳税人减除免征额。这就是说，社会政策本身是首要的，个人所得税的免征额、社会性扣除是次要的，如果前者已经覆盖，就无须后者；如果前者不足，可以考虑通过个人所得税相关项目予以补充。

另外一个方面的考虑是用税收抵免项目替代社会性扣除。税收抵免包括可退化的税收抵免和不可退还的税收抵免，前者允许税收抵免额超过税额时由政府向个人支付（类似于津贴），后者则不允许。美国个人所得税税收抵免项目比较多，而很少有社会性扣除，这在本书第五章已经做了介绍。可退还税收抵免的典型是劳动所得税收抵免（EITC），如果劳动就业收入应纳税额低于税收抵免额，则可以从政府得到一定数量的补贴，这鼓励劳动者就业，并使税收抵免具有一定社会保障作用。为促进生育、婴幼儿照料，如果考虑中低收入人群的话，首先应当考虑政府津贴的社会政策，其次也可以考虑可退还的税收抵免项目。

我国目前的专项附加扣除之所以授权国务院作具体规定，本身有试点的性质，政策强而尚未成熟，如果能够考虑与社会政策本身协调、注重社会政策本身建设、注意政策导向而选择税收抵免项目，将使个人所得税实施更加精准，社会政策更加有效。这也是一种机制性规则。

四、建立机制性规则是完善个人所得税制度的重要途径

个人所得税需要建立一些机制性规则。个人所得税中最常见的机制性规则就是超额累进税率表，这是实现税收累进性、强化税收再分配调节作用的重要机制。但是，机制性规则不限于此。前面重点介绍了免征额递减机制，实际上仍不限于此。日本个人所得税中，给予所得经营性费用扣除就设立了一种机制性规则，给予所得越高，经营性费用扣除比例越低，而且给予所得高到一定水平，不再增加经营性费用扣除，只能扣除最高扣除额，[①] 这显然利于加强对高收入者的税收调节，也在一定程度上符合实际，因为取得收入的支出并不会始终与收入按照同一比例增长。就免征额调整而言，也存在替代前瞻性调整方式的机制，这就是适应性调整方式，例如，美国个人所得税免征额税收指数化也是这种适应性调整方式的具体例证，国会授权财政部对免征额、标准扣除额、税率阶距等进行指数化调整（曹桂全，2017）。

建立机制性规则能够更利于实现税收公平，是按照税收精细化方向的税制建设的重要方面，是完善个人所得税的重要途径。完善个人所得税制度，需要注重建立机制性规则，以更好地实现税收公平，更好发挥个人所得税在财政中的作用，发挥财政在国家治理中的作用。

---

① 具体介绍见第九章。

参 考 文 献

［1］鲍晓华，崔晓翔．美国个人所得税生活费用分项扣除简介［J］．国际税收，2014（8）：47－51.

［2］北京师范大学中国收入分配研究院课题组．"十三五"时期收入分配格局的变化及其对经济社会的影响［R］．中国经济改革研究基金会资助课题研究报告，2017年7月。

［3］蔡萌，岳希明．我国居民收入不平等的主要原因：市场还是政府政策［J］．财经研究，2016（4）：4－14.

［4］曹桂全，仇晓凤．论我国个人所得税免征额制度改革［J］．天津大学学报（社会科学版），2016（3）：217－223.

［5］曹桂全．个人所得税免征额规则的理论探讨——兼论我国个人所得税免征额规则存在的不足［J］．经济研究参考，2021（5）：36－52.

［6］曹桂全．关于个人所得税制原则的理论探讨——兼论我国现行税制的不足和改进［J］．天津大学学报（社会科学版），2022（1）：71－79.

［7］曹桂全．美国个人所得税免征额制度及其对我国的启示［J］．经济社会体制比较，2017（4）：84－96.

［8］曹桂全，任国强．个人所得税再分配效应及累进性分解分析——以2008年天津城镇住户为样本［J］．南开经济研究，2014（4）：123－140.

［9］曹桂全，任国强．加强个人所得税调节的政策选择［J］．经济问题探索，2014（2）：80－85.

［10］曹桂全．完善我国政府再分配调节机制研究［M］．北京：经济科学出版社，2020.

［11］曹桂全．我国个人所得税费用扣除存在的问题和解决方案［J］．天津大学学报（社会科学版），2018（5）：202－208.

［12］曹桂全．我国个人所得税免征额调整的税收效应——基于应有免

征额、免征额累积性调整方式的分析［J］. 经济学报，2018（2）：147 –
166.

［13］曹桂全. 我国个人所得税免征额制度研究［M］. 天津：南开大学
出版社，2017：127 – 133.

［14］曹桂全. 我国个人所得税再分配效果的实证分析：一个文献综述
［J］. 经济研究参考，2013（24）：50 – 61.

［15］曹雪琴. 新编财政与税收［M］. 上海：立信会计出版社，2003.

［16］高培勇：个人所得税：迈出走向综合与分类相结合的脚步［M］.
北京：中国财政经济出版社，2011.

［17］高培勇. 规范政府行为：解决当前中国收入分配问题的关键［J］.
财贸经济，2002（1）.

［18］高亚军，周曼. 个人所得税改革目标不应局限于免征额的调整
［J］. 中国财政，2011（18）：52 – 53.

［19］［美］哈维·S. 罗森，特德·盖亚. 财政学（第八版）［M］. 北
京：中国人民大学出版社，2009.

［20］何杨，王文静. 英国税制研究［M］. 北京：经济科学出版社，
2018：38 – 45.

［21］胡鞍钢. 加强对高收入者个人所得税征收，调节居民贫富收入差
距［J］. 财政研究，2002（10）：7 – 14.

［22］胡建怡，马伟，田志伟，杨志银. 个人所得税税制国际比较［M］.
北京：中国税务出版社，2017：154 – 157.

［23］华生. 个人所得税免征额调整的三大问题与改革方向［N］. 中国
证券报，2011 – 6 – 9（A19）.

［24］黄凤羽. 对个人所得税再分配职能的思考［J］. 税务研究，2010
（9）：14 – 18.

［25］黄桦. 税收学（第 3 版）［M］. 北京：中国人民大学出版社，2014：
215.

［26］贾康，梁季. 过度关注起征点将误导个人所得税改革［N］. 上海
证券报，2016 – 3 – 30（12）.

［27］蒋遐雏. 个人所得税税前扣除的概念厘清与制度完善——以混合

所得税制改革为背景 [J]. 法商研究, 2020 (2): 44 - 56.

[28] 李俊英, 李孟南. 子女教育专项附加扣除的制度缘起、法理检视与优化策略 [J]. 地方财政研究, 2022 (7): 79 - 85.

[29] 李貌. 日本《所得税法》中所得扣除制度研究 [J]. 江苏理工学院学报, 2019 (5): 75 - 90.

[30] 李一花, 董旸, 罗强. 个人所得税收入能力与税收流失的实证研究——以山东省为例 [J]. 经济评论, 2010 (2): 94 - 99.

[31] 刘汉屏. 个人所得税免征额提高之悖论 [J]. 山东财政学院学报, 2005 (6): 3 - 6.

[32] 刘剑文. 个税改革的法治成果与优化路径 [J]. 现代法学, 2019 (2): 22 - 34.

[33] 刘昆. 建立现代财税体制 [M]//本书编写组:《中共中央关于制定国民经济和社会发展第十四个五年规划和二〇三五年远景目标的建议》辅导读本. 北京: 人民出版社, 2020: 272 - 280.

[34] 刘黎明, 刘玲玲. 我国个人所得税流失的规模测算 [J]. 财政研究, 2005 (4): 26 - 28.

[35] 刘荣荣. 日本个人所得税制及其对我国的启示 [J]. 深圳大学学报 (人文社会科学版), 2000 (5): 28 - 33.

[36] 刘蓉, 寇璇. 个人所得税专项附加扣除对劳动收入的再分配效应测算 [J]. 财贸经济, 2019 (5): 39 - 51.

[37] [美] 罗纳德·德沃金. 认真对待权利 [M]. 信春鹰, 吴玉章, 译. 上海: 上海三联书店, 2008.

[38] [美] 罗森, 盖亚. 财政学 (第八版) [M]. 郭庆旺, 赵志耘, 译. 北京: 中国人民大学出版社, 2009.

[39] [美] A. 马斯格雷夫, B. 马斯格雷夫. 财政理论与实践 (第5版) [M]. 邓子基, 邓力平, 校译. 北京: 中国财政经济出版社, 2003.

[40] [美] A. 马斯格雷夫, B. 马斯格雷夫. 美国财政理论与实践 (第4版) [M]. 邓子基, 邓力平, 编译. 北京: 中国财政经济出版社, 1987.

[41] 彭海艳. 我国个人所得税再分配效应及累进性的实证分析 [J]. 财贸经济, 2011 (3): 11 - 17.

［42］钱晟. 我国税收调节个人收入分配的累退倾向及其对策［J］. 税务研究，2001（8）：2 - 6.

［43］乔博娟. 简评美国个人所得税法律制度复杂性之失：兼议我国个人所得税制度完善的选择［J］. 税务研究，2020（8）：96 - 101.

［44］日本国所得税法［M］. 陈汝议，武梦佐，译. 北京：中国展望出版社，1984.

［45］日本所得税法（昭和40年颁布，令和4年修正）［DB/OL］. 全球法律数据库：https：//elaws. e - gov. go. jp.

［46］施正文. 分配正义与个人所得税法改革［J］. 中国法学，2011（5）：32 - 43.

［47］石坚. 关于改革个人所得税费用扣除标准的建议［J］. 财政研究，2010（7）：68 - 71.

［48］石子印，张燕红. 个人所得税的累进性欲再分配效应——以湖北省为例［J］. 财经科学，2012（3）：116 - 124.

［49］《税收学》编写组. 税收学［M］. 北京：高等教育出版社、中国税务出版社，2021.

［50］万莹. 个人所得税对收入分配的影响：由税收累进性和平均税率观察［J］. 改革，2011（3）：53 - 59.

［51］万莹. 英国个人所得税的源泉扣缴制度［J］. 涉外税务，2007（12）：35 - 37.

［52］王红晓. 个人所得税制纵深改革研究［M］. 成都：西南财经大学出版社，2021：98.

［53］王小鲁. 灰色收入与收入差距［J］. 中国税务，2007（10）.

［54］魏明英. 从税收的课税原则看中国个人所得税的免征额［J］. 经济与管理，2005（9）：25 - 27.

［55］胥玲. 日本个人所得税：制度、实践与启示［J］. 国际税收，2019（9）：29 - 34.

［56］徐建炜，马光荣，李实. 个人所得税改善中国收入分配了吗——基于对1997 - 2011年微观数据的动态评估［J］. 中国社会科学，2013（6）：53 - 71.

［57］徐烨，袁莉莉，徐战平．中国个人所得税制度［M］．上海：复旦大学出版社，2010．

［58］杨斌．论确定个人所得税工薪所得综合费用扣除标准的原则和方法［J］．涉外税务，2006（1）：9－15．

［59］杨默如．美国个人所得税"税收指数化"的做法及评价［J］．物价理论与实践，2015（5）：98－100．

［60］［美］约瑟夫・E. 斯蒂格利茨，杰伊・K. 罗森加德．公共部门经济学（第4版）［M］．北京：中国人民大学出版社，2020．

［61］岳树民，卢艺．我国个人所得税免征额界定的比较分析［J］．税务与经济，2009（5）：1－5．

［62］岳树民，卢艺，岳希明．免征额变动对个人所得税累进性的影响［J］．财贸经济，2011（2）：18－24．

［63］岳希明，徐静，刘谦，丁胜，董莉娟．2011年我国个人所得税改革的收入再分配效应［J］．经济研究，2012（9）：113－124．

［64］岳希明，徐静．我国个人所得税的居民收入分配效应［J］．经济学动态，2012（6）：16－25．

［65］詹姆斯・莫里斯，英国财政研究所．英国税制［M］．湖南国税翻译小组，译．长沙：湖南人民出版社，2017．

［66］张巍．中国需要现代化的个人所得税：观英德美法个人所得税［M］．杭州：浙江工商大学出版社，2015．

［67］张旭．个人所得税专项附加扣除规则的反思与改进［J］．税务与经济，2020（5）：9－18．

［68］周伟，武康平．个人所得税免征额、税率与拉弗曲线［J］．经济学家，2011（10）：68－76．

［69］Edwin Goni, J. Humberto Lopez, Luis Serven. Fiscal Redistribution and Income Inequality in Latin America［R］. Policy Research Working Paper, No. 4487, January 2008.

［70］Jeffery Owens. Fundamental Tax Reform：An International Perspective［J］. National Tax Journal, 2006（1）：131－146.

［71］Nanak C. Kakwani. Measurement of Tax Progressivity：An International Comparison [J]. The Economic Journal, 1977, 87 (345): 71 – 80.

[72] Nanak C. Kakwani. On the Measurement of Tax Progressivity and Redistributive Effect of Taxes with Application to Horizontal and Vertical Equity, Advance in Econometrics, 1984 (3): 149 – 168.

[73] Wagstaff A, Eddy VAN Doorslaer. What Makes the Personal Income Tax Progressive? A Comparative Analysis for Fifteen OECD Countries [J]. International Tax and Public Finance, 2001 (8): 299 – 315.

[74] Wagstaff A, Eddy VAN Doorslaer, Burg H V D, et al. Redistributive Effect, Progressivity and Differential Tax Treatment: Personal Income Taxes in Twelve OECD Countries [J]. Journal of Public Economics, 1999 (72): 73 – 98.